통합사회 30일 달성 학습 계획표

학습 계획표

학습 계획표를 따라 차근차근 독해 공부를 시작해 보세요.
빠작과 함께라면 통합사회 독해, 어렵지 않습니다.

영역	지문명	교재 쪽수	학습한 날		
지리	방향을 알 수 있는 방법	016~019쪽	1일차	월	일
	지도 그리기	020~023쪽	2일차	월	일
	조선 시대의 지도	024~027쪽	3일차	월	일
	할머니 댁을 찾아가요	028~031쪽	4일차	월	일
	디지털 영상 지도의 기능	032~035쪽	5일차	월	일
	다양한 지역 축제	036~039쪽	6일차	월	일
	거제와 부산을 연결하다	040~043쪽	7일차	월	일
	단양이 좋아요	044~047쪽	8일차	월	일
	화려한 도시의 그늘	048~051쪽	9일차	월	일
	사람들이 모이는 곳	052~055쪽	10일차	월	일
	조선 팔도	056~059쪽	11일차	월	일
	지역 불균형 문제	060~063쪽	12일차	월	일
역사	유네스코가 정한 세계 유산 목록	066~069쪽	13일차	월	일
	박물관의 역사	070~073쪽	14일차	월	일
	도산 안창호 선생의 정신	074~077쪽	15일차	월	일

빠작

초등 비문학 독해

통합사회

4학년

『빠작 초등 비문학 독해 통합사회·통합과학』은 교과서 중심의 비문학 학습이 어떠해야 하는지를 아주 쉽게, 효과적으로 제시하고 있습니다.

흔히 교과서를 읽는 것이 중요하다고 말합니다. 그런데 교과서를 어떻게 읽고 학습해야 하는지 올바로 가르치는 경우는 적습니다.

이번 『빠작 초등 비문학 독해 통합사회·통합과학』은 교과서 중심의 비문학 학습이 어떠해야 하는지를 아주 쉽게, 효과적으로 제시하고 있습니다. 특히 지문을 읽고 내용을 독해한 뒤 이어지는 교과 개념 학습이 아이들에게는 교과 개념을 반복 학습시키는 데 매우 도움이 될 것으로 기대됩니다. 그뿐만 아니라 기존의 독해 파트 역시 내용 이해, 추론, 적용의 단계를 구분하여 체계적으로 독해력을 훈련 시키고 있어 학습 효과 향상이 기대됩니다.

최성호
에이프로 아카데미

비문학은 단계별 독법이 중요한데, 내용 독해에서 이해, 적용, 추론으로 진행되는 배움의 과정이 매우 체계적입니다.

저는 비문학 교재를 볼 때 스스로 몇 가지 질문을 던지곤 합니다. '좋은 제시문을 선정했는가?' '학생들의 배경지식을 활성화하고 의미 있는 지식과 정보를 제공하는가?', '비문학을 읽어내는 독법, 즉 읽는 역량을 키워 주는가?'

『빠작 초등 비문학 독해 통합사회·통합과학』은 이러한 저의 질문에 고개를 끄덕이게 해 주었습니다. 사회, 과학의 세부 영역에서 좋은 제시문을 선정했을 뿐 아니라 내용 독해에서도 이해, 추론, 적용으로 진행되는 탄탄한 구성과 글에 블록 조각이 결합되는 것처럼 깔끔하게 구성된 어휘, 표현과 해제까지도 모두 체계적입니다.

무엇보다 구조 분석을 통해 단락에서 전체 글을 한눈에 보게 하는 과정이 좋았습니다. 이 교재를 한번 공부한 학생들이 나중에 각각의 글을 '한 판 구조도'로 다시 만들어 복습한다면, 더욱 큰 효과가 있을 것으로 예상합니다.

비문학 공부는 때로 인내심과 끈기가 필요합니다. 하지만 그만큼 배움의 효과를 크게 돌려주는 공부라는 점을 잊지 말았으면 합니다.

강용철
EBS 국어 대표 강사

독해력은 교과 내용을 이해하는 데 필수적이고, 배경지식은 이해를 돕고 학습의 흥미를 높이는 데 결정적인 역할을 합니다.

초등학교 3학년부터는 사회, 과학 교과 공부가 시작됩니다. 그런데 생각보다 많은 아이들이 사회, 과학 교과를 어려워합니다. 이야기책보다 흥미 요소가 적고 내용이 어렵기 때문입니다. 학년이 올라갈수록 어려워지는 교과 내용을 이해하려면 두 가지가 필요합니다. 바로 독해력과 배경지식입니다. 독해력은 교과 내용을 이해하는 데 필수적이고, 배경지식은 이해를 돕고 학습의 흥미를 높이는 데 결정적인 역할을 합니다. '아는 만큼 보인다'고 하듯이 배경지식이 풍부한 아이일수록 사회, 과학 과목을 더 재미있게 받아들일 수 있습니다.

이번에 출간된 『빠작 초등 비문학 독해 통합사회·통합과학』은 양질의 비문학 지문을 통해 국어 독해력을 향상 시키는 것은 물론이고 사회, 과학 공부에 필요한 배경지식을 쌓아갈 수 있도록 구성되었습니다. 이렇게 국어 독해력과 교과 배경지식 두 마리 토끼를 잡은 책이 출시되어 반갑습니다. 각 학년 별, 과목 별 교육과정이 체계적이고 충실하게 반영된 것도 눈에 띕니다. 매일 일정 분량을 학습하며 교과 개념 지식과 배경지식을 쌓아 나간다면 어느새 사회, 과학이 재미있게 느껴질 것입니다.

최선민
초등교사, 『오늘부터 초등 어휘왕』 저자

고등학생들을 지도하고 수능 대비를 하면서 가장 크게 절감하는 것이 학생들의 비문학 독해 능력 격차입니다. 단기간의 학습으로 극복이 어려운 비문학 독해 및 문제 풀이 능력은 학생들의 개인적 역량에 의존하는 경향이 크기 때문입니다.

그리고 정말 불편한 진실은, 비문학 독해의 성패는 국어 능력에 의해서라기보다는 여러 과목 공부를 잘하는 학생인가 그렇지 않은가에 따라 좌우된다는 점입니다. 특히 '과학'과 '사회' 과목 학습이 탄탄한 학생이 비문학 독해에 강하다는 것은 누구도 부정할 수 없는 현실입니다. 그러나 지금은 독해법으로 문제를 푸는 시대가 아닙니다. 어찌 보면 수능의 취지에 가장 부합한, 충실한 범교과적 학습이 필요한 시대입니다.

그래서 초등학교 때부터 미리 '과학'과 '사회' 과목의 배경지식을 기르고, 교과 개념과 연계된 문제 풀이를 통해 수능과 고등 교과 학습의 기초를 다지는 것이 중요합니다.

『빠작 초등 비문학 독해 통합사회·통합과학』은 그런 길을 열어가는 기준이 될 학습서입니다. 교과 개념을 충실하게 반영하면서도 우리 아이들이 흥미를 갖고 도전하고 싶은 지문들로 구성되어 있기 때문입니다. 아이들뿐만 아니라 학부모님들도 지문을 함께 읽다 보면, 배경지식이 쌓이는 느낌을 받을 수 있을 것입니다.

이석호
이석호국어학원 원장

『빠작 초등 비문학 독해 통합사회·통합과학』은 모든 초등학생에게 권하고 싶을 정도로 꼭 필요한 것과 심화 내용이 흥미롭게 구성되어 있습니다. 교과 연계 개념이기 때문에 친숙하면서도 깊이가 있고, 내용이 재미있어 지식을 확장하는 데에도 크게 도움이 될 듯합니다.

국어의 독서 과목에도 사회, 과학 지문이 어려운 난이도로 출제되어 힘들어하는 고등학생들이 많은데, 초등학생 때부터 이렇게 공부하면 중고등 내신과 수능까지 매우 든든할 것입니다.

중·고등과 수능까지 2022개정 교육 과정을 배우게 되어 시험을 치르게 될 초등학생들에게는 통합사회, 통합과학이 사·과탐 영역에서 최대 비중이 됩니다. 국어 또한 난도가 계속 올라가고 있으며, 여러 분야의 텍스트 독해력이 미치는 영향이 절대적입니다.

『빠작 초등 비문학 독해 통합사회·통합과학』을 통해 최신 사회 현상과 과학 원리를 공부해 추론하고 적용하는 힘을 기르면 국어, 사회, 과학은 물론이고 범교과적인 성적과 사고력 향상을 기대할 수 있을 것입니다.

김소희
한올국어학원 원장

사회와 과학을 암기 과목이라고 생각하고 달달 외우는 경우가 많습니다. 하지만 그 많은 개념을 외우기란 쉬운 일이 아닐뿐더러 재미없는 과목으로 인식하게 되는 지름길이 됩니다. 사회와 과학 교과서를 제대로 읽고 이해하지 못하는 학생들의 어려움은 결국 '어휘'에 있습니다. 낯선 어휘를 익숙하게 만들면 교과 개념을 쉽게 이해할 수 있습니다.

『빠작 초등 비문학 독해 통합사회·통합과학』은 최신 사회 현상과 과학 원리를 접목한 교과 연계 독해 학습으로 학생들에게 흥미를 더해 줍니다.

'다음에는 또 어떤 이야기가 나올까?'라는 생각이 들며 궁금해지는 지문과 문제, 비주얼 개념이 한데 어우러져 '어휘-개념-독해'를 한 번에 해결할 수 있도록 돕습니다. 문항 구성에 있어 내용 이해에만 국한하지 않고 목적, 추론, 어휘·어법, 요약, 적용 등 다양한 문제를 접할 수 있게 만들어 폭넓은 독해 능력 향상에도 도움을 줍니다. 초등학생의 사회와 과학 공부에 도움을 줄만한 학습서를 찾기 어려웠는데 좋은 교재가 나와 기쁜 마음입니다.

정예슬
교육인플루언서, 전직 초등 교사

독해

초등 국어 문학 독해

- 지문 독해–지문 분석–어휘 학습 3단계로 학습하는 초등 독해 기본서
- 소설, 시, 수필 등 문학 작품의 갈래별 지문 감상 훈련으로 바른 독해 학습

초등 국어 비문학 독해

- 지문 독해–지문 분석–어휘 학습 3단계로 학습하는 초등 독해 기본서
- 언어, 역사, 사회, 문화, 경제, 과학, 기술, 예술, 인물, 환경 등 10개 영역별 지문으로 배경지식 습득 및 어휘력 향상

초등 비문학 독해 통합사회

- 사회 현상과 관련 있는 비문학 지문 독해 훈련
- 3~6학년이 꼭 알아야 하는 사회 교과 개념 연계

초등 비문학 독해 통합과학

- 과학 원리와 관련 있는 비문학 지문 독해 훈련
- 3~6학년이 꼭 알아야 하는 과학 교과 개념 연계

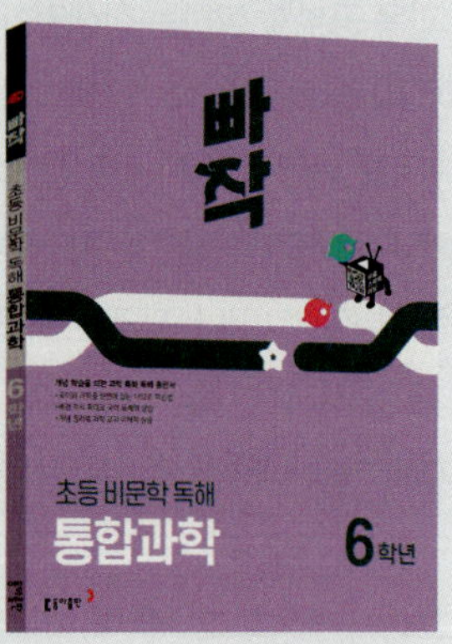

어휘

초등 국어 어휘X독해

- 독해 학습을 통해 학년별 필수 어휘 이해
- 핵심어 중심의 비문학 지문 독해 학습
- 핵심어의 뜻과 주제로 어휘 확장 학습

문법

초등 국어 문법

- 문법의 기초 개념을 탄탄하게 학습
- 풍부한 예시로 정확하게 문법 이해
- 다양한 문제로 폭넓게 적용하여 문법 학습

다음 내용을 보고 우리 아이에게 어떤 학습 순서가 알맞을지 살펴보세요.

A타입　기본부터 차근차근 공부하고 싶어요!

기초부터 천천히 학습하여 문해력을 키우고 싶은 친구, 적은 분량이라도 매일 꾸준히 독해 공부를 해서 실력을 탄탄하게 다지고 싶은 친구는 A타입의 순서로 학습하는 것을 추천합니다. 매일 정한 분량을 꾸준히 학습하고 마지막으로 문해력을 완성하는 문법까지 전 권을 학습하고 나면 국어 실력이 한층 향상됩니다.

추천 학습

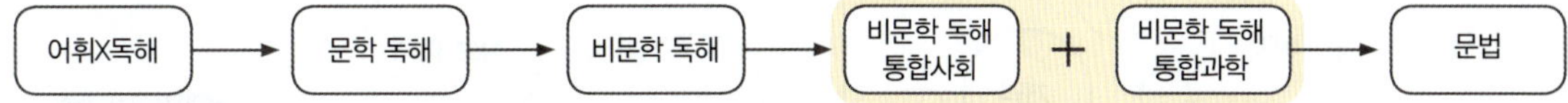

B타입　비문학보다 문학이 어려워요!

비문학 글의 핵심 주제 파악이나 글쓴이의 관점을 파악하는 것은 쉽지만 문학 작품에서 숨겨진 작가의 의도를 파악하고, 작품의 중요 내용을 정리하는 것이 어려운 친구에게는 B타입을 추천합니다. 빠작 문학은 문학 작품의 갈래별 지문 감상 훈련 위주로 구성되어 있어서 문학 독해가 쉬워집니다.

추천 학습

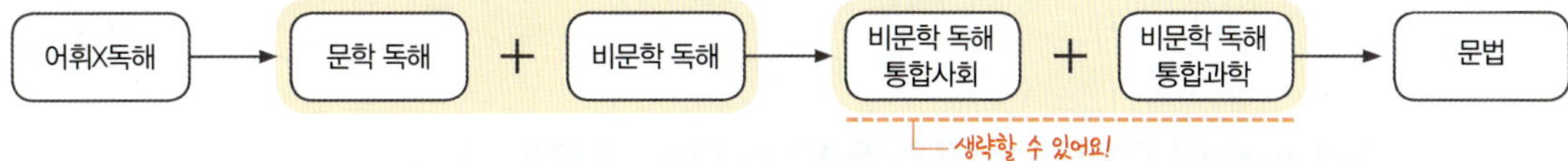

C타입　문학보다 비문학이 어려워요!

문학 작품을 읽으며 작가의 의도를 파악하는 것은 쉽지만, 비문학의 핵심 주제 파악이나 글쓴이의 관점 이해가 어려운 친구에게는 C타입을 추천합니다. 어휘로 기본을 다진 뒤, 비문학으로 세분화된 지문을 공부하고, 특화된 통합사회・통합과학 지문을 이어서 차례대로 학습하면 글의 중심 내용을 파악하고, 글쓴이의 생각을 이해하는 것이 쉬워집니다.

추천 학습

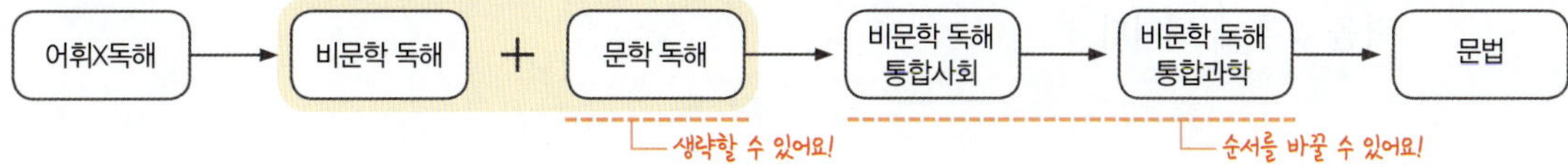

D타입　좋아하는 영역만 집중해서 공부해요!

지문을 독해하는 데는 문제가 없지만 사회나 과학 중 자신이 좋아하는 한 영역만 집중해서 책을 읽는 친구나, 교과와 관련 있는 지문이 어렵게 느껴지는 친구에게는 D타입을 추천합니다. 빠작 비문학 독해를 공부하며 먼저 비문학 전 영역을 두루 살펴보고, 비문학 독해 통합사회와 통합과학을 함께 공부하면 특정한 영역에 치우치지 않고 학습하며 교과 배경지식도 쌓을 수 있습니다.

추천 학습

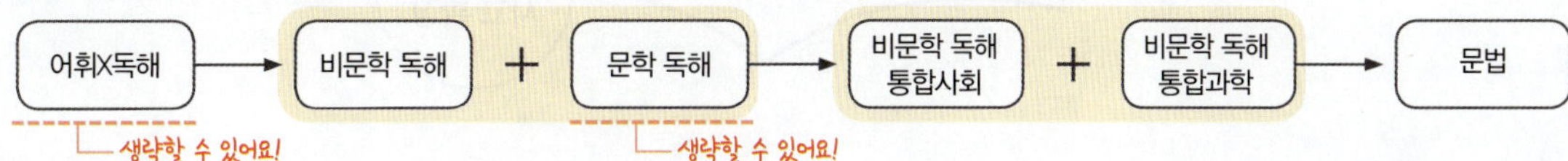

독해력 형성, 수월한 교과 학습의 지름길입니다.

교과 지식은 글을 통해 전달됩니다. 지식을 전달하는 글은 핵심 개념과 그에 대한 부연 설명을 압축적으로 제시하기 때문에 글의 수준이 높습니다. 또한 이해를 돕는 예시들이 한데 모여 있지 않고 다양한 활동이나 문제들 곳곳에 흩어져 있기도 합니다. 따라서 글을 정확하고 바르게 읽어내는 능력, 즉 독해력이 형성되어 있어야 수월한 교과 학습이 가능해집니다.

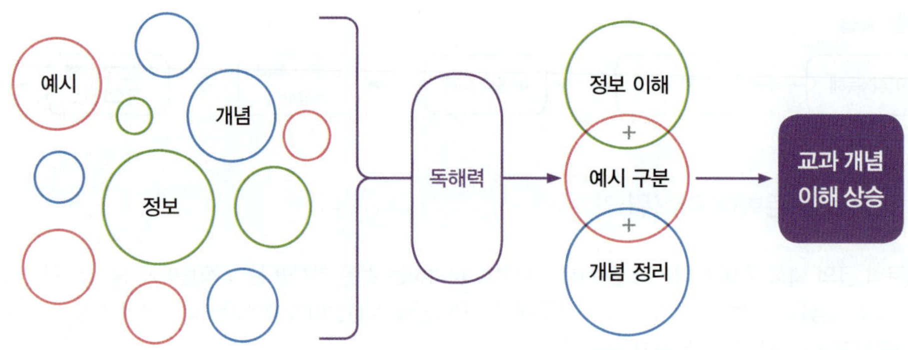

교과 학습에 대비하는 바른 독해 훈련이 필요합니다

01 교과와 관련된 글을 독해하며 배경지식을 쌓습니다

교과와 관련된 글을 읽는 것만으로도 교과 학습을 돕는 배경지식을 자연스럽게 쌓을 수 있습니다. 교과 지식은 관련 맥락을 풀어 쓴 글을 읽으면 보다 쉽고 흥미있게 학습할 수 있기 때문입니다. 그리고 글을 읽는 것에서 그치지 않고 문제를 통해 내용을 정확하게 이해하고, 드러나지 않은 정보를 찾아낸 뒤, 글의 주제와 관련하여 사고를 확장시키는 단계까지 가야 합니다. 이러한 과정을 거치고 나면 비로소 글을 바르고 정확하게 소화하는 능력을 갖추게 됩니다.

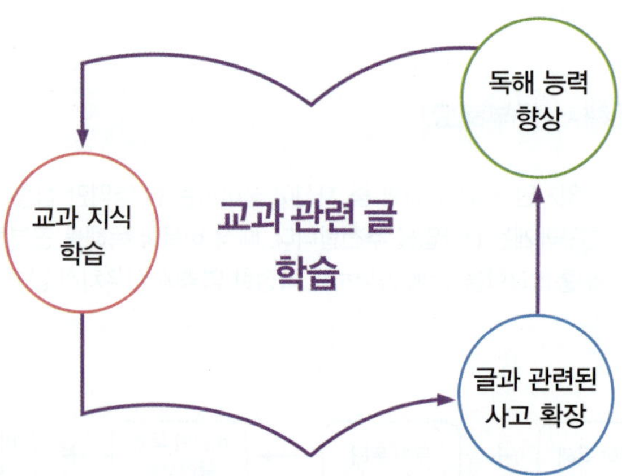

02 학습 도구어가 되는 어휘를 익힙니다

  교과 학습을 어렵게 하는 가장 큰 원인은 어려운 어휘입니다. 개념을 설명하는 어휘는
주로 추상적인 뜻을 나타내는 한자어로 이루어져 있지만, 개념어로 사용될 때에는 구체적
이고 명확한 뜻으로 한정하여 쓰입니다. 따라서 독해하며 글에 나온 어휘의 뜻을 정확하
게 확인하고, 다시 다른 맥락에서 그 어휘를 활용해 볼 수 있어야 합니다.

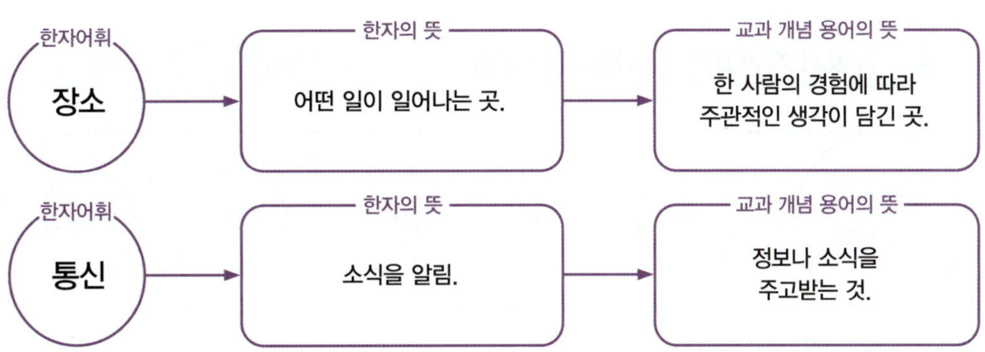

03 글과 교과 개념을 연결하여 이해의 폭을 넓힙니다

  글을 독해한 뒤에는 글에 담긴 교과 핵심 용어를 확인하고, 그 속에 담긴 개념을 정리해
야 합니다. 글의 내용과 교과 개념을 유기적으로 연결하여 이해해야 교과 학습을 할 때 학
습한 배경지식을 활성화하여 떠올릴 수 있습니다.

  이렇게 글 속에 숨어 있던 교과 개념을 확인하고, 글과 교과 개념을 연결하여 쉽고 자연
스럽게 익히는 것은 교과 개념에 대한 이해도와 글에 대한 이해도를 동시에 높이는 길입
니다.

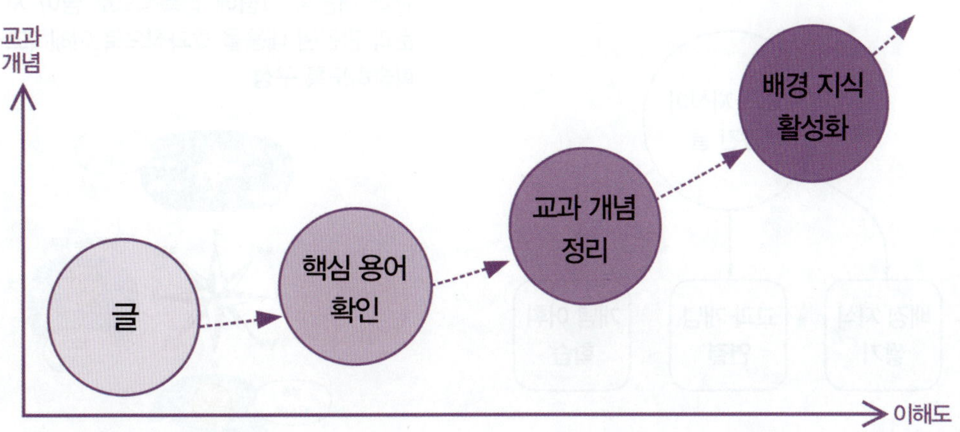

빠작 초등 비문학 독해 통합사회는 초등 4학년 학생들이 비문학 사회 지문을 읽고 내용을 이해한 뒤, 연결된 교과 개념을 파악하는 훈련 중심으로 구성하였습니다. 설명문, 논설문 등 정보 글의 구조 분석 훈련을 통해 글에 담긴 배경지식을 이해하고, 그 내용이 교과 개념과 어떻게 연결되는지 파악하며 깊이 있는 독해 학습이 가능하도록 구성하였습니다.

1 교과서 개념 바탕의 사회 독해 지문

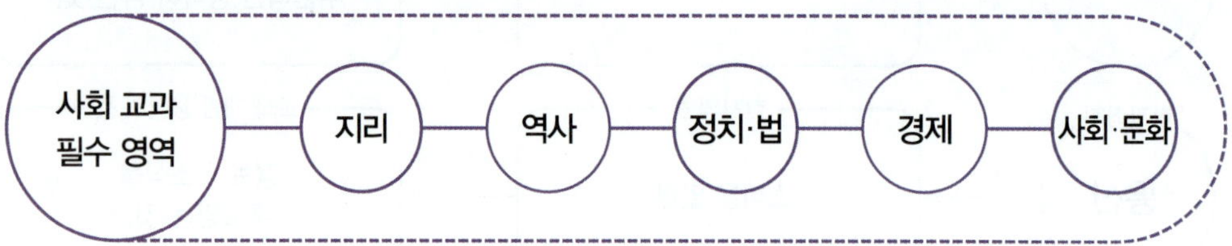

2 유기적으로 연결된 학습 구성

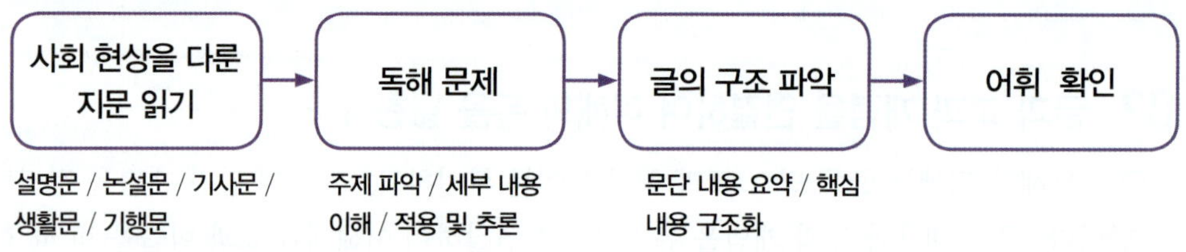

설명문 / 논설문 / 기사문 / 생활문 / 기행문

주제 파악 / 세부 내용 이해 / 적용 및 추론

문단 내용 요약 / 핵심 내용 구조화

3 교과 배경지식 확대

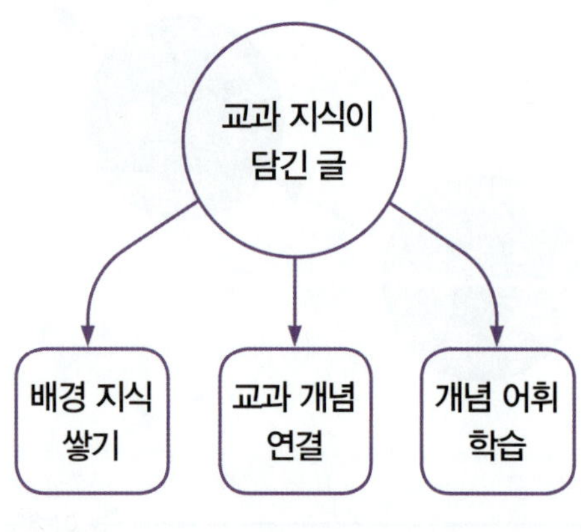

4 이미지로 교과 개념 학습

교과 내용을 그림에 압축적으로 담아 지문과 관련된 내용을 효과적으로 이해하고 학습하도록 구성

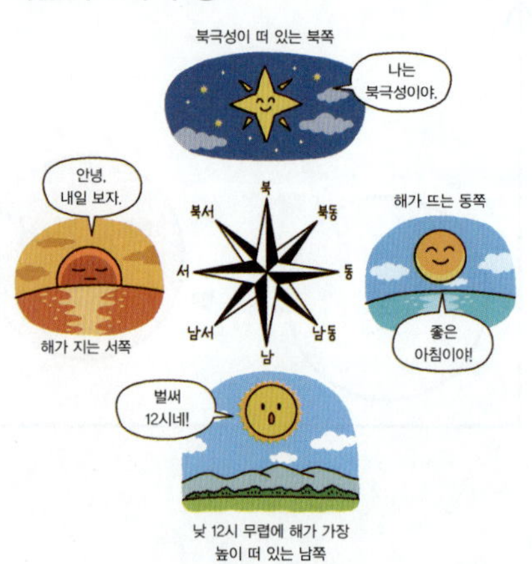

영역별 구성

지문 분석 강의 제공

중심 주제 파악

세부 내용 이해

추론, 적용

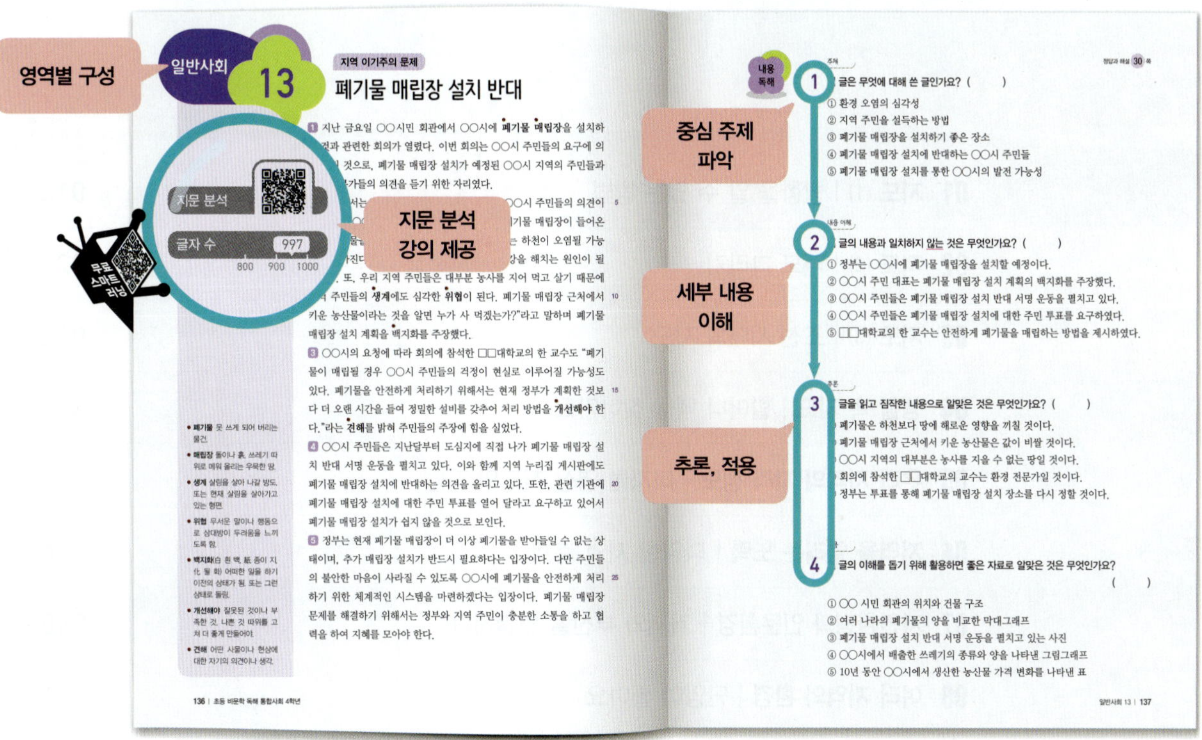

문단 요약하기

글의 핵심 내용 정리하기

어휘의 쓰임 알기

교과 개념 이해하기

이미지로 이해하기

교과 주제 이해하기

교과 핵심 용어 확인하기

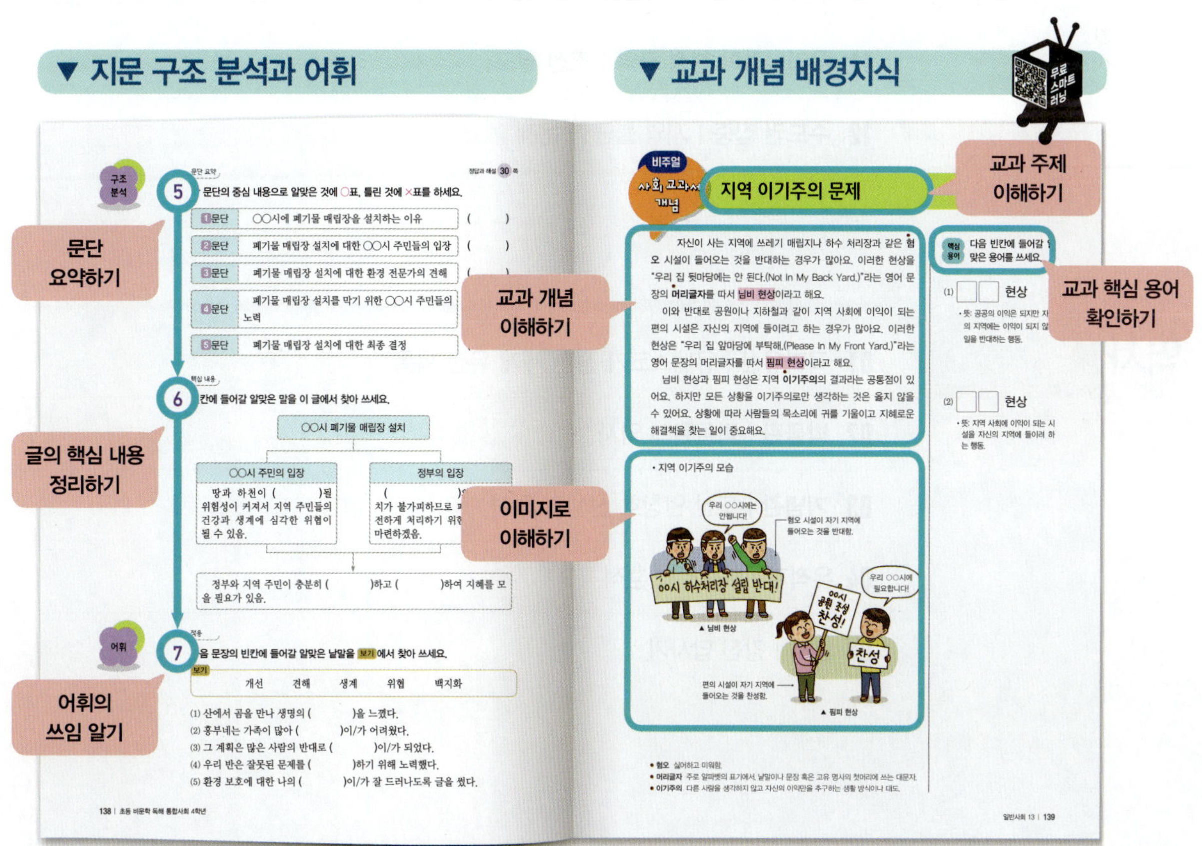

『초등 비문학 독해 통합사회 4학년』 **차례**

초등 비문학 독해
통합사회

『빠작 초등 비문학 독해 통합사회』는 3~6학년 사회 교과서 짜임에 따라 지리, 역사, 일반사회(사회·문화, 법·정치, 경제)의 세 영역으로 구분되어 있습니다. 학년별로 교과서에서 배우는 내용에 따라 영역을 나누고, 영역별로 필요한 내용을 학습할 수 있도록 구성하였습니다.

영역	3학년	4학년	5학년	6학년
지리	• 독립운동의 역사를 간직한 고장, 천안 • '대전역'의 역사 • 혼일강리역대국도지도 • 바다로 돌아간 바다거북 • 대한민국 여러 지역의 랜드마크	• 방향을 알 수 있는 방법 • 지도 그리기 • 조선 시대의 지도 • 할머니 댁을 찾아가요 • 디지털 영상 지도의 기능 • 다양한 지역 축제 • 거제와 부산을 연결하다 • 단양이 좋아요 • 화려한 도시의 그늘 • 사람들이 모이는 곳 • 조선 팔도 • 지역 불균형 문제	• 한반도는 토끼인가, 호랑이인가? • 갯벌 개발의 미래 • 독도의 주인을 증명하는 기록 • 사계절의 균형이 무너진다면 • 봄철의 불청객들 • 농어촌을 구할 빈집 정비 사업 • 수도권 집중에서 더불어 잘 사는 국토로	• 경도의 기준, 그리니치 천문대 • 대륙과 섬을 구분하는 기준 • 튀르키예는 아시아일까, 유럽일까? • 신비로운 고대 도시, 마추픽추 • 아프리카의 국경선 • 북극과 남극은 어떻게 다를까? • 히말라야산맥의 형성 • 기후에 따라 다른 세계의 집 • 아마존 열대 우림 보호의 필요성 • 온대 기후의 다양한 특징 • 백야와 극야
역사	• 연표에서 사라진 고구려와 발해 • 조선 시대를 대표하는 화가, 신윤복 • 잃어버린 가족을 찾아서 • 지금은 사라진 추억 속 물건들 • 지명으로 알 수 있는 지역의 특징 • 자연의 시간표, 절기 • 윷놀이, 국가무형유산 되다 • 로마 제국을 키운 도로 • 진도로 떠나는 여행 • 미래의 교통수단, 상상에서 현실로 • 횃불과 연기로 전한 조상들의 지혜 • 뇌를 망가뜨리는 스마트폰	• 유네스코가 정한 세계 유산 목록 • 박물관의 역사 • 도산 안창호 선생의 정신 • 고구려의 흔적 • 강진 답사기	• 구석기 유물을 발굴한 손보기 • 8조법에 나타난 불평등 사회 • 의자왕과 삼천 궁녀는 가짜 뉴스? • 위대한 정복자, 광개토 대왕 • 김춘추와 토끼의 간 이야기 • 사라진 철의 나라 • 비운의 천재, 최치원 • 빼앗길 수 없는 발해의 역사 • 고려 멸망의 촉매, 권문세족 • 지폐를 차지한 조선의 인물들 • 조정을 둘로 나눈 전쟁 • 종교에서 저항 운동으로 • 광화문의 수난 • 독립운동을 한 어린 영웅들 • 다시 찾은 빛, 그러나 분단 • 6·25 전쟁과 이산가족	• 왜 남북이 통일되어야 하는가 • 대통령 직선제를 이룬 6월 민주 항쟁
일반사회	• 4차 산업혁명으로 변하는 일상 • 저출산이 가져온 학교의 변화 • 키오스크가 만든 디지털 격차 • 노인을 돕는 인공 지능 스피커 • 알파 세대 • 늘어나는 1인 가구 • 물물 교환에서 화폐까지 • 지폐에 숨겨진 비밀 • 놀이공원 우선 탑승권은 정당한가 • 민주 정치의 시작, 그리스 아테네 • 바다로 돌아간 돌고래 • 세계의 다양한 선거 방법 • 은행나무 열매 제거 작전	• 빅터와 사회화 • '다름'을 바라보는 태도 • 보호해야 하는 저작권 • 경제 활동으로 굴러가는 생활 • 인구 문제를 해결하기 위한 노력 • 기회비용을 고려한 선택 • 우리를 유혹하는 묶음 판매 • 산업의 분류 • 식탁에서 만나는 지역 간 교류 • 국가의 주인 • 학급 회의로 자리를 정해요 • 주민 참여 제도 • 폐기물 매립장 설치 반대	• 국경일은 모두 공휴일인가? • 종교의 자유가 보장된 우리나라 • 사라지는 은행 점포 • 세금을 내지 않으면? • 헌법 소원을 남용하는 사람들 • 편견에 맞선 어기의 성장 일기 • 유네스코 세계 문화유산이 된다는 것	• 세계 인구 1위는 중국이 아닌 인도 • 한 나라였던 인도와 파키스탄, 방글라데시 • 팔레스타인의 눈물 • 지구 온난화에 대한 경고 • 공정거래위원회는 무슨 일을 할까? • 기업의 사회적 책임 • 탄소세 도입에 대한 논쟁 • 노동자의 권리를 외치다 • 세계 무역의 파수꾼, 세계 무역 기구 • 미래 산업 박람회를 다녀와서 • 다수결의 원칙은 늘 옳은가 • 공정한 선거를 책임지는 국가 기관 • 법이 만들어지는 과정 • 대통령제란 무엇일까? • 우리나라의 심급제도, 3심제 • 삼권분립의 중요성 • 미디어의 사회적 기능

『빠작 초등 비문학 독해 통합과학』은 3~6학년 과학 교과서 짜임에 따라 물질, 생명, 운동과 에너지, 지구와 우주, 과학과 사회의 다섯 영역으로 구분되어 있습니다. 학년별로 교과서에서 배우는 내용에 따라 영역을 나누고, 영역별로 필요한 내용을 학습할 수 있도록 구성하였습니다.

영역	3학년	4학년	5학년	6학년
물질	• 상상을 이루어 주는 물질 • 환경을 살리는 플라스틱 • 불의 상태는 무엇일까? • 언 호수에서 물고기가 살 수 있는 까닭	• 돌고 도는 물 • 얼음으로 만든 집, 이글루 • 겨울철 강이나 호수, 바다의 변화 • 짠 바닷물의 변신 • 구름을 둘러싼 과학적 원리 • 하늘에서 본 튀르키예 • 최초의 화학자, 보일 • 수소의 특성	• 생명을 살리는 빨대 • 맛보기 전에는 모른다 • 손난로가 열을 내는 원리 • 붉은 바다 • 대서양에 큰일이 났다고?	• 과학의 역사 속 우연한 발견 • 하늘에서 산성 물질이 내린다고? • 생활의 재주꾼, 염기성 물질 • 인체의 중화 반응 • 불의 정체를 찾아서 • 리튬 이온 전지의 위험성
생명	• 비슷하지만 다른 동물들 • 심해 생물의 특징 • 세상에서 가장 큰 꽃 • 사막에서 살아가는 식물 • 여왕벌의 일생 • 오리너구리의 한살이 • 씨앗 속의 온도계 • 미래 먹거리 문제를 해결하는 스마트팜 • 가장 오래 사는 나무	• 버섯의 정체 • 쓸모 있는 미세 조류 • 손 씻기의 중요성 • 우리와 함께 살아가는 미생물 • 생태계의 지킴이, 꿀벌 • 생태계 평형의 중요성을 깨닫다 • 플라스틱 쓰레기의 심각성 • 곰팡이에서 발견한 페니실린	• 우리 몸의 뼈 • '간'에 기별도 안 가는 이유 • 혈관의 종류와 기능 • 사레가 들리는 이유 • 오줌의 재발견 • 티라노사우루스의 감각 기관 • 왜 헛스윙을 하게 될까?	• 식물 세포의 특징 • 뿌리의 종류 • 괴력의 곤충, 거품벌레 • 자연의 기본 원리, 삼투 현상 • 인공 광합성 기술 • 진달래와 철쭉의 차이점 • 신기한 유전의 법칙
운동과 에너지	• 우주에 일어나는 몸의 변화 • 자동차 범퍼의 비밀 • 지레의 원리 • 저울의 역사 • 기계저울과 전자저울 • 목소리의 과학 • 고대 그리스의 원형 극장 • 들을 수 없는 소리, 초음파 • 우주에서 소리를 들을 수 있을까? • 우리에게 도움이 되는 백색 소음	• '이그노벨상'은 어떤 상일까? • 배를 끌어당기는 섬의 비밀 • 비행기보다 빠른 자기 부상 열차 • 지구 자기장을 이용해 길을 찾는 연어	• 그림자의 원리 • 거울의 원리 • 별은 거기에 없다 • 적외선 열화상 카메라 • 온도계의 변천 • 물을 시원하게 만들려면 • 과학적인 난방 장치 '온돌' • 지구 온난화 현상 • 우주에서 어떻게 살 수 있을까?	• 휴대 전화의 위치를 찾는 방법 • 파리와 데카르트 좌표 • 사회의 기준이 되는 도량형 • 번개 잡은 사나이의 성공 비결 • 진화하는 배터리 • 멀티탭의 연결 구조 • 무선 충전 기술 • 스마트 그리드가 필요하다
지구와 우주	• 대기가 우주로 흩어지지 않는 까닭 • 지구 온난화로 높아지는 해수면 • 바닷물은 왜 짤까? • 프랑스 에트르타의 절벽과 해변 • 밀물과 썰물을 이용한 조력 발전소 • 소중한 갯벌을 지키자	• 강이 만든 터전, 메콩강 삼각주 • 한강의 시작점은 어떤 모습일까? • 화산 활동으로 만들어진 섬, 하와이 • 폼페이가 갑자기 사라진 이유 • 제주도의 돌하르방과 현무암 • 일본에서 왜 지진이 자주 일어날까? • 작품에 나타난 달의 독특한 모양 • 망원경으로 발견한 천왕성 • 밤하늘의 나침반, 북극성 • 제2의 코로나를 부르는 기후 변화	• 어떤 지층이 먼저일까 • 퇴적암의 특징 • 화석의 가치 • 번개가 생기는 원리 • 안개와 스모그 • 어린이날부터 강한 비 예상 • 태풍	• 천구란 무엇인가 • 싼샤 댐이 지구에 미치는 영향 • 천동설과 지동설 • 천상열차분야지도 • 경주 첨성대의 정체 • 한옥의 지붕에 숨어 있는 과학 • 지구는 살아 있다
과학과 사회	• 감염병 위험을 높이는 폭염		• 에너지의 날 • 에너지를 만드는 바람개비	• 생명을 살리는 프린터 • 과학 기술의 양면성

지리

방향을 알 수 있는 방법

1 우리가 길을 찾거나 어떤 장소의 위치를 찾을 때 중요한 것은 **방향**을 아는 것이다. 누군가에게 위치를 설명할 때에도 **기준**이 되는 방향을 알고 있어야 한다. 방향에는 동쪽, 서쪽, 남쪽, 북쪽이 있는데 이러한 방향을 알 수 있는 방법에는 여러 가지가 있다.

2 첫 번째, 하늘을 이용하여 방향을 알 수 있다. 하늘에서 해가 뜨는 방향은 동쪽이고, 반대로 해가 지는 방향은 서쪽이다. 그리고 낮 12시 **무렵**에 해가 가장 높이 떠 있는 방향은 남쪽이고, 낮 12시에 해를 등 뒤에 두고 서서 그림자를 봤을 때 그림자의 머리가 가리키는 방향은 북쪽이다. 해가 없는 어두운 밤이라면 **북극성**이 떠 있는 방향이 북쪽이 된다.

3 두 번째, **나침반**을 이용하여 방향을 알 수 있다. 나침반은 자석의 성질을 이용하여 방향을 알려 주는 기구이다. 나침반을 평평한 곳에 올려 두었을 때 빨간 바늘인 N극이 가리키는 방향이 북쪽이고, 그 반대편은 남쪽이다. 나침반은 바다를 **항해하거나** 길을 잃어 방향을 알 수 없는 곳에서 큰 도움이 된다. 요즘에는 나침반을 들고 다니지 않아도 스마트폰의 나침반 **애플리케이션**을 이용해 쉽고 편리하게 방향을 알 수도 있다.

4 그러면 지도에서는 방향을 어떻게 알 수 있을까? 바로 방위표를 이용하여 방향을 알 수 있다. 방위표는 지도에서 기준이 되는 동서남북의 방향을 알려 주는 표시이다. 방위표를 이용하면 지도가 어떤 방향으로 놓여 있어도 동서남북을 정확하게 알 수 있다. 4방위표의 모양은 숫자 '4'와 비슷

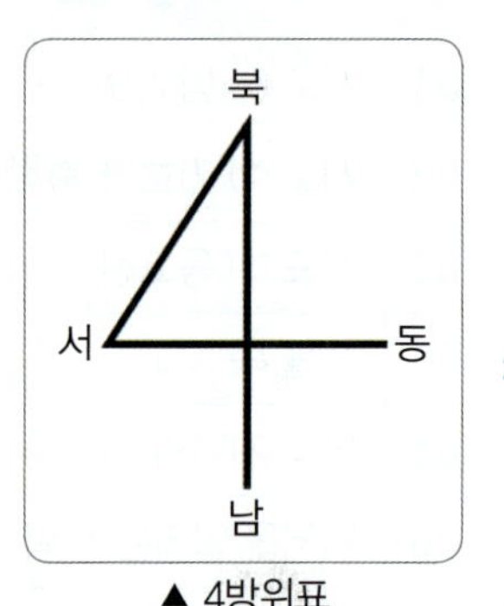

한데 지도에 따라서 이 모양이 누워 있거나 거꾸로 뒤집혀 있는 경우도 있다. 하지만 어떤 경우에도 '4'의 윗부분이 북쪽이 된다. 지도에 방위표가 없다면 지도의 오른쪽은 동쪽, 왼쪽은 서쪽, 아래쪽은 남쪽, 위쪽이 북쪽이라고 생각하면 된다.

- **방향**(方 방향 방, 向 향할 향) 무엇이 나아가거나 향하는 쪽.
- **기준** 종류를 나누거나 비교를 하거나 정도를 구별하기 위하여 따르는 일정한 원칙.
- **무렵** 대략 어떤 시기와 일치하는 즈음.
- **북극성** 지구의 북극에 가장 가까이에서 빛나는, 작은곰자리에서 가장 밝은 별.
- **나침반** 자석으로 된 바늘이 움직이면서 남과 북을 가리켜 주어, 방위를 알 수 있게 하는 기구.
- **항해하거나** 배를 타고 바다 위를 다니거나.
- **애플리케이션** 스마트폰이나 태블릿 피시 등에서 사용자의 편리함을 위해 만들어진 다양한 프로그램.

글의 특징

1 이 글에 대한 설명으로 알맞은 것은 무엇인가요? (   )

① 방향을 알 수 있는 방법을 설명하고 있다.

② 나침반을 만드는 방법에 대해 소개하고 있다.

③ 지도를 사용하여 길을 찾는 방법을 안내하고 있다.

④ 경험을 바탕으로 나침반 사용의 중요성을 주장하고 있다.

⑤ 다양한 종류의 방위표를 비교하며 차이점을 분석하고 있다.

내용 이해

2 이 글의 내용과 다른 것은 무엇인가요? (   )

① 4방위표의 모양은 숫자 '4'와 비슷하다.

② 방향에는 동쪽, 서쪽, 남쪽, 북쪽이 있다.

③ 방향을 알기 위해 나침반을 이용할 수 있다.

④ 방위표가 없는 지도에서는 아래쪽이 북쪽이다.

⑤ 낮 12시 무렵에 해가 가장 높이 떠 있는 쪽은 남쪽이다.

추론

3 이 글을 읽고 다음 질문의 대답으로 알맞은 것에 ◯표 하세요.

> 해가 뜨는 것을 보려면 어느 바다로 가야 할까요?

(1) 동해로 가는 것이 알맞습니다.   (   )

(2) 서해로 가는 것이 알맞습니다.   (   )

(3) 남해로 가는 것이 알맞습니다.   (   )

적용

4 다음 글의 빈칸에 알맞은 말을 차례로 쓴 것은 무엇인가요? (   )

> 철새들은 겨울이 오기 전에 남쪽으로 이동을 한다. 이때 철새들은 해를 길
> 잡이로 남쪽 방향을 찾는다. 아침에는 해를 (   )에 두고 날고, 저녁에는
> 해를 (   )에 두고 날기 때문에 똑바로 남쪽을 찾아갈 수 있다.

① 앞쪽 - 뒤쪽   ② 앞쪽 - 왼쪽   ③ 왼쪽 - 뒤쪽

④ 왼쪽 - 오른쪽   ⑤ 오른쪽 - 왼쪽

구조 분석

문단 요약

5 다음 빈칸에 들어갈 알맞은 말을 쓰며 이 글의 내용을 정리하세요.

문단	중심 내용
1	( )을 알아야 하는 까닭
2	( )을 이용하여 방향을 알 수 있는 방법
3	( )을 이용하여 방향을 알 수 있는 방법
4	지도에서 ( )를 이용하여 방향을 알 수 있는 방법

핵심 내용

6 빈칸에 들어갈 알맞은 말을 이 글에서 찾아 쓰세요.

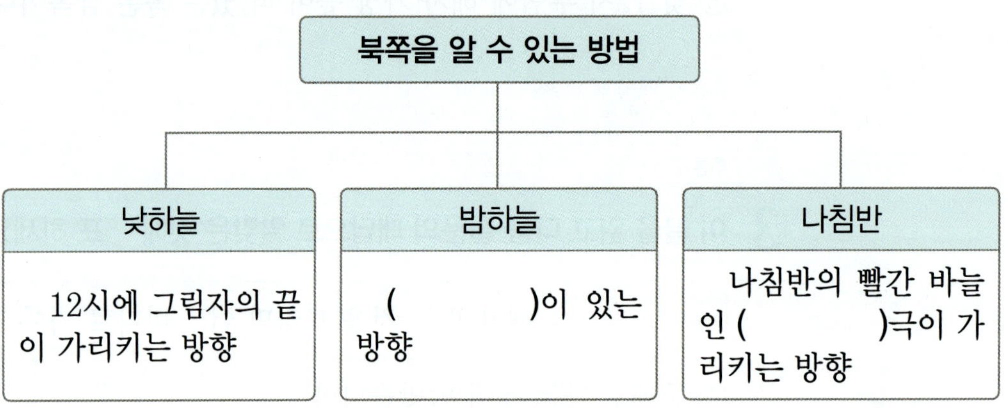

어휘

적용

7 다음 문장에 들어갈 알맞은 낱말에 ○표 하세요.

⑴ 해가 질 (만큼, 무렵)에는 집으로 돌아가야 한다.

⑵ 스스로 세운 (조준, 기준)에 따라 물건을 정리했다.

⑶ 이곳은 작은 배도 (항해, 항공)이/가 금지된 곳이다.

⑷ 산에서 (방향, 취향)을 잃었을 때 나침반은 중요한 역할을 한다.

⑸ 하늘에 떠 있는 (북극성, 방위표) 덕분에 밤에도 방향을 찾을 수 있었다.

지도 (1) 방위표

지도는 위에서 내려다본 땅의 모습을 **일정한 비율**로 줄여 나타낸 그림이에요. 우리는 장소를 찾아가거나 어떤 지역의 위치를 알기 위해 지도를 사용해요. 또 여행을 계획할 때에도 지도를 활용할 수 있어요.

지도에 나타나 있는 장소의 방향을 알고 싶다면 **방위표**를 보아야 해요. 방위표란 지도에서 동서남북의 방향을 알려 주는 표시를 말하는데, 주로 동서남북의 네 방향을 나타내는 4방위표를 이용해요. 상황에 따라 동서남북과 북동, 북서, 남동, 남서의 여덟 방향을 나타내는 8방위표를 이용할 때도 있어요.

• 8방위표

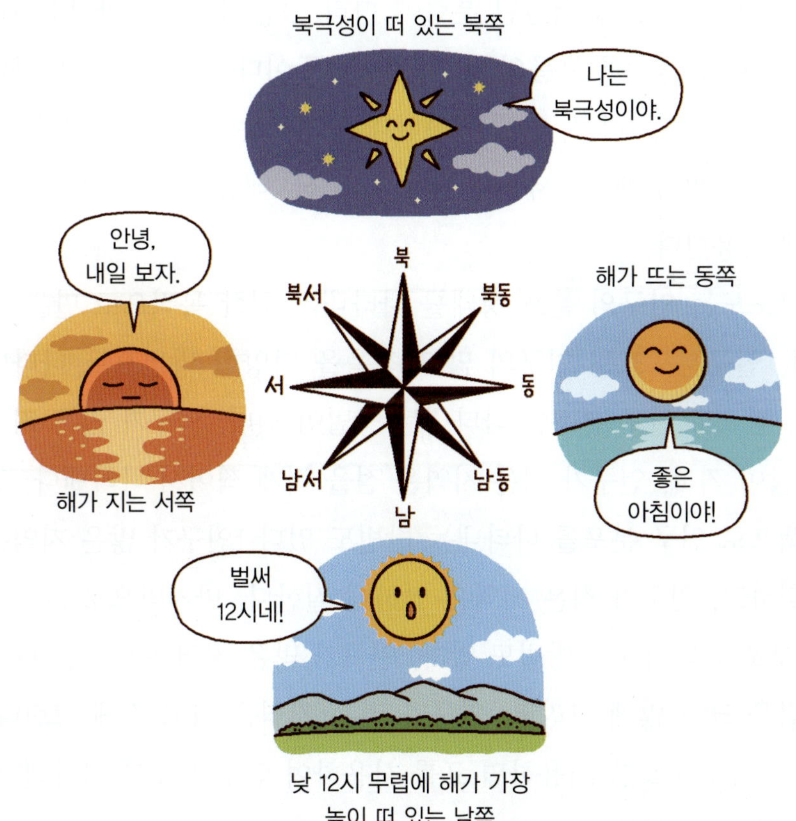

 다음 빈칸에 들어갈 알맞은 용어를 쓰세요.

(1) ☐ ☐

지(땅 地) 도(그림 圖): 땅을 그린 그림.
- 뜻: 위에서 내려다본 땅의 모습을 일정한 비율로 줄여 나타낸 그림.

(2) ☐ ☐ ☐

방(방향 方) 위(자리 位) 표(표 表): 방위를 나타내는 표.
- 뜻: 지도에서 동서남북의 방향을 알려 주는 표시.

- **일정한** 얼마간으로 정하여져 있는.
- **비율** 둘 이상의 수를 비교할 때 그중 한 수를 기준으로 하여 일정하게 늘이거나 줄여서 나타낸 다른 수.

지리 02 지도 그리기

지문 분석

글자 수 890
800 900 1000

1 지도는 내용에 따라서 크게 일반도와 주제도로 나눌 수 있다. 우리 주변의 자연환경이나 시설 등을 **기호**나 문자로 나타낸 지도인 일반도와 달리 특정한 주제를 나타내는 것을 목적으로 만들어진 지도를 주제도라고 한다. 따라서 주제도는 특정한 주제에 대해 일반도보다 더 자세하고 효과적으로 보여 줄 수 있다.

2 일기도는 **일기** 상태를 나타내기 위한 목적으로 만든 주제도이다. 일기도는 일정한 지역의 날씨를 약속한 숫자나 기호로 나타낸다. 따라서 일기도를 읽으려면 일기도에서 사용하는 기호가 무엇을 의미하는지 알아야 한다. 일기도에는 **풍향**과 **풍속**, 구름의 양, 비, 눈, 안개, 태풍 등을 나타내는 기호가 있다. 예를 들어 구름을 나타내는 기호는 원의 모양으로 표시한다. 원 안에 색칠된 **분량**에 따라 구름의 양을 나타내는데, 색칠된 분량이 많을수록 구름의 양이 많다는 뜻이다. 또한, 눈을 나타내는 기호는 '＊'로 표시하고, 안개를 나타내는 기호는 '≡'로 표시한다. 이러한 일기도는 **일기 예보**에서 기온이나 비 소식, 태풍의 예상 **경로** 등을 알려줄 때 사용한다.

3 인구분포도는 **인구**의 **분포** 상태를 나타내기 위한 목적으로 만든 주제도이다. 인구분포도는 인구의 많고 적음을 다양한 방법으로 나타낸다. 먼저, 점으로 인구 분포를 나타내는 방법이 있다. 인구가 많은 지역은 점을 많이 찍고, 인구가 적은 지역은 점을 적게 찍어서 나타낸다. 점 대신에 색으로 인구 분포를 나타내는 방법도 있다. 인구가 많은 지역은 진하게 칠하고, 인구가 적은 지역은 연하게 칠한다. 마지막으로 그림으로 인구 분포를 나타내는 방법도 있다. 인구가 많은 지역은 인구를 나타내는 그림을 크고 많게 그리고, 인구가 적은 지역은 작고 적게 그린다. 이러한 ㉠인구분포도를 사용하면 표를 사용하여 인구 분포를 나타낸 것보다 한눈에 알기 쉽다.

5
10
15
20
25

- **기호** 어떤 뜻을 나타내기 위해 쓰는 여러 가지 표시.
- **일기**(日 날 일, 氣 기운 기) 그날그날의 기온이나 비, 구름, 바람 등이 나타나는 공기 중의 상태.
- **풍향** 바람이 불어오는 방향.
- **풍속** 바람의 속도.
- **분량** 수나 양의 정도.
- **일기 예보** 앞으로의 날씨를 미리 짐작하여 신문이나 방송 등을 통해 알리는 일.
- **경로** 지나가는 길.
- **인구**(人 사람 인, 口 입 구) 정해진 지역에 살고 있는 사람의 수.
- **분포** 일정한 범위에 나뉘어 흩어져 있음.

내용 독해

1 이 글에서 가장 중심이 되는 낱말은 무엇인가요? (   )

① 기온 ② 인구 ③ 일반도
④ 주제도 ⑤ 일기예보

내용 이해

2 이 글을 통해 알 수 있는 내용이 <u>아닌</u> 것은 무엇인가요? (   )

① 일기도는 주제도이고, 인구분포도는 일반도이다.
② 인구분포도는 점으로 인구 분포를 나타낼 수 있다.
③ 일반도는 우리 주변의 자연환경이나 시설 등을 나타낸 지도이다.
④ 일기도는 일정한 지역의 날씨를 약속한 숫자와 기호로 나타낸다.
⑤ 주제도는 특정한 주제에 대해 일반도보다 더 자세하고 효과적으로 보여준다.

추론

3 ㉠의 까닭을 알맞게 짐작한 것에 ○표 하세요.

(1) 인구 분포를 글로 설명하기 때문에 (   )
(2) 인구 분포를 사진으로 보여주기 때문에 (   )
(3) 인구 분포를 그림으로 나타내기 때문에 (   )
(4) 인구 분포를 정확한 숫자로 나타내기 때문에 (   )

적용

4 다음 빈칸에 들어갈 알맞은 말을 이 글에서 찾아 두 글자로 쓰세요.

> 조선 시대에 김정호가 만든 '대동여지도'에 대한 책을 읽었다. 높이가 6미터가 넘는 이 지도는 접으면 한 권의 책처럼 되어서 가지고 다니기 편리했다고 한다. 또한, 대동여지도에는 오늘날의 지도의 축척과 같은 역할을 하는 눈금이 있어서 지도에서의 거리가 실제 거리로 얼마인지 알 수 있었고, 오늘날 지도처럼 (   )을/를 이용해 중요한 지형이나 길들을 표시했다고 한다.

(   )

구조 분석

문단 요약

5 다음 질문의 답을 찾을 수 있는 문단을 찾아 선으로 이으세요.

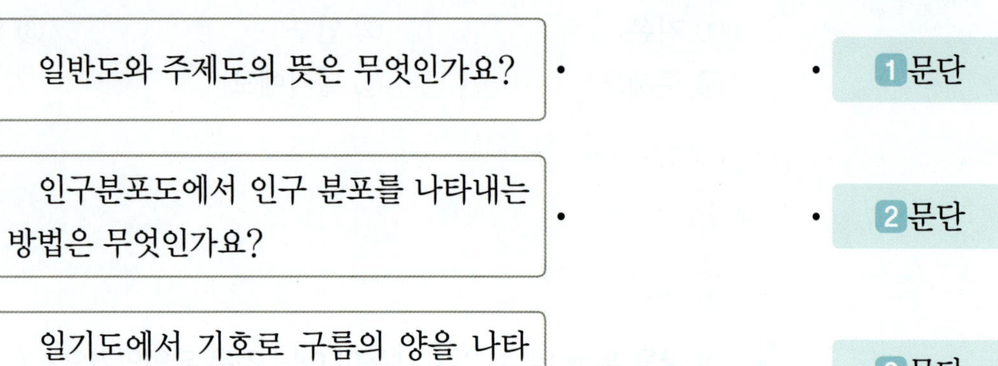

핵심 내용

6 빈칸에 들어갈 알맞은 말을 이 글에서 찾아 쓰세요.

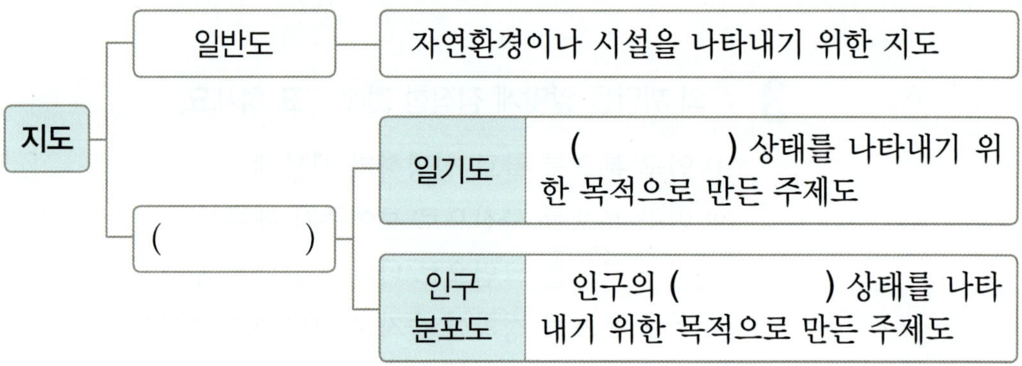

어휘

적용

7 다음 문장의 빈칸에 들어갈 알맞은 낱말을 보기 에서 찾아 쓰세요.

보기

| 분포 | 기호 | 일기 | 분량 | 경로 |

(1) 이 나무는 우리나라에 널리 (   )되어 있다.
(2) 우리는 시간이 가장 짧게 걸리는 (   )로 갔다.
(3) (   ) 예보에 따르면 내일부터 맑은 날씨가 시작된다.
(4) 지도에서 과수원을 표시하는 (   )는 동그란 열매 모양이다.
(5) 어머니께서 나와 동생에게 한 잔 (   )의 음료수를 나누어 주셨다.

지도 (2) 기호와 축척

기호란 지도에 **지형지물**을 간단하게 나타내는 표시를 말해요. 기호를 통해 실제로 그 지역에 어떤 환경이나 건물들이 있는지 나타낼 수 있어요. 따라서 지도를 볼 때 지도에 쓰인 기호와 그 뜻을 정리해 놓은 **범례**를 먼저 읽으면 지도에서 나타내는 정보를 정확하게 알 수 있어요.

축척이란 지도에서 실제 거리를 줄인 정도를 말해요. 지도에 표시된 축척을 보면 지도에서 줄여 놓은 거리의 실제 거리를 알 수 있어요. 또한, 지도상의 거리와 실제 거리가 동시에 표시된 축척 막대자를 이용하면 지도에 표시된 두 지점 사이의 실제 거리를 좀 더 쉽게 **측정할** 수 있답니다.

• **우리 지역의 지도**

핵심 용어 다음 빈칸에 들어갈 알맞은 용어를 쓰세요.

(1) ☐ ☐

기(기록할 記) 호(부호 號): 기록하는 부호.
• 뜻: 지도에 지형지물을 간단하게 나타내는 표시.

(2) ☐ ☐

축(줄일 縮) 척(길이 尺): 길이를 줄임.
• 뜻: 지도에서 실제 거리를 줄인 정도.

● **지형지물** 땅의 생김새와 땅 위에 있는 모든 물체를 이르는 말.
● **범례** 지도에 쓰인 기호와 그 뜻을 나타낸 것.
● **측정할** 수량·크기·성질 등을 기계나 장치로 잴.

지도 ⑶ 등고선

조선 시대의 지도

1 지도에는 세계 지도, 마을 지도, 관광 안내도 등 다양한 종류가 있다. 조선 시대에도 마찬가지로 여러 종류의 지도가 있었으며, 당시 국가에서는 필요한 지도를 모은 지도책인 '여지도'를 제작하기도 하였다. 여지도는 역사적으로 가치가 높은 지도라는 평가를 받아 2008년 12월 22일 우리나라의 **보물**로 지정되었다.

2 여지도는 총 세 개의 책으로 이루어져 있다. 여지도의 1책에는 의주에서 북경에 이르는 **사신**의 **통행로**를 그린 '의주북경사행로'와 서구식 세계 지도인 '천하도지도', 한양을 그린 '도성도' 등의 지도가 수록되어 있다. 그리고 2책에는 경기도, 충청도, 전라도 등의 조선의 팔도가 그려져 있다. 마지막으로 3책에는 성경성, 직예성, 산서성 등 청나라의 열여섯 개의 성이 그려져 있다.

3 그중 1책에 수록된 '도성도'는 조선 시대의 수도였던 한양을 위에서 내려다본 모습으로 나타낸 지도이다. 도성도는 도봉산과 북한산을 배경으로 한양의 빼어난 자연환경을 마치 **산수화**처럼 그렸다는 것이 가장 큰 특징이다. 특히, 산수화에서 일반적으로 사용되는 **기법**으로 그림을 구성하고 색칠하여, 한양을 그린 지도 중에서도 **회화성**이 탁월하다고 인정받았다.

4 도성도는 지도의 위가 남쪽을 가리킨다. 이는 남쪽을 향해 앉아서 업무를 보던 왕의 **시선**에 맞추었기 때문이다. 그리고 한양을 둘러싸고 있는 산은 회화적으로 나타낸 반면 한양 안의 인문환경은 ㉠**평면적**으로 그림으로써 산과 대비되어 **입체감**이 나타난다. 길은 넓이에 따라 선의 굵기를 다르게 하여 붉은색으로 표현했고, 한양을 동서로 가로질러 흐르는 하천인 청계천은 청색으로 표현했다. 그러나 오늘날의 지도와 달리 거리가 정확하지 않고, 등고선이 없기 때문에 산의 위치나 높이, 모양, **경사** 등도 정확하지 않다.

5
10
15
20
25

- **보물** 국가에서 지정하여 법으로 보호하고 관리하는 문화유산.
- **사신** 임금이나 나라의 명령을 받고 다른 나라에 파견되는 신하.
- **통행로** 통하여 다니는 길.
- **산수화** 동양화에서, 산과 물이 어우러진 자연의 아름다움을 그린 그림.
- **기법** 기교와 방법을 아울러 이르는 말.
- **회화성** 여러 가지 선이나 색채로 평면에 그림을 그려 내는 미술의 한 분야가 가지는 특성.
- **시선** 눈이 가는 길.
- **평면적**(平 평평할 평, 面 낯면, 的 과녁 적) 평평한 표면으로 되어 있는 것.
- **입체감** 삼차원의 공간에서 부피를 가진 물체를 보는 것과 같은 느낌.
- **경사** 바닥이 평평하지 않고 기울어진 부분, 또는 그런 상태나 정도.

내용 독해

1 이 글에 대한 설명으로 알맞은 것은 무엇인가요? (   )

① 지도의 중요성을 주장하고 있다.

② 한양 주위에 있는 산을 소개하고 있다.

③ 조선 시대의 지도를 본 경험을 이야기하고 있다.

④ 지도에서 실제 거리를 나타내는 방법을 설명하고 있다.

⑤ 조선 시대의 지도책인 여지도에 수록된 도성도를 설명하고 있다.

2 이 글을 통해 알 수 있는 내용이 <u>아닌</u> 것은 무엇인가요? (   )

① 조선 시대에는 여러 종류의 지도가 있었다.

② 여지도는 총 세 개의 책으로 이루어져 있다.

③ 도성도는 산수화처럼 그렸다는 특징이 있다.

④ 도성도의 산은 그 높이를 정확하게 알 수 있다.

⑤ 도성도는 오늘날의 지도와 달리 등고선이 없다.

3 이 글을 읽고 알맞게 이해한 친구는 누구인지 쓰세요.

> 민지: 도성도에 등고선을 그린다면 산의 높이를 정확하게 알 수 있을 거야.
>
> 창진: 도성도는 입체감이 나타나게 표현된 것으로 볼 때 실제 거리를 정확하게 축소해서 나타내었을 거야.
>
> 해린: 도성도는 산을 회화적으로 나타낸 것으로 볼 때 산의 높이나 모양을 정확하게 측정해서 그렸을 거야.

(   )

4 ㉠과 반대되는 뜻을 가진 낱말로 알맞은 것은 무엇인가요? (   )

① 긍정적   ② 적극적   ③ 입체적

④ 일반적   ⑤ 비교적

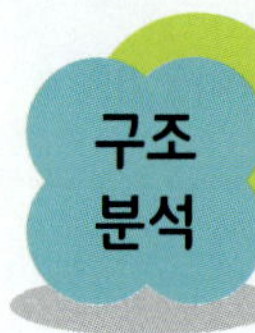

문단 요약

5 다음 빈칸에 들어갈 알맞은 말을 쓰며 이 글의 내용을 정리하세요.

문단	중심 내용
1	우리나라 (　　　　　)로 지정된 여지도
2	(　　　　　)에 수록된 지도들
3	(　　　　　)을 산수화처럼 그린 지도인 도성도
4	(　　　　　)의 여러 가지 특징과 오늘날 지도와의 차이점

핵심 내용

6 빈칸에 들어갈 알맞은 말을 이 글에서 찾아 쓰세요.

도성도	오늘날의 지도
• 자연환경을 (　　　　　)처럼 그림. • 한양 안의 인문환경은 (　　　　　)으로 그림. • 길과 하천의 색을 다르게 나타냄.	• 거리를 정확하게 나타냄. • (　　　　　)으로 땅의 높낮이와 경사를 정확하게 알 수 있음.

이해

7 다음 낱말의 뜻을 찾아 선으로 알맞게 이으세요.

(1) 경사 ・　・㉮ 통하여 다니는 길.

(2) 사신 ・　・㉯ 평평한 표면으로 되어 있는 것.

(3) 기법 ・　・㉰ 기교와 방법을 아울러 이르는 말.

(4) 평면적 ・　・㉱ 임금이나 나라의 명령을 받고 다른 나라에 파견되는 신하.

(5) 통행로 ・　・㉲ 바닥이 평평하지 않고 기울어진 부분, 또는 그런 상태나 정도.

지도 (3) 등고선

등고선이란 지도에서 땅의 높이가 같은 곳을 연결한 선을 말해요. 이때 땅의 높이는 **해발 고도**를 기준으로 측정해요. 해발 고도는 **평균 해수면**을 기준으로 측정한 높이로 어떤 곳의 해발 고도가 300미터라면 그곳은 평균 해수면에서 300미터 높은 곳에서 있다는 뜻이에요.

지도에서 높이가 같은 곳을 연결하면 등고선의 모양은 구불구불한 **곡선**으로 그려져요. 이때 등고선의 바깥쪽으로 갈수록 땅의 높이가 낮은 곳을 나타내고, 안쪽으로 갈수록 땅의 높이가 높은 곳을 나타내요. 또한, 선과 선 사이의 간격이 촘촘하고 좁으면 그 지점의 경사가 **가파르다**는 것이고, 간격이 넓으면 그곳의 경사가 **완만하다**는 것이에요.

따라서 우리는 지도에서 등고선을 보고 실제 그 지역 땅의 모양과 높낮이를 알 수 있답니다.

핵심 용어 다음 빈칸에 들어갈 알맞은 용어를 쓰세요.

(1) ☐ ☐ ☐

등(같을 等) 고(높을 高) 선(선 線): 높이가 같은 선.
- 뜻: 지도에서 땅의 높이가 같은 곳을 연결한 선.

(2) **해발** ☐ ☐

고(높을 高) 도(정도 度): 높은 정도.
- 뜻: 평균 해수면을 기준으로 하여 잰 어떤 지점의 높이.

• 땅의 높낮이와 등고선

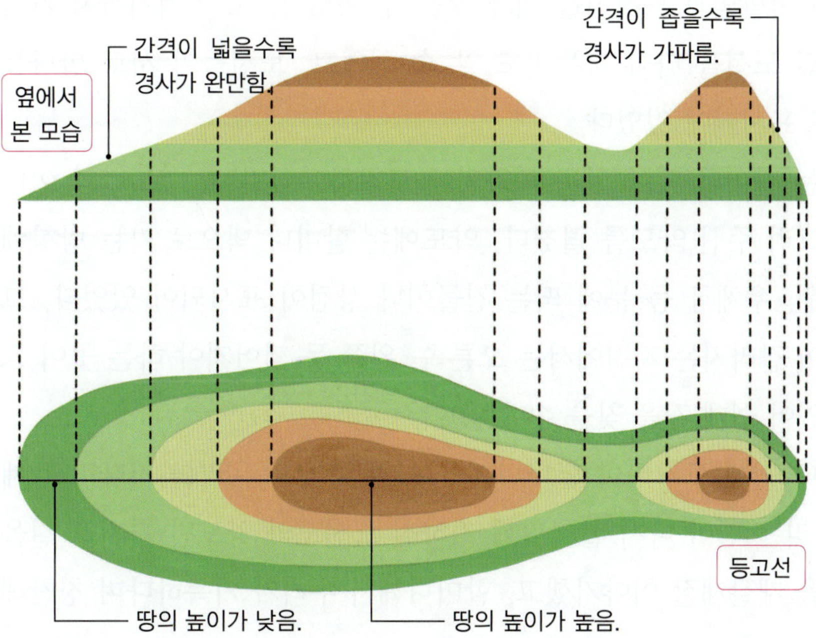

- **평균 해수면** 해수면의 높이를 일정 기간에 측정하여 그 높이를 평균한 것.
- **곡선** 모나지 아니하고 부드럽게 굽은 선.
- **가파르다** 산이나 길이 몹시 기울어져 있다.
- **완만하다** 경사가 급하지 않다.

지문 분석

글자 수 893
800　900　1000

할머니 댁을 찾아가요

1 방학을 맞아 누나와 **대중교통**을 이용하여 할머니 댁에 가기로 했다. 이전에는 부모님과 함께 자동차를 타고 갔기 때문에 대중교통으로 가는 것은 처음이었다. 어머니께서는 우리 집에서 할머니 댁까지 지하철을 한 번만 타고 이동할 수 있다고 하셨다. 그리고 스마트폰으로 지하철 **노선도**를 보는 방법을 알려주시고, 역에서 할머니 댁까지 가는 **약도**도 그 려 주셨다.

2 우리 집 근처에 있는 안산역은 1937년에 수원과 인천을 연결하는 철 도가 다니는 원곡역이었다고 한다. 이후 1988년에 안산역으로 이름이 바뀌었고, 1994년부터 할머니 댁까지 갈 수 있는 지하철 4호선이 **운행 되었다고** 한다. 현재는 4호선과 함께 수인분당선도 운행되고 있다.

3 안산역에는 하늘색 노선과 노란색 노선이 있었다. 어머니께서 알려 주신 대로 우리는 하늘색 선을 따라가 4호선에 **탑승했다**. 그리고 스마 트폰으로 지하철 노선도를 살펴보니, 노선마다 모두 다른 색으로 표시 되어 있었다. **수도권**에는 20개가 넘는 노선이 있는데 모두 색이 달라 노선마다 출발역과 도착역을 쉽게 찾을 수 있었다. 또 목적지까지 가기 위해 어떤 노선을 타야 하는지도 알 수 있었고, 노선들이 서로 만나는 **환승역**도 표시되어 있었다.

4 우리는 할머니 댁이 있는 혜화역에 도착하여 4번 출구로 나와 어머 니께서 그려 주신 약도를 펼쳤다. 약도에는 할머니 댁으로 가는 방향에 있는 병원, 우체국 등 눈에 띄는 건물이나 상점이 표시되어 있었다. 그 리고 길이 갈라지는 지점에서는 오른쪽, 왼쪽 등 꺾어져야 하는 곳이 표 시되어 있어 쉽게 길을 찾을 수 있었다.

5 할머니 댁에 도착하니 할머니께서 이미 밖에서 우리를 기다리고 계 셨다. 우리는 신이 나서 할머니께 지하철 노선도와 약도만 가지고 길을 찾은 것을 재잘재잘 이야기했고, 할머니께서 우리가 **기특하다며** 칭찬해 주셨다.

- **대중교통**(大 큰 대, 衆 무리 중, 交 사귈 교, 通 통할 통) 여러 사람이 이용하는 버스, 지하철 따위의 교통.

- **노선도** 버스·지하철 등이 일 정하게 다니는 길을 그린 그 림.

- **약도** 간략하게 줄여 주요한 것만 대충 그린 도면이나 지 도.

- **운행되었다고** 정해진 길을 따라 자동차나 열차 등이 다 니게 되었다고.

- **탑승했다** 비행기나 배, 차 등에 올라탔다.

- **수도권** 수도와 수도 근처의 지역.

- **환승역** 다른 노선으로 갈아 탈 수 있는 역.

- **기특하다며** 말이나 행동이 놀라우면서 자랑스럽고 귀엽 다며.

**내용
독해**

글의 특징

1 이 글의 특징으로 알맞은 것은 무엇인가요? (　　　)

① 할머니 댁의 위치를 설명하는 글이다.
② 할머니께 전하고 싶은 말을 쓴 글이다.
③ 지하철 노선도를 보는 방법을 안내하는 글이다.
④ 할머니 댁을 찾아갔던 경험을 이야기하는 글이다.
⑤ 할머니 댁에서 방학을 보낸 소감을 전달하는 글이다.

내용 이해

2 이 글의 내용으로 알맞은 것은 무엇인가요? (　　　)

① 스마트폰으로 지하철 노선도를 볼 수 있다.
② 수도권에는 지하철 노선이 20개가 되지 않는다.
③ 안산역은 1937년부터 지하철 4호선이 운행되었다.
④ 지하철로 안산역에서 혜화역까지 가려면 환승을 해야 한다.
⑤ 지하철 노선도에는 역 근처의 병원, 우체국 등이 표시되어 있다.

추론

3 이 글을 통해 답을 알 수 있는 질문은 무엇인가요? (　　　)

① 수도권에 지하철역은 모두 몇 개인가요?
② 현재 안산역에 운행되고 있는 노선은 무엇인가요?
③ 지하철 노선도에 들어 있는 색은 모두 몇 개인가요?
④ 원곡역에서 안산역으로 이름이 바뀐 까닭은 무엇인가요?
⑤ 안산역에서 혜화역까지 지하철로 시간이 얼마나 걸리나요?

적용

4 다음 선생님의 질문에 알맞은 대답을 한 친구는 누구인지 쓰세요.

> 선생님: 글쓴이처럼 생활 속에서 지도를 활용해 길을 찾은 경험을 말해 보세요.

> 수현: 놀이공원으로 소풍을 갔을 때 회전목마가 있는 장소를 찾으려고 그림으로 표현한 놀이공원 안내도를 본 적이 있어요.
> 찬혁: 놀이공원에 다녀와서 집으로 가지고 온 놀이공원 지도를 보며 어떤 놀이 기구를 탔는지 기억을 되살려 일기를 쓴 적이 있어요.

(　　　　　　　)

문단 요약

5 다음은 이 글에 나타난 각 문단의 중심 내용입니다. 글의 내용에 맞게 순서대로 기호를 쓰세요.

> ㉮ 할머니께서 우리를 칭찬해 주심.
> ㉯ 혜화역에서 내린 뒤 약도를 보며 할머니 댁에 찾아감.
> ㉰ 글쓴이와 누나가 대중교통을 이용해 할머니 댁에 가게 됨.
> ㉱ 안산역은 1937년부터 있었으며 현재 2개의 노선이 운행됨.
> ㉲ 안산역에서 지하철을 타고 혜화역으로 가면서 지하철 노선도를 살펴봄.

(   ) → (   ) → (   ) → (   ) → (   )

핵심 내용

6 빈칸에 들어갈 알맞은 말을 이 글에서 찾아 쓰세요.

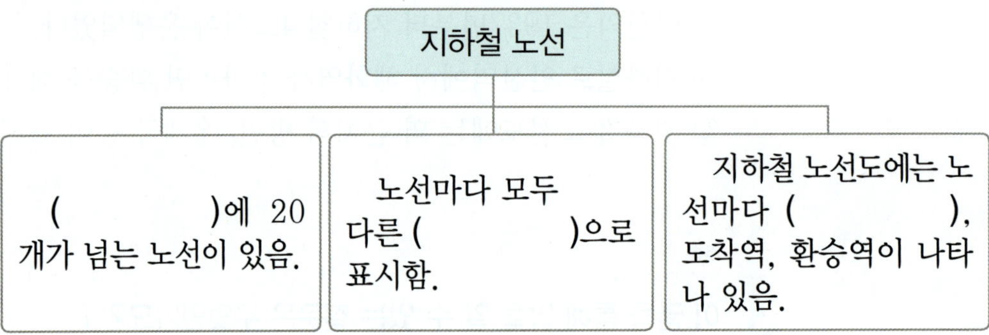

어휘

적용

7 다음 낱말이 들어갈 문장을 찾아 선으로 알맞게 이으세요.

(1) 약도 •

• ㉮ 지하철 (   )을/를 보며 내려야 하는 역을 찾았다.

(2) 탑승 •

• ㉯ 도로가 혼잡하면 (   )을/를 타는 것이 더 빠를 수 있다.

(3) 운행 •

• ㉰ 마을을 간단하게 그린 (   )을/를 보며 도서관을 찾아갔다.

(4) 노선도 •

• ㉱ 타야 하는 기차의 출발 시간이 다가와 뛰어가서 (   )을/를 했다.

(5) 대중교통 •

• ㉲ 이 역을 지나가는 열차의 (   )이/가 중단되어서 열차를 타지 못했다.

생활 속 지도

우리 주변에는 생활 속에서 활용할 수 있는 다양한 지도가 있어요. 사람들은 자신의 필요에 따라 알맞은 지도를 선택해 활용해요.

예를 들어, **특정 목적지**를 찾아가야 할 때에는 **약도**를 활용해요. 약도는 길을 찾는 데 필요한 장소만 간략하게 그렸기 때문에 목적지의 위치가 **강조되어** 더 쉽게 길을 찾아갈 수 있어요.

그리고 지하철을 탈 때에는 지하철이 지나가는 길과 역 이름을 나타낸 **지하철 노선도**를 활용해요. 지하철 노선도를 보면 어느 노선을 타야 하는지, 어느 역에서 지하철을 갈아타야 하는지 등을 쉽게 알 수 있어요. 또한 도착역까지 몇 **정거장**이 남았는지 확인할 수도 있어요.

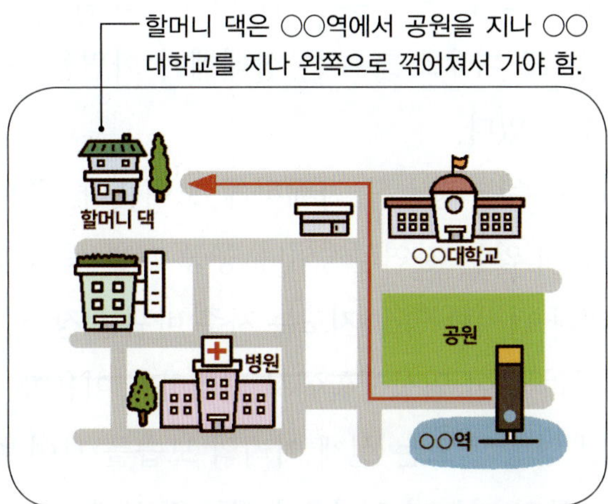

▲ 특정 목적지를 찾아가야 할 때 활용할 수 있는 약도

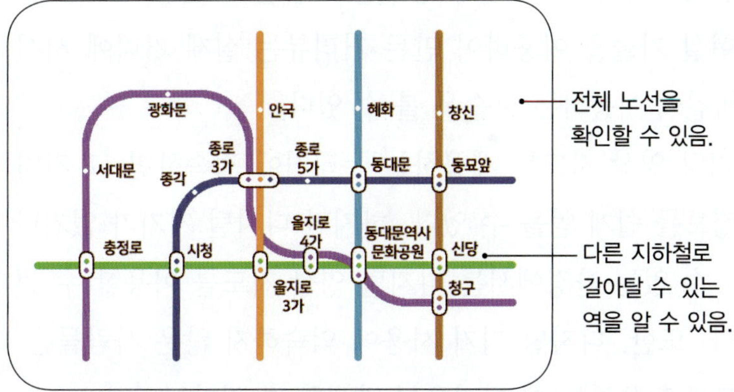

▲ 지하철을 탈 때 활용할 수 있는 지하철 노선도

- **특정** 특별히 지정함.
- **목적지** 목적으로 삼는 곳.
- **강조되어** 어떤 부분이 특별히 강하게 주장되거나 두드러져.
- **정거장** 버스나 열차가 일정하게 머무르도록 정하여진 장소.

핵심 용어 다음 빈칸에 들어갈 알맞은 용어를 쓰세요.

(1) ☐☐

약(간략할 略) **도**(그림 圖): 간략한 그림.
- 뜻: 간략하게 줄여 주요한 것만 대충 그린 도면이나 지도.

(2) **지하철** ☐☐☐

노(길 路) **선**(선 線) **도**(그림 圖): 길을 선으로 그림.
- 뜻: 지하철이 일정하게 다니는 길을 그린 그림.

우리 지역의 지리 정보

㉮ 의 기능

1 디지털 영상 지도는 **인공위성**에서 보낸 영상이나 **항공 사진**을 컴퓨터나 스마트폰 등의 디지털 기기에서 이용할 수 있도록 만든 지도를 말한다. 이러한 디지털 영상 지도는 원하는 지역을 쉽게 빠르게 찾고, 그 모습을 자세하게 살펴볼 수 있는 다양한 **기능**이 있다.

2 먼저, 디지털 영상 지도는 종이 지도와 달리 **확대**와 **축소**가 가능하다. 디지털 영상 지도에서 + 모양의 단추를 누르면 지도가 확대되어 지역을 더 자세하게 살펴볼 수 있다. 반대로 – 모양의 단추를 누르면 지도가 축소되어 더 넓은 지역을 한눈에 볼 수 있다.

3 또한, 디지털 영상 지도는 원하는 지역을 빨리 찾을 수 있다. 디지털 영상 지도의 검색창에 찾고 싶은 지역의 이름이나 장소를 입력하면, 그곳의 위치로 이동한다. 또 마우스를 누른 상태에서 화면을 움직이면서 원하는 위치를 찾을 수도 있다.

4 디지털 영상 지도는 주변 장소를 자세하게 보여준다. 종이 지도는 시간이 지나도 잘 변하지 않는 자연환경이나 공공 기관 등의 장소를 중심으로 표시한다. 그러나 디지털 영상 지도는 자주 바뀌는 장소인 음식점, 가게 등도 자세하게 알려 주어 일상생활에서 편리하게 이용할 수 있다.

5 마지막으로 디지털 영상 지도는 실제 거리의 모습을 보여 주는 항공 사진, 거리뷰, 항공뷰 등의 기능이 있다. 이 기능은 실제 거리의 모습을 촬영한 것이어서 그 지역의 **생생한** 모습을 확인할 수 있다. 또 사진과 **증강 현실** 기술을 이용하여 만든 거리뷰는 실제 거리에 서서 움직이는 것과 똑같이 이동하는 모습을 볼 수 있다.

6 디지털 영상 지도를 **제공하는** 누리집에 접속하면 그 지역의 다양한 **지리** 정보를 쉽게 얻을 수 있다. 하지만 디지털 기기가 없거나 인터넷에 접속할 수 없는 환경에서는 디지털 영상 지도를 이용할 수 없다는 **한계**가 있다. 또한, 디지털 기기 사용에 익숙하지 않은 사람들은 디지털 영상 지도를 활용하는 데 어려움이 발생할 수 있다.

지문 분석

글자 수 **944**
800 900 1000

- **인공위성** 지구 따위의 행성 둘레를 돌도록 로켓을 이용하여 쏘아 올린 인공의 장치.
- **항공 사진** 비행 중인 항공기에서 고성능 사진기로 지상을 찍은 사진.
- **기능** 하는 구실이나 작용을 함. 또는 그런 것.
- **확대** 모양이나 규모 따위를 더 크게 함.
- **축소** 모양이나 규모 따위를 줄여서 작게 함.
- **생생한** 바로 눈앞에서 보는 것처럼 명백하고 또렷한.
- **증강 현실** 현재 실제로 존재하는 사물이나 환경에 가상의 사물이나 환경을 덧입혀 보여 주는 기술.
- **제공하는** 무엇을 내주거나 갖다 바치는.
- **지리**(地 땅 지, 理 다스릴 리) 어떤 지역의 지형이나 길.
- **한계** 사물이나 능력, 책임 따위가 실제 작용할 수 있는 범위.

내용 독해

1 ㉮에 들어갈 알맞은 말은 무엇인가요? (   )

① 컴퓨터　　　　　② 스마트폰　　　　　③ 인공위성
④ 종이 지도　　　　⑤ 디지털 영상 지도

2 '디지털 영상 지도'에 대한 설명으로 알맞은 것은 무엇인가요? (   )

① 종이 지도처럼 확대와 축소가 어렵다.
② 시간이 지나도 변하지 않는 장소만 표시한다.
③ 디지털 기기가 없는 경우에도 활용할 수 있다.
④ 마우스를 이용해 원하는 위치로 이동할 수 있다.
⑤ 거리뷰를 통해 지역의 모습을 그림으로 확인할 수 있다.

3 이 글을 통해 답을 알 수 <u>없는</u> 질문은 무엇인가요? (   )

① 디지털 영상 지도란 무엇일까?
② 디지털 영상 지도에는 어떤 기능이 있을까?
③ 디지털 영상 지도의 한계는 어떻게 해결할 수 있을까?
④ 디지털 영상 지도의 거리뷰 기능은 어떤 기술을 이용한 것일까?
⑤ 디지털 영상 지도를 이용할 수 있는 디지털 기기에는 무엇이 있을까?

4 디지털 영상 지도에 대해 알맞게 이해한 친구는 누구인지 쓰세요.

> 진아: 디지털 영상 지도에서 + 모양의 단추를 누르면 더 넓은 지역을 한눈에 볼 수 있겠어.
> 태준: 디지털 영상 지도의 거리뷰 기능을 활용하면 마치 우리 동네의 거리를 걷는 느낌이 들 거야.
> 희영: 인터넷이 접속되지 않는 깊은 숲속에서 길을 잃어버리면 스마트폰의 디지털 영상 지도를 보며 길을 찾아야겠어.

(   )

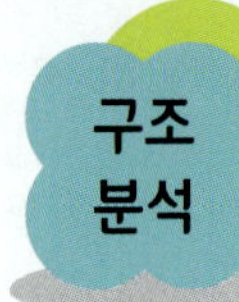

문단 요약

5 다음 빈칸에 들어갈 알맞은 말을 쓰며 이 글의 내용을 정리하세요.

문단	중심 내용
1	(　　　　　　　) 지도의 뜻
2	디지털 영상 지도의 확대 및 (　　　　) 기능
3	디지털 영상 지도의 위치 검색 및 이동 기능
4	디지털 영상 지도의 자세한 주변 장소 표시 기능
5	디지털 영상 지도의 항공 사진, (　　　　), 항공뷰 기능
6	디지털 영상 지도의 (　　　　)

핵심 내용

6 빈칸에 들어갈 알맞은 말을 이 글에서 찾아 쓰세요.

디지털 영상 지도

기능	한계
• 지역을 (　　　　)하거나 축소할 수 있음. • 위치를 (　　　　)할 수 있음. • 주변 장소를 자세히 볼 수 있음. • 실제 거리의 모습을 볼 수 있음.	• 디지털 기기가 필요함. • (　　　　)에 접속할 수 없는 환경에서는 이용할 수 없음. • 디지털 기기를 사용하는 것에 익숙하지 않은 사람들은 활용하는 데 어려움을 느낌.

적용

7 다음 문장에 들어갈 알맞은 낱말에 ○표 하세요.

⑴ 수사에 중요한 단서를 (제공, 제작)했다.

⑵ (인공위성, 비행기)을/를 우주로 쏘아 올렸다.

⑶ 키가 작은 나는 (경계, 한계)를 극복하기 위해 더 노력했다.

⑷ 그 장난감은 마치 자동차를 그대로 (축소, 청소)시킨 것 같았다.

⑸ 그는 어릴 때부터 이 마을에 살아서 마을의 (지혜, 지리)를 잘 알고 있다.

우리 지역의 지리 정보

어떤 공간과 지역에 관련된 모든 정보를 **지리 정보**라고 해요. 우리가 사는 지역은 길이 어떻게 이어져 있는지, 산과 하천은 어디에 있는지, 학교나 우체국의 위치는 어디인지 등의 정보가 모두 우리 지역의 지리 정보예요.

요즘에는 항공 사진이나 인공위성 사진을 이용해 만든 **디지털 영상 지도**로 우리 지역의 지리 정보를 볼 수 있어요. 디지털 영상 지도를 이용하면 우리 지역의 위치를 알기 쉽고, 우리 지역의 전체적인 모습과 자세한 모습을 모두 살펴볼 수 있어요. 따라서 디지털 영상 지도를 통해 지역의 지리 정보를 미리 **탐색하고**, 실제로 **답사**도 해 보면 그 지역을 이해하기 쉽답니다.

• 디지털 영상 지도

● **탐색하고** 사라지거나 드러나지 않은 사물이나 현상 따위를 자세히 살펴 찾고.
● **답사** 어떤 곳에 가서 직접 보고 조사함.

핵심 용어 다음 빈칸에 들어갈 알맞은 용어를 쓰세요.

(1) ☐☐ **정보**

지(땅 地) 리(다스릴 理): 다스리는 땅.

• 뜻: 어떤 공간과 지역에 관련된 모든 정보.

(2) ☐☐☐ **영상 지도**

• 뜻: 항공 사진이나 인공위성 사진을 이용해서 만든 지도.

지역을 알리는 노력

다양한 지역 축제

지문 분석

글자 수 898
800 900 1000

1 지역 사회에서는 그 지역의 자연환경, 역사나 문화, **특산물** 등을 알리기 위해 다양한 지역 축제를 열고 있다. 지역의 **특색**을 살린 지역 축제는 해마다 많은 관광객의 발길을 끌며 사람들에게 지역을 알리는 역할을 하고 있다.

2 ㉠지역의 자연환경을 알리기 위해 열리는 지역 축제에는 대표적으로 5
태백에서 열리는 '태백산 눈 축제'가 있다. 매년 겨울에 열리는 이 축제는 태백 지역의 아름다운 **설경**을 배경으로 눈으로 만든 거대한 조각들을 전시하는 것이 특징이다. 더불어 눈으로 만든 미끄럼틀과 얼음 썰매타기 등의 체험 프로그램을 제공해서 추운 겨울에도 많은 가족 단위의
관광객들이 이 축제를 찾는다. 10

3 지역의 역사나 문화를 알리기 위한 지역 축제에는 대표적으로 안동에서 열리는 '안동 국제 탈춤 페스티벌'이 있다. 이 축제의 주요 공연 중하나인 안동의 하회 별신굿 탈놀이는 우리나라의 **무형유산**이면서, **유네스코**(UNESCO)가 지정한 인류무형문화유산이다. 안동은 이 축제를 통해 하회 별신굿 탈놀이를 국내와 세계에 알리고 있다. 이와 더불어 이 15
축제에서는 **국내외**의 다양한 탈놀이를 함께 즐길 수 있으며, 탈 만들기와 탈춤 배우기 등 탈과 관련한 다양한 체험도 준비되어 있다.

4 지역의 특산물을 알리기 위한 지역 축제에는 대표적으로 보성에서열리는 '보성 다향 대축제'가 있다. 녹차 **재배지**로 유명한 보성은 매년차가 **수확되는** 5월 초에 축제를 연다. 이 축제에 가면 싱그럽고 향기로 20
운 차밭을 배경으로 사진을 찍을 수 있다. 그리고 찻잎 따기와 차 만들기등의 다양한 체험을 해 볼 수 있다.

5 이 밖에도 여러 지역에서 지역의 특색을 살린 다양한 축제가 열리고있다. 올해는 각 지역의 누리집이나 사회 관계망 서비스(SNS) 등에서지역 축제에 대한 정보를 찾아보고 가족들과 함께 방문하여 즐겨보기 25
바란다.

- **특산물** 어떤 지역의 특별한 산물.
- **특색**(特 특별할 특, 色 빛 색) 보통의 것과 다른 점.
- **설경**(雪 눈 설, 景 경치 경) 눈이 내리거나 눈이 쌓인 경치.
- **무형유산** 여러 세대에 걸쳐 전승되며 한 공동체에서 끊임없이 재창조된 전통 공연이나 전통 기술, 생활 관습 따위의 국가유산.
- **유네스코** 세계 각국 국민들 사이의 교육, 과학, 문화 등의 국제적 협력을 위하여 설립된 국제 연합의 전문 기구.
- **국내외**(國 나라 국, 內 안 내, 外 바깥 외) 나라의 안과 밖을 아울러 이르는 말.
- **재배지** 농작물을 심어 가꾸는 땅.
- **수확되는** 익은 농작물이 거두어들여지는.

내용 독해

1 이 글의 특징으로 알맞은 것은 무엇인가요? (　　　　)

① 지역 축제를 홍보하는 방법을 제안하고 있다.
② 지역 축제에 참가했던 경험을 이야기하고 있다.
③ 지역 축제의 문제점과 해결 방안을 제시하고 있다.
④ 지역 축제의 종류와 대표적인 지역 축제를 소개하고 있다.
⑤ 일년 동안 진행되는 지역 축제를 시간 순서대로 안내하고 있다.

내용 이해

2 이 글의 내용으로 알맞지 <u>않은</u> 것은 무엇인가요? (　　　　)

① 보성은 녹차 재배지로 유명한 지역이다.
② '안동 국제 탈춤 페스티벌'은 안동 지역에서 열린다.
③ '태백산 눈 축제'에서 눈으로 만든 조각들을 볼 수 있다.
④ '태백산 눈 축제'와 '보성 다향 대축제'는 겨울에 열린다.
⑤ '보성 다향 대축제'에서는 찻잎 따기와 차 만들기 체험을 할 수 있다.

추론

3 이 글을 통해 짐작할 수 있는 내용으로 알맞은 것은 무엇인가요? (　　　　)

① 지역 축제는 그 지역 사람만을 위해 열리는 것이겠군.
② 지역 축제는 어린이들이 즐길 만한 체험이 부족하겠군.
③ 자랑스러운 역사가 없어도 만들어서 지역 축제를 열면 되겠군.
④ 자연환경이 훼손될 수 있으니 지역 축제는 하지 않는 것이 좋겠군.
⑤ 지역 축제에 가면 많이 알려지지 않은 지역 특산물도 알 수 있겠군.

적용

4 ㉠의 사례로 볼 수 있는 것은 무엇인가요? (　　　　)

① 풍물놀이를 볼 수 있는 '부평 풍물 대축제'
② 보은 대추를 구매할 수 있는 '보은 대추 축제'
③ 논산 딸기로 요리를 만들 수 있는 '논산 딸기 축제'
④ 대전의 유명한 빵집의 빵을 맛볼 수 있는 '대전 빵 축제'
⑤ 유채꽃밭에서 사진을 찍을 수 있는 '서귀포 유채꽃 축제'

구조 분석

5 각 문단의 중심 내용으로 알맞은 것에 ○표, 틀린 것에 ✕표를 하세요.

1문단	지역을 알리기 위해 열리는 지역 축제	( )
2문단	지역의 자연환경을 알리기 위한 지역 축제	( )
3문단	지역의 시설을 알리기 위한 지역 축제	( )
4문단	지역의 기술을 알리기 위한 지역 축제	( )
5문단	지역 축제에 대한 정보를 찾는 방법	( )

6 빈칸에 들어갈 알맞은 말을 이 글에서 찾아 쓰세요.

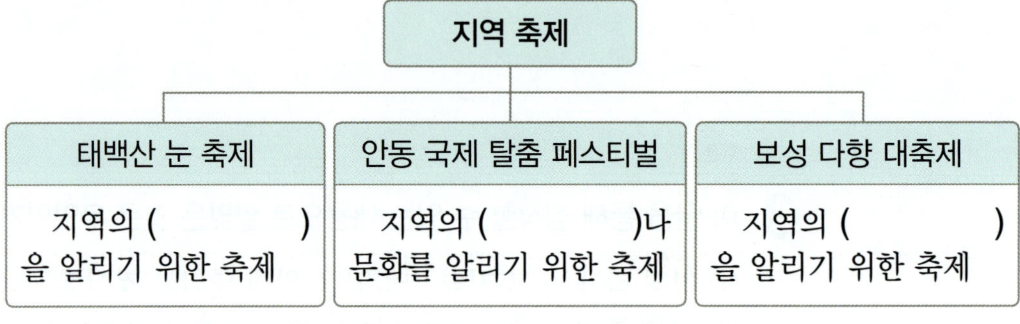

어휘

7 다음 문장의 빈칸에 들어갈 알맞은 낱말을 보기 에서 찾아 쓰세요.

보기

설경	수확	특색	국내외	재배지

(1) 그는 (   )에서 인기가 많은 가수이다.

(2) 이 그림은 다른 그림과는 다른 (   )이/가 있다.

(3) 경상남도 함안은 수박 (   )(으)로 유명한 곳이다.

(4) 겨울 설악산은 (   )을/를 보기 위한 사람들이 모인다.

(5) 작년에는 태풍으로 인해 농작물의 (   )이/가 줄어들었다.

비주얼 사회 교과서 개념 — 지역을 알리는 노력

　　일정한 지역을 바탕으로 하여 함께 살아가는 **공동체**를 **지역 사회**라고 해요. 지역 사회는 지역 안에서 **발생하는** 문제를 파악하고 해결하여 그 지역을 더 살기 좋은 생활 공간으로 만들기 위해 노력해요.

　　또한, 지역 사회는 지역을 알리기 위해 그 지역의 특산물, 자연환경, 문화 등을 이용하여 **지역 축제**라는 큰 **규모**의 행사를 열기도 해요. 지역 축제는 그 지역을 널리 알려 다른 지역에 사는 사람들이 찾아올 수 있도록 해요. 그리고 지역 축제를 찾아온 사람들이 그 지역에서 소비를 해서 **경제적인** 이익을 얻기도 한답니다.

• 우리나라 지역 축제의 예

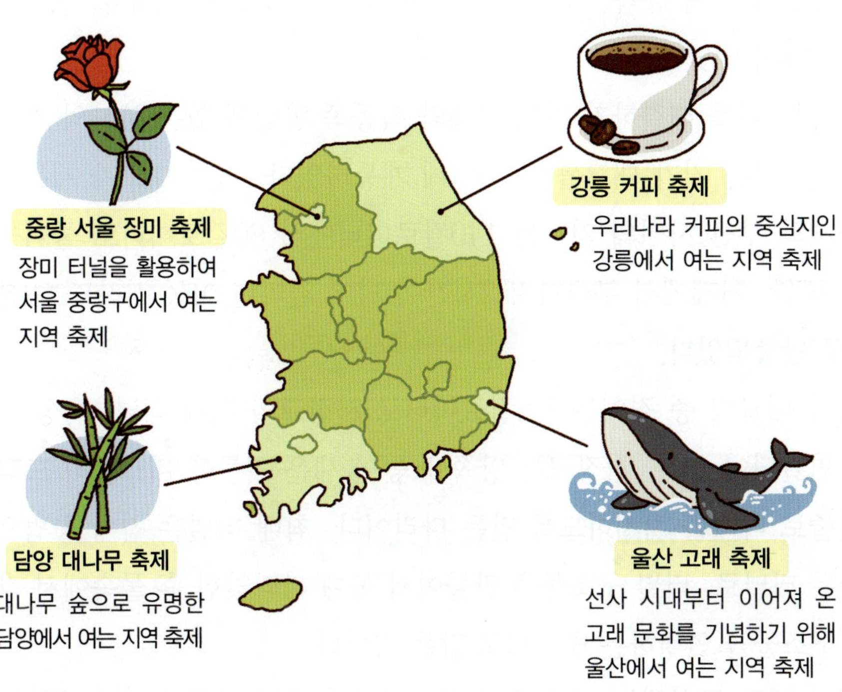

- **공동체** 생활이나 행동 또는 목적 따위를 같이하는 집단.
- **발생하는** 어떤 일이나 사물이 생겨나는.
- **규모** 사물이나 일의 크기.
- **경제적** 경제나 돈·수입·재산에 관한 것.

핵심 용어 다음 빈칸에 들어갈 알맞은 용어를 쓰세요.

(1) **지역** ☐ ☐

사(모일 社) **회**(모일 會): 모여 있는 것.
- 뜻: 일정한 지역을 바탕으로 하여 함께 살아가는 공동체.

(2) **지역** ☐ ☐

축(축하할 祝) **제**(제사 祭): 축하하여 벌이는 행사.
- 뜻: 각 지역에서 벌이는 큰 규모의 행사.

지문 분석

글자 수 963
800 900 1000

자연환경과 인문환경

거제와 부산을 연결하다

1 경상남도 거제시는 우리나라의 남쪽에 위치한 도시이다. 거제는 우리나라에서 제주도 다음으로 큰 섬인 거제도를 포함한 작은 섬들로 이루어져 있다. 거제는 대규모의 **조선소**가 들어서면서 거제뿐 아니라 우리나라의 경제 발전을 이끌었다. 또한, 거제에는 해금강, 바람의 언덕과 신선대, 거가 대교 등 아름다운 풍경을 볼 수 있는 곳이 많아 관광객들의 발길이 이어지는 곳이다.

2 거제는 거제와 북서쪽 **방면**의 통영을 연결하는 거제 대교를 건설하여 육지와 쉽게 **통행할** 수 있었다. 거제 대교를 이용하는 차량이 많아지면서 거제와 통영을 연결하는 신거제 대교도 건설하여 거제에서 북서쪽 방면은 이동이 자유로워졌다. 그러나 거제에서 북동쪽 방면으로 이동하려면 통영을 거쳐 동쪽으로 다시 이동해야 해서 시간이 오래 걸리는 등의 불편함이 있었다.

3 거제는 이를 해결하기 위해 거제와 북동쪽 방면에 있는 부산의 가덕도를 연결하는 거가 대교를 2010년에 **개통하였다**. 거가 대교가 개통되자 거제와 부산 사이의 거리는 140킬로미터에서 60킬로미터로 줄어들었다. 또한, 거제에서 부산까지 2시간이 넘게 걸리던 이동 시간도 50분 정도로 **단축되었다**.

4 거가 대교의 총 길이는 8.2킬로미터로 사장교와 침매 터널, 육상 터널로 연결되어 있다. 사장교는 양쪽에 높이 세운 기둥에 **비스듬히 드리운** 쇠줄로 다리를 지지하도록 만든 다리이다. 침매 터널은 침매 공법으로 만든 터널로, 터널 **구조물**을 만들어서 물에 가라앉힌 후 물속에서 각각의 구조물을 연결하는 방식으로 만든 것이다.

5 거가 대교 근처에는 거가 대교 전망대라고 불릴 정도로 거가 대교를 가까이에서 바라볼 수 있는 유호 전망대가 있다. 유호 전망대에서는 낮에는 짙푸른 바다를 배경으로 확 트인 바다와 함께 거가 대교를 감상할 수 있고, 밤에는 밤하늘의 별과 함께 조명이 켜진 거가 대교를 감상할 수 있어 자연 그대로의 자연환경과 인간이 만든 ㉠인문환경의 **조화**를 느낄 수 있는 아름다운 곳이다.

- **조선소** 배를 만들거나 고치는 곳.
- **방면** 어떤 장소나 지역이 있는 방향.
- **통행할** 일정한 장소를 지나다닐.
- **개통하였다** 길, 다리, 철로, 전화, 전신 따위가 완성되거나 이어 통하게 하였다.
- **단축되었다** 시간이나 거리 따위가 짧게 줄어들었다.
- **비스듬히** 수평이나 수직이 되지 아니하고 한쪽으로 기운 듯하게.
- **드리운** 한쪽이 위에 고정된 천이나 줄 따위가 아래로 늘어진.
- **구조물** 일정한 설계에 따라 여러 가지 재료를 얽어서 만든 물건.
- **조화** 서로 잘 어울림.

핵심어

1 이 글에서 가장 중심이 되는 낱말은 무엇인가요? (　　　)

① 조선소　　　　　　　　② 인문환경
③ 자연환경　　　　　　　④ 거가 대교
⑤ 침매 터널

내용 이해

2 '거가 대교'에 대한 설명으로 알맞지 <u>않은</u> 것은 무엇인가요? (　　　)

① 2010년에 개통되었다.
② 밤이 되면 조명이 켜진다.
③ 총 길이는 60킬로미터이다.
④ 침매 공법으로 만든 부분이 있다.
⑤ 거제와 가덕도를 연결하는 다리이다.

추론

3 이 글을 통해 답을 알 수 있는 질문은 무엇인가요? (　　　)

① 유호 전망대의 입장료는 얼마일까?
② 우리나라에서 세 번째로 큰 섬은 어디일까?
③ 거제 이외에 조선소가 있는 곳은 어디일까?
④ 거가 대교를 만드는 데 걸린 시간은 얼마일까?
⑤ 거제에 관광객들의 발길이 이어지는 까닭은 무엇일까?

적용

4 보기 에서 ㉠에 해당하는 것의 기호를 모두 찾아 쓰세요.

보기
⑦ 목장　　　　　　　　　⑭ 항구
⑮ 과수원　　　　　　　　⑯ 한라산

(　　　　　　　　　)

5 다음 빈칸에 들어갈 알맞은 말을 쓰며 이 글의 내용을 정리하세요.

문단	중심 내용
1	(　　　　　)시의 위치와 특징
2	거제의 (　　　　　) 방면을 연결하는 거제 대교와 신거제 대교
3	(　　　　　)를 만든 까닭과 효과
4	거가 대교를 이루는 사장교와 (　　　　) 터널, 육상 터널
5	자연환경과 (　　　　)의 조화를 느낄 수 있는 유호 전망대

6 빈칸에 들어갈 알맞은 말을 이 글에서 찾아 쓰세요.

	거가 대교가 개통되기 전	거가 대교가 개통된 후
거제와 부산 사이의 이동 거리	(　　　　)킬로미터	60킬로미터
거제와 부산 사이의 이동 시간	2시간 이상	(　　　　)분 정도

7 다음 낱말이 들어갈 문장을 찾아 선으로 알맞게 이으세요.

(1) 개통 •

⑦ 우리나라에 전화가 (　　)된 지 100년도 넘었다.

(2) 단축 •

⑭ 이 도로는 한쪽 방향으로만 (　　)이/가 가능하다.

(3) 방면 •

⑮ 이번 영화는 감독과 배우의 (　　)이/가 돋보였다.

(4) 통행 •

⑯ 학교에서 집으로 가려면 사거리 (　　)(으)로 가야 한다.

(5) 조화 •

⑰ 이번에 우승한 마라톤 선수는 자신의 기록을 3초나 (　　)하였다.

자연환경과 인문환경

환경은 사람이 살아가는 데 많은 영향을 주어요. 이러한 환경은 자연환경과 인문환경으로 나눌 수 있어요.

자연환경은 사람이 만들지 않은 자연 그대로의 것을 말해요. 산, 들, 바다와 같은 땅의 생김새와 비, 눈, 바람과 같이 날씨에 영향을 주는 것들이 모두 자연환경이에요.

인문환경은 사람의 손길이 닿아 만들어진 것을 말해요. 논, 도로, 건물과 같은 것뿐만 아니라 놀이, 음식 등도 모두 인문환경에 포함되어요.

자연환경과 인문환경은 서로 영향을 주고받는 관계이기 때문에 모두 중요하게 생각해야 한답니다.

• 자연환경과 인문환경의 조화

● **환경** 사람이나 생물에게 두루 영향을 끼치는 자연이나 사회의 조건이나 상태.
● **영향** 무엇에 원인이 되거나 힘을 미치어 반응이나 변화가 생기게 하는 것.
● **손길** 손의 움직임.

핵심 용어 다음 빈칸에 들어갈 알맞은 용어를 쓰세요.

(1) ☐☐**환경**

자(스스로 自) **연**(그럴 然): 스스로 생긴 것.

• 뜻: 자연 그대로의 산, 들, 하천, 바다 등 땅의 생김새와 날씨에 영향을 주는 비, 눈, 바람, 기온 등.

(2) ☐☐**환경**

인(사람 人) **문**(글월 文): 사람이 만든 것.

• 뜻: 자연 그대로가 아닌 사람들이 만든 논, 과수원, 도로, 공원, 공장 등.

단양이 좋아요

지문 분석

글자 수 923

1 할아버지께서는 충청북도 단양에서 마늘 농사를 지으신다. 그래서 단양에 놀러 가면 언제나 커다란 자루에 단양의 **특산물**인 마늘을 잔뜩 담아 올 수 있다. 여름이 되면 단양에서는 마늘 축제가 열린다. 지난 여름에는 할아버지를 따라 마늘 축제에 가서 마늘 통닭, 마늘 순대, 마늘 만두 등 마늘을 이용한 다양한 요리를 맛보았다.

2 할아버지 댁에서 멀지 않은 곳에는 도담 삼봉과 사인암을 비롯한 8가지 명승지인 단양 팔경이 있다. 그래서 단양은 어느 계절에 가더라도 아름다운 풍경을 볼 수 있는 곳이다. 최근에는 패러글라이딩을 하기 위해 단양을 찾아오는 관광객들이 많아졌다. 맑은 하늘을 배경으로 날아오르는 패러글라이더를 보면 마치 푸른 하늘에 꽃이 활짝 ㉠피는 듯한 느낌이 든다.

3 이처럼 단양에 가면 도시에는 없는 ㉡고요하고 아름다운 자연을 누릴 수 있다. 그래서 나는 할아버지 댁에 가는 것을 ㉢좋아한다. 내가 사는 서울과 비교해서 단양에는 대중교통이나 **문화 시설** 등은 ㉣적지만 시골의 정겨운 느낌이 있고 아름다운 자연이 있어서 마음이 간다.

4 하지만 단양이 2021년부터 인구 **감소** 지역으로 지정되었다는 보도를 접했다. 인구 감소 지역이란 인구가 ㉤줄어들어 **소멸**이 **우려되는** 지역을 말한다. 할아버지께서도 마을에 젊은 사람들이 점점 더 줄어든다고 하셨다. 또 단양은 **등록 인구**가 **체류 인구**보다 적다고 하셨다. 등록 인구는 그 지역에 **거주하면서** 생활을 하는 인구이고, 체류 인구는 그 지역을 방문하는 인구이다. 주말이나 휴가철에는 단양이 수많은 관광객으로 북적거리지만, 정작 이곳에 거주하는 인구는 꾸준히 줄어들고 있음을 알 수 있다.

5 단양에서는 이러한 인구 감소를 극복하기 위해 **의료 시설**을 만들고 새로운 일자리를 마련하는 등의 노력을 하고 있다고 한다. 단양이 단양만의 장점을 지키면서 더 많은 사람이 함께 생활할 수 있는 지역이 되었으면 좋겠다.

- **특산물** 어떤 지역의 특별한 산물.
- **문화 시설** 문화를 누리고 발달시키는 데 필요한 시설. 도서관, 극장, 학교, 박물관 따위가 있다.
- **감소**(減 덜 감, 少 적을 소) 양이나 수치가 줆. 또는 양이나 수치를 줄임.
- **소멸** 사라져 없어짐.
- **우려되는** 근심되거나 걱정되는.
- **등록 인구** 주민 등록 인구와 외국인 등록 인구를 합한 인구.
- **체류 인구** 월 1회, 하루 3시간 이상 머무는 인구.
- **거주하면서** 일정한 곳에 머물러 살면서.
- **의료 시설** 의술로 병을 치료하기 위해 만들어 놓은 장소.

내용 독해

1 이 글의 특징으로 알맞은 것은 무엇인가요? (   )

① 마늘로 할 수 있는 요리 방법을 알려 주고 있다.
② 가족과 함께 가 볼 만한 여행지를 추천하고 있다.
③ 단양을 대표하는 문화유산에 대해 소개하고 있다.
④ 단양에 대한 자신의 경험과 생각을 전달하고 있다.
⑤ 여행을 다녀온 장소를 시간 순서에 따라 정리하고 있다.

2 이 글의 내용과 일치하지 않는 것은 무엇인가요? (   )

① 마늘은 단양의 특산물이다.
② 단양은 등록 인구가 체류 인구보다 많다.
③ 단양에는 패러글라이딩을 하러 오는 사람이 많다.
④ 단양은 2021년부터 인구 감소 지역으로 지정되었다.
⑤ 단양은 어느 계절에 가더라도 아름다운 풍경을 볼 수 있다.

3 글쓴이와 생각이 비슷한 친구는 누구인지 쓰세요.

> 주현: 서울의 인구가 점점 많아지고 있기 때문에 자연을 지키기 위해 노력해야 할 것 같아.
> 승완: 단양의 고유한 특성을 지켜나가면서도 생활하는 데 편리한 시설을 마련할 필요가 있겠어.
> 수영: 단양에도 대중교통을 늘리고 아파트 같은 높은 건물을 많이 지어서 서울과 똑같이 만들 필요가 있다고 생각해.

(   )

4 ㉠~㉤과 뜻이 반대되는 말로 알맞지 않은 것은 무엇인가요? (   )

① ㉠: 피는 ↔ 지는
② ㉡: 고요하고 ↔ 시끄럽고
③ ㉢: 좋아한다 ↔ 싫어한다
④ ㉣: 적지만 ↔ 많지만
⑤ ㉤: 줄어들어 ↔ 감소하여

구조 분석

문단 요약

5 각 문단의 중심 내용으로 알맞은 것에 ○표, 틀린 것에 ×표를 하세요.

1문단	단양의 특산물인 마늘	( )
2문단	관광지로서 단양의 모습	( )
3문단	글쓴이가 단양을 좋아하는 까닭	( )
4문단	거주하는 인구가 늘어나고 있는 단양	( )
5문단	인구 증가를 극복하기 위한 단양의 노력	( )

핵심 내용

6 빈칸에 들어갈 알맞은 말을 이 글에서 찾아 쓰세요.

단양의 특징	단양의 문제점	단양의 노력
• 마늘이 특산물임. • 도담 삼봉과 사인암을 비롯한 단양 ( )이 있음. • 패러글라이딩을 할 수 있음.	• 인구 ( ) 지역으로 지정됨. • 관광하러 오는 사람은 많지만, 거주하는 인구는 줄고 있음.	• ( ) 시설을 만듦. • 새로운 일자리를 마련함.

어휘

적용

7 다음 문장의 빈칸에 들어갈 알맞은 낱말을 보기 에서 찾아 쓰세요.

보기

감소	거주	소멸	우려	특산물

(1) 쌀은 이천의 (   )(으)로 유명하다.

(2) 환경 오염에 대한 (   )이/가 커지고 있다.

(3) 매일 달리기를 했더니 몸무게가 (   )했다.

(4) 우리 가족은 작년부터 아파트에 (   )하고 있다.

(5) 태풍이 (   )하여 더 이상의 피해가 발생하지 않을 것이다.

여러 지역의 환경

사람들은 주변 환경과 더불어 살아가요. 각 지역은 주변 환경에 따라서 촌락과 도시로 구분할 수 있어요.

촌락은 자연환경을 주로 이용하여 살아가는 지역을 말해요. 촌락에는 농업 활동을 하며 생활하는 농촌, 어업 활동을 하며 생활하는 어촌, 임업이나 목축업 활동을 하며 생활하는 산지촌이 등이 있어요.

도시는 사회, **정치**, 경제 활동의 중심이 되는 곳으로 많은 사람들이 모여 사는 지역을 말해요. 주로 **산업**이나 교통이 발달한 곳에 위치해요.

촌락과 도시는 자연환경, **편의 시설**, 대중교통 등 여러 가지 면에서 차이가 있어요. 하지만 여러 사람이 모여 서로 돕고 살아가야 하는 곳이라는 점은 다르지 않답니다.

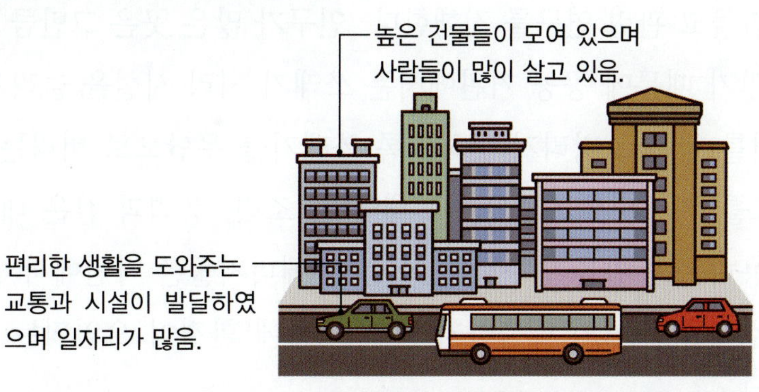

▲ 자연환경을 주로 이용하여 살아가는 촌락

▲ 사회, 정치, 경제 활동의 중심이 되는 도시

핵심 용어 다음 빈칸에 들어갈 알맞은 용어를 쓰세요.

(1) ☐☐

촌(마을 村) 락(떨어질 落): 도시에서 떨어진 마을.
- 뜻: 자연환경을 주로 이용하여 살아가는 지역.

(2) ☐☐

도(도읍 都) 시(시장 市): 도읍과 시장.
- 뜻: 사회, 정치, 경제 활동의 중심이 되는 곳으로 많은 사람들이 모여 사는 지역.

● **정치** 나라를 다스리는 일.
● **산업** 인간의 생활을 경제적으로 풍요롭게 하기 위하여 재화나 서비스를 생산하는 사업.
● **편의 시설** 유익하거나 편리하게 쓰도록 만들어 놓은 장소.

지문 분석
글자 수 924
800 900 1000

환경 개발에 따른 지역의 변화

화려한  ㉮ 의 그늘

1 ㉠편리한 교통, 풍부한 일자리, 다양한 편의 시설 등의 이유로 도시에 사는 인구는 점점 늘어나고 있다. 하지만 겉으로 볼 때 화려한 도시의 뒤에도 어두운 그늘은 있다. **주택** 부족, 교통 **혼잡**, 환경 오염 등의 도시 문제가 생겨나기 때문이다. 공공 기관에서는 이러한 도시 문제를 해결하기 위해 여러 가지 노력을 하고 있다.

2 첫 번째, 공공 기관은 부족한 주택 문제를 해결하기 위해 주택 공급 사업을 진행한다. 주택이 부족한 곳에 새로운 주택을 지어 주변보다 낮은 가격으로 사람들에게 제공하고 있다. 또한, 지역 **재개발** 사업을 통해 낡고 오래된 주택이 모여 있는 지역을 새롭게 **정비하기도** 한다. 이러한 주택 공급 사업으로 사람들이 조금 더 쉽게 집을 구할 수 있도록 한다.

3 두 번째, 공공 기관은 교통 혼잡 문제를 해결하기 위해 도로에 교통량을 줄일 수 있는 **제도**를 만든다. 대표적으로 '차량 2부제'가 있다. 이 제도는 1, 3, 5일과 같은 홀수일에는 차량 등록 번호의 끝자리가 홀수인 차량만 운행하도록 하고, 2, 4, 6일과 같은 짝수일에는 차량 등록 번호의 끝자리가 짝수인 차량만 운행하도록 하는 것이다. 또한, 대중교통인 버스만 통행할 수 있는 버스 **전용** 차로나 자전거를 편하게 이용할 수 있는 자전거 전용 도로 등을 만들기 위해 노력한다.

4 세 번째, 공공 기관은 환경 오염 문제를 해결하기 위한 시설이나 제도를 만들고 관련 연구를 진행한다. 인구가 많은 곳은 그만큼 쓰레기 배출도 많기 때문에 공공 기관에서는 쓰레기 처리 시설을 늘리기도 하고, 쓰레기를 함부로 버리지 못하도록 쓰레기를 **무단**으로 버리는 사람에게 **과태료**를 부과하기도 한다. 또 태양열, 조력, 풍력과 같은 대체 에너지를 사용하는 방법을 연구한다. 이러한 에너지들은 자연에서 얻을 수 있고 온실가스를 거의 배출하지 않기 때문에 환경이 오염되는 것을 줄일 수 있다.

- **주택**(住 살 주, 宅 집 택) 사람이 들어가 살 수 있게 지은 건물.
- **혼잡** 여럿이 한데 뒤섞이어 어수선함.
- **재개발** 이미 있는 것을 더 낫게 하기 위하여 다시 개발함.
- **정비하기도** 도로나 시설 따위가 제 기능을 하도록 정리하기도.
- **제도** 한 사회나 기관의 일정한 조직을 유지하고 일을 진행시키기 위하여 정한 절차·방법·원칙 등.
- **전용** 특정한 사람이나 단체만 사용하게 되어 있는 것.
- **무단** 사전에 허락이 없음. 또는 아무 사유가 없음.
- **과태료** 법적으로 해야 할 일을 하지 않았거나 질서를 위반한 사람 등에게 매기는 벌금.

내용 독해

1 이 글의 제목을 완성하기 위해 ㉮에 들어갈 알맞은 말은 무엇인가요? (   )

① 도시
② 주택
③ 교통
④ 에너지
⑤ 공공 기관

내용 이해

2 도시 문제와 이를 해결하기 위한 공공 기관의 해결 방안을 알맞게 선으로 이으세요.

(1) 주택 부족	•	• ㉮	차량 2부제
(2) 교통 혼잡	•	• ㉯	지역 재개발 사업
(3) 환경 오염	•	• ㉰	쓰레기 처리 시설 늘리기

추론

3 이 글을 통해 답을 알 수 있는 질문은 무엇인가요? (   )

① 풍력 에너지를 얻는 방법은 무엇일까?
② 지역 재개발 사업의 단점은 무엇일까?
③ '차량 2부제' 제도를 만든 사람은 누구일까?
④ 도시에 사는 인구가 늘어나는 이유는 무엇일까?
⑤ 쓰레기를 무단으로 버린 사람의 과태료는 얼마일까?

어휘·어법

4 ㉠에 가장 어울리는 표현은 무엇인가요? (   )

① 백전백승: 싸울 때마다 다 이김.
② 다재다능: 재주와 능력이 여러 가지로 많음.
③ 이촌향도: 농촌에 살던 인구가 도시로 이동함.
④ 애지중지: 매우 사랑하고 소중히 여기는 모양.
⑤ 동문서답: 물음과는 전혀 상관없는 엉뚱한 대답.

문단 요약

5 다음 빈칸에 들어갈 알맞은 말을 쓰며 이 글의 내용을 정리하세요.

문단	중심 내용
1	( )에서 발생하는 문제
2	도시의 ( ) 부족 문제를 해결하기 위한 공공 기관의 해결 방안
3	도시의 ( ) 혼잡 문제를 해결하기 위한 공공 기관의 해결 방안
4	도시의 ( ) 오염 문제를 해결하기 위한 공공 기관의 해결 방안

핵심 내용

6 빈칸에 들어갈 알맞은 말을 이 글에서 찾아 쓰세요.

도시 문제를 해결하기 위한 공공 기관의 해결 방안		
주택 부족	교통 혼잡	환경 오염
• 새로운 ( )을 공급함. • 지역 재개발 사업을 통해 낡고 오래된 주택이 모여 있는 지역을 정비함.	• 교통량을 줄일 수 있는 제도로 ( )를 만듦. • 버스 전용 차로나 자전거 전용 도로를 만듦.	• 쓰레기 처리 시설을 늘리고, 쓰레기를 무단으로 버리는 사람에게 과태료를 부과함. • 태양열, 조력, 풍력과 같은 대체 ( )를 사용하는 방법을 연구함.

적용

7 다음 문장에 들어갈 알맞은 낱말에 ○표 하세요.

⑴ 이곳은 새로 지은 씨름 (적용, 전용) 경기장입니다.

⑵ 우리 가족은 정원이 있는 (주택, 주변)으로 이사했다.

⑶ 아무리 바쁘더라도 (무단, 무시) 횡단을 하면 안 된다.

⑷ 아버지께서는 비행기를 (정비, 낭비)하는 일을 하신다.

⑸ 우리는 (혼합, 혼잡)한 길을 피하기 위해 다른 길로 왔다.

　　도시화는 도시의 문화가 도시 이외의 지역으로 **발전되는** 것을 말해요. 환경을 이용하고 개발하면서 우리나라의 여러 지역들이 도시의 모습으로 변했어요.

　　그런데 도시화 과정에서 자연환경이나 생활 환경에 나쁜 영향을 주는 **환경 문제**가 발생하기도 했어요. 공장이나 집에서 나온 **하수**가 강과 바다로 흘러가 물이 오염되었고, 공장이나 자동차의 **매연**으로 공기가 오염되었어요. 또 도로나 건물을 만들기 위해 수많은 나무를 베어 동물들이 살 곳을 잃었어요.

　　도시화를 막을 수는 없겠지만, 인간은 자연의 주인이 아니라 자연과 더불어 살아가는 존재임을 잊지 말고 환경을 **파괴하지** 않도록 고민하고 노력해야 해요.

• 환경 개발에 따른 환경 오염과 파괴의 모습

공장의 하수가 물을 오염시키고, 공장에서 흘러나오는 가스가 공기를 오염시킴.

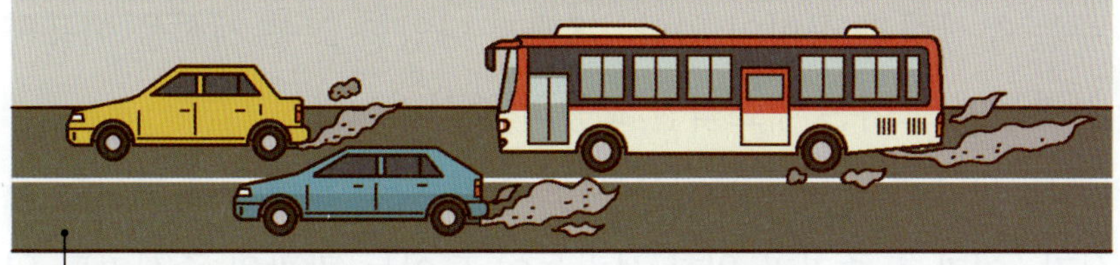

자동차의 매연이 공기를 오염시킴.

나무를 베어 산림이 파괴되어 동물들이 살 곳을 잃고, 가뭄이나 홍수 대비가 어려워짐.

● **발전되는** 일이 어떤 방향으로 더 커지거나 복잡해지게 되는.
● **하수** 빗물이나 집, 공장, 병원 따위에서 쓰고 버리는 더러운 물.
● **매연** 공기 중에 있는 오염 물질로, 연료를 태웠을 때 나오는 그을음이 섞인 검은 연기.
● **파괴하지** 못 쓰게 부수거나 깨뜨려 헐어 버리지.

핵심 용어 다음 빈칸에 들어갈 알맞은 용어를 쓰세요.

(1) ☐ ☐ ☐

도(도읍 都) **시**(시장 市) **화**(될 化): 도시처럼 되는 것.

・뜻: 도시의 문화가 도시 이외의 지역으로 발전됨.

(2) ☐ ☐ ☐ ☐

환(고리 環) **경**(지경 境) **문**(물을 問) **제**(제목 題): 환경에 생긴 문제.

・뜻: 공기와 물의 오염, 환경 파괴 따위와 같이 자연환경, 생활 환경에 나쁜 영향을 주는 갖가지 문제.

사람들이 모이는 곳

지문 분석

글자 수 932
800 900 1000

1 손님이 **붐비는** 식당은 어떤 식당일까? 다른 식당보다 음식이 맛있거나 분위기가 좋거나 이용하기 편리한 위치에 있는 식당일 것이다. 우리가 살아가는 **고장**에도 사람이 많이 모이는 중심지가 있다. 주로 **산업**이나 **행정**, 교통 등 사람들이 생활하는 데 필요한 ㉠기능이 발달된 곳이 중심지가 된다.

2 산업이 발달하여 사람이 모이는 곳을 산업의 중심지라고 한다. 이곳에는 주로 회사나 공장들이 모여 있기 때문에 일을 하기 위한 사람들이 모인다. 광양시에는 철을 만드는 **제철소**를 비롯해 다양한 물건을 만드는 회사와 많은 산업 연구소들이 있는 **단지**가 있다. 그래서 광양은 이곳에서 일하기 위한 사람들이 모이는 대표적인 산업의 중심지이다.

3 행정이 발달하여 사람이 모이는 곳은 행정의 중심지라고 한다. 이곳에는 시청이나 도청 등의 공공 기관이 모여 있어서 행정적인 일을 **처리하기** 위한 사람들이 모인다. 대전광역시 서구에는 대전의 시청, 법원, 검찰청과 같은 공공 기관이 모여 있다. 그래서 관련 행정을 처리하려는 사람들이 모이는 대표적인 행정의 중심지이다.

4 교통이 발달하여 사람이 모이는 곳은 교통의 중심지라고 한다. 이곳은 교통 시설을 이용하여 다른 지역으로 오가기 위한 사람들이 모인다. 부산광역시는 기차역과 고속버스 터미널은 물론 우리나라와 다른 나라를 이어 주는 부산항과 공항이 있다. 그래서 다양한 교통 시설을 이용하기 위한 사람들이 모이는 대표적인 교통의 중심지이다.

5 이 외에도 생활에 필요한 물건을 사고 팔기 위한 사람들이 모이는 상업의 중심지, **여가**를 즐기기 위한 사람들이 모이는 관광의 중심지도 있다. 중심지는 ㉮하나의 중심지가 여러 기능을 갖추고 있기도 하며, 그 크기나 규모도 다양하다. 또한, 중심지는 시간이 흐르면서 다른 곳으로 바뀌기도 한다. 이러한 중심지는 고장을 발전시키는 데 중요한 역할을 할 뿐만 아니라 사람들의 생활 방식에도 영향을 끼친다.

- **붐비는** 많은 사람들이나 차 등이 한 곳에 몰려 매우 복잡한.
- **고장** 사람들이 사는 일정한 지역.
- **산업** 인간의 생활을 경제적으로 풍요롭게 하기 위하여 재화나 서비스를 생산하는 사업.
- **행정** 규정이나 규칙에 의하여 공적인 일들을 처리함.
- **제철소** 철광석을 용광로에 녹여 철을 뽑아내는 일을 하는 곳.
- **단지** 주택, 공장, 작물 재배지 따위가 집단을 이루고 있는 일정 구역.
- **처리하기** 일이나 사무, 사건을 절차에 따라 정리해 마무리하기.
- **여가** 일이 없어 남는 시간.

목적

1 글쓴이가 이 글을 쓴 까닭은 무엇인가요? (   )

① 중심지의 문제점을 드러내기 위해
② 우리나라의 관광지를 소개하기 위해
③ 중심지의 종류와 대표 지역을 설명하기 위해
④ 중심지가 바뀌어 가는 과정을 보여 주기 위해
⑤ 중심지와 중심지가 아닌 곳의 생활을 비교하기 위해

내용 이해

2 이 글의 내용과 일치하지 <u>않는</u> 것은 무엇인가요? (   )

① 중심지들은 모두 크기와 기능이 같다.
② 산업의 중심지에는 회사나 공장들이 모여 있다.
③ 중심지는 사람들의 생활 방식에도 영향을 끼친다.
④ 중심지는 사람들이 생활하는 데 필요한 것들이 잘 발달된 곳이다.
⑤ 행정의 중심지에는 행정적인 일을 처리하기 위한 사람들이 모인다.

적용

3 ㉮의 사례로 볼 수 있는 것에 ○표 하세요.

(1)	(2)	(3)
기차와 버스, 배를 모두 이용할 수 있어서 사람들이 모여드는 ○○동	아름다운 산과 바다를 함께 보며 쉴 수 있어서 사람들이 모여드는 □□읍	백화점을 비롯한 다양한 가게와 여러 공공 기관이 있어서 사람들이 모여드는 △△구
( )	( )	( )

어휘·어법

4 ㉠과 바꾸어 쓸 수 있는 낱말은 무엇인가요? (   )

① 관찰　　　　　　② 관심　　　　　　③ 역사
④ 역할　　　　　　⑤ 흥미

구조 분석

문단 요약

5 다음은 이 글에 나타난 각 문단의 중심 내용입니다. 글의 내용에 맞게 순서대로 기호를 쓰세요.

> ㉮ 중심지의 뜻
> ㉯ 중심지의 특징과 중요성
> ㉰ 산업의 중심지가 만들어지는 까닭과 예
> ㉱ 교통의 중심지가 만들어지는 까닭과 예
> ㉲ 행정의 중심지가 만들어지는 까닭과 예

(   ) → (   ) → (   ) → (   ) → (   )

핵심 내용

6 빈칸에 들어갈 알맞은 말을 이 글에서 찾아 쓰세요.

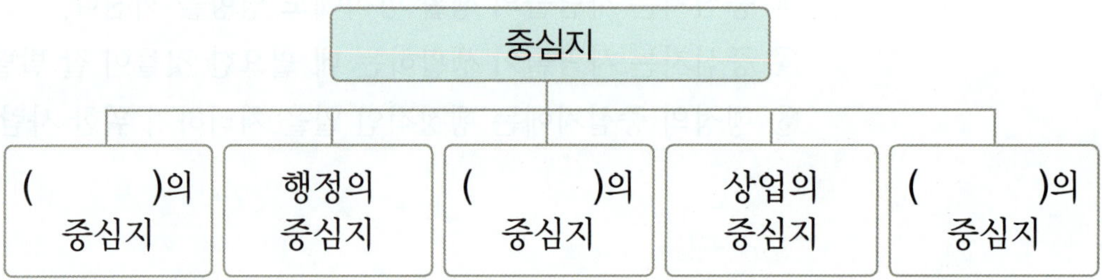

어휘

이해

7 다음 낱말의 뜻을 찾아 선으로 알맞게 이으세요.

(1) 행정 •　　• ㉮ 일이 없어 남는 시간.

(2) 산업 •　　• ㉯ 사람들이 사는 일정한 지역.

(3) 여가 •　　• ㉰ 규정이나 규칙에 의하여 공적인 일들을 처리함.

(4) 고장 •　　• ㉱ 철광석을 용광로에 녹여 철을 뽑아내는 일을 하는 곳.

(5) 제철소 •　　• ㉲ 인간의 생활을 경제적으로 풍요롭게 하기 위하여 재화나 서비스를 생산하는 사업.

고장의 중심지

사람들이 사는 일정한 지역을 **고장**이라고 해요. 우리가 사는 고장에는 특히 어떤 일이나 활동의 중심이 되는 **중심지**가 있어요. 중심지에는 병원, 공공 기관, **은행** 등 사람들의 생활과 관련된 시설이 모여 있어요. 또한, 다양한 물건을 사거나 팔 수 있고, 도로가 발달해 교통이 편리해요.

반대로 중심지가 아닌 곳은 주로 논과 밭이나 산 등이 많고, 사람들이 편리하게 이용할 수 있는 시설이 적어요. 따라서 사람들은 생활에 필요한 것을 구하거나 다양한 시설을 이용하기 위해 중심지로 이동하거나 중심지에서 모여 살고 있어요.

• **충청남도의 여러 중심지**

핵심 용어 다음 빈칸에 들어갈 알맞은 용어를 쓰세요.

(1) ☐ ☐

• 뜻: 사람들이 사는 일정한 지역.

(2) ☐ ☐ ☐

중(가운데 中) 심(기본 心) 지(땅 地): 중요하고 기본이 되는 땅.

• 뜻: 어떤 일이나 활동의 중심이 되는 곳.

• **은행** 사람들의 돈을 맡아 관리하고 필요한 사람에게 돈을 빌려 주는 기관.

지리 11

조선 팔도

지문 분석

글자 수 964
800 900 1000

1 우리나라 전체를 표현하는 말로 '팔도'가 있다. '팔도강산'은 우리나라 전체의 강과 산을 뜻하고, '팔도 농산물'은 전국의 농산물을 뜻한다. 그렇다면 우리나라를 왜 팔도로 표현할까? 그 까닭을 알기 위해서는 조선 시대로 넘어가야 한다.

2 조선 시대에는 우리나라의 **행정 구역**을 여덟 개의 도로 나누었다. 여기에서 '조선 팔도'라는 말이 나오게 된 것이다. 전국을 여덟 개로 나눈 각각의 도 아래에는 **고을**의 크기에 따라 부–목–군–현 등과 면–리–동으로 다시 나누었다. 그리고 부–목–군–현에는 수령을 보내어 행정과 법, 군사 업무를 맡아 다스리게 하였다. 그리고 수령의 업무를 감독하기 위해 각 도에 **관찰사**를 **파견하였다.**

3 여덟 개의 행정 구역에는 강원도, 경기도, 경상도, 전라도, 충청도, 평안도, 함경도, 황해도가 있다. 각 도의 이름은 그 도에서 중요한 역할을 하는 고을의 앞 글자를 가져와서 정하였다. 예를 들어, 강원도는 '강릉'의 '강'과 '원주'의 '원'을 합쳐서 이름을 지었고, 충청도는 '충주'의 '충'과 '청주'의 '청'을 합쳐서 이름을 지었다. 전라도는 '전주'와 '나주'의 앞 글자, 경상도는 '경주'와 '상주'의 앞 글자를 가져와서 이름을 지었다. 그런데 팔도 중에서 유일하게 경기도만 서울 주위의 땅이라는 뜻으로 이름을 지었다.

4 우리나라의 현재 행정 구역은 조선 시대의 행정 구역인 팔도를 바탕으로 하고 있다. 그래서 조선 시대와 현재 행정 구역은 **명칭**이나 **경계**가 비슷하다. 그러나 **인구**의 변화나 도시의 발전과 같은 **요인**에 따라 행정 구역이 달라진 곳도 있다. 그 예로 우리나라의 가장 큰 섬인 제주도를 들 수 있다. 조선 시대에는 제주도가 전라도에 속해 있었지만 현재는 **독립된** 행정 구역으로 나누어져 우리나라 최초의 특별자치도가 되었다. 또 조선 시대와 현재의 중심지가 달라진 곳도 있다. 전라남도는 조선 시대에는 나주가 중심지였으나 현재는 광양, 목포, 여수 등이 중심지로 바뀌었다.

- **행정 구역** 행정을 맡은 기관의 권한이 미치는 도·시·군·면·동과 같은 구역.
- **고을** 조선 시대에, 부·목·군·현 등을 두루 이르던 말.
- **관찰사** 조선 시대에 각 도의 일을 맡던 높은 관리.
- **파견하였다** 일정한 임무를 주어 사람을 보냈다.
- **명칭** 사람이나 사물 따위의 이름.
- **경계** 지역이 구분되는 한계.
- **인구**(人 사람 인, 口 입 구) 일정한 지역에 사는 사람의 수.
- **요인** 사물이나 사건이 성립되는 까닭. 또는 조건이 되는 요소.
- **독립된** 다른 것 아래에 매여 있거나 의존하지 아니하는 상태로 된.

설명 대상

1 이 글에서 설명하고 있는 것은 무엇인가요? (   )

① 우리나라 도시의 종류
② 우리나라 인구의 변화
③ 조선 시대 고을의 크기
④ 조선 시대의 행정 구역
⑤ 우리나라 지역의 특산물

내용 이해

2 이 글의 내용과 일치하지 <u>않는</u> 것은 무엇인가요? (   )

① 경기도는 서울 주위의 땅이다.
② 팔도는 우리나라 전체를 뜻한다.
③ 행정 구역의 명칭과 경계는 변하지 않는다.
④ 제주도는 조선 시대와 달리 현재 독립된 행정 구역이다.
⑤ 관찰사는 각 도의 수령의 업무를 감독하기 위해 파견되었다.

추론

3 이 글을 통해 답을 알 수 있는 질문은 무엇인가요? (   )

① 제주도의 인구는 몇 명일까?
② 경기도에서 가장 큰 도시는 어디일까?
③ 강원도와 충청도 중에서 어느 도가 더 클까?
④ 조선 시대의 부, 목, 군, 현은 모두 몇 개일까?
⑤ 경상도와 전라도로 이름을 지은 까닭은 무엇일까?

적용

4 이 글의 이해를 돕기 위해 활용하면 좋은 자료로 알맞은 것에 모두 ◯표 하세요.

(1) 조선 시대 팔도의 위치와 역사를 적어 놓은 책   (   )
(2) 조선 시대의 행정 구역을 자세하게 표시한 지도   (   )
(3) 조선 시대 관찰사의 옷차림을 세밀하게 그린 그림   (   )

5 다음 빈칸에 들어갈 알맞은 말을 쓰며 이 글의 내용을 정리하세요.

문단	중심 내용
1	우리나라 전체를 표현하는 말 '(　　　　　　)'
2	우리나라를 여덟 개로 나눈 조선 시대의 (　　　　　　)
3	각 도의 (　　　　　　)에 담긴 뜻
4	현재와 (　　　　　　)의 행정 구역의 공통점과 차이점

6 빈칸에 들어갈 알맞은 말을 이 글에서 찾아 쓰세요.

조선 시대의 행정 구역	우리나라의 현재 행정 구역
우리나라 전체를 (　　　　　), 경기도, 경상도, 전라도, 충청도, 평안도, 함경도, 황해도로 나눔.	• 조선 시대와 명칭과 경계가 비슷함. • (　　　　　)는 독립된 행정 구역으로 나누어짐. • 중심지가 달라진 곳도 있음.

7 다음 문장에 들어갈 알맞은 낱말에 ◯표 하세요.

(1) 강을 (경계, 후계)로 지역을 나누었다.

(2) 편식은 건강을 해치는 (요령, 요인)이 된다.

(3) 그 (고을, 고전)에는 훌륭한 선비가 살고 있었다.

(4) 남에게 기대하지 말고 (독립, 설립)된 삶을 살아야 한다.

(5) 우리 지역을 대표할 새로운 캐릭터의 (명령, 명칭)을 지었다.

우리나라의 행정 구역

행정 구역은 행정을 맡은 기관의 **권한**이 미치는 도·시·군·면·동과 같은 구역을 말해요. 우리나라의 현재 행정 구역은 북한 지역을 제외하면 특별시, 특별자치시, 광역시, 도, 특별자치도로 이루어져 있어요.

각각의 행정 구역에는 **시청**이나 **도청**과 같은 공공 기관을 두어 그 지역의 행정 업무를 처리해요. 따라서 행정 구역은 나라를 **효율적**으로 관리하고 일을 편리하게 할 수 있도록 땅을 나누어 놓은 것이라고 할 수 있어요.

• 북한 지역을 제외한 우리나라의 행정 구역

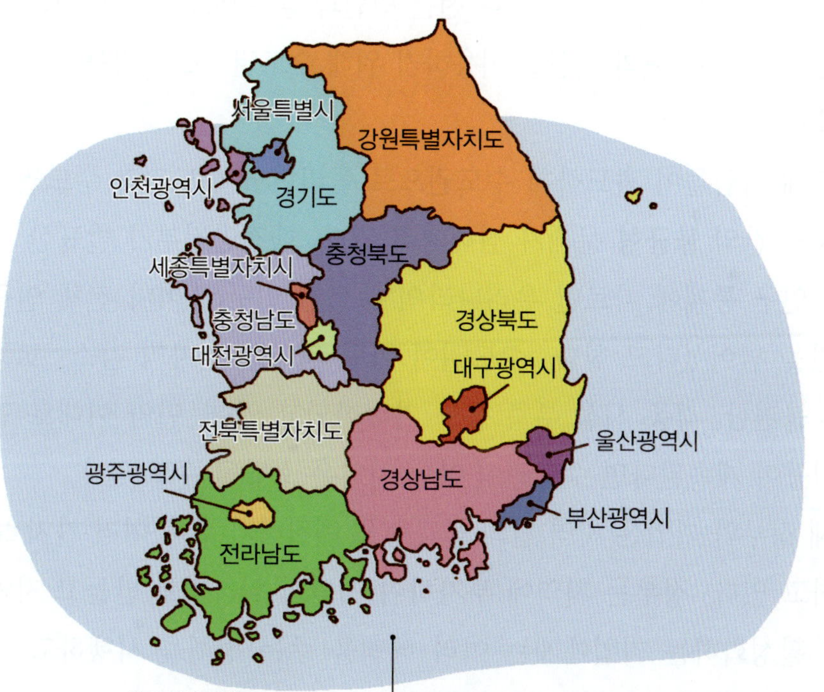

• 특별시: 우리나라에서 정부가 직접 관리하는 행정 구역으로 현재 서울특별시 하나뿐임.
• 특별자치시: 우리나라 행정 구역으로 현재 세종특별자치시 하나뿐임.
• 광역시: 특별시에 버금가는 행정 구역으로 부산광역시, 인천광역시, 대구광역시 등이 있음.
• 도: 우리나라의 시, 군 등을 관리하는 행정 구역으로 경기도, 경상북도, 전라남도 등이 있음.
• 특별자치도: 우리나라 행정 구역으로 제주특별자치도, 강원특별자치도, 전북특별자치도가 있음.

● **권한** 어떤 사람이나 기관의 권리나 권력이 미치는 범위.
● **효율적** 들인 노력에 비하여 얻는 결과가 큰 것.

핵심 용어 다음 빈칸에 들어갈 알맞은 용어를 쓰세요.

(1) 행정 ☐ ☐

구(구분할 區) 역(지경 域): 땅의 경계를 구분함.
• 뜻: 나라를 효율적으로 관리하려고 나눈 구역.

(2) ☐ ☐

시(시장 市) 청(관청 廳): 시의 관청.
• 뜻: 시의 행정 사무를 맡아보는 기관.

(3) ☐ ☐

도(길 道) 청(관청 廳): 도의 관청.
• 뜻: 한 도의 행정 업무를 담당하는 기관.

12

수도권 집중

지역 불균형 문제

1 오늘날 우리나라에서는 수도권으로 인구가 몰리는 **현상**이 더욱 **심화되고** 있다. 심지어 우리나라의 전체 인구는 줄어들고 있지만 수도권의 인구는 오히려 늘어났다. 이렇게 사람들이 수도권으로 모여드는 이유는 무엇일까?

2 첫째, 수도권에는 학교와 일자리가 많기 때문이다. 그래서 교육을 받기 쉽고 일자리를 다양하게 찾을 수 있는 수도권으로 사람들이 모여든다. 둘째, 수도권에는 대중교통이 발달되어 있기 때문이다. 지역 안에서나 다른 지역으로 편리하게 이동할 수 있어서 사람들이 수도권을 찾는다. 셋째, 수도권에는 의료 시설과 편의 시설이 많기 때문이다. 평균 수명이 늘어나면서 대형 병원이나 전문 병원과 같은 의료 시설과 여러 활동을 즐길 수 있는 편의 시설을 이용하기 위해 수도권으로 사람들이 집중되고 있다.

3 그런데 사람들이 과도하게 수도권으로 몰리면서 수도권과 수도권이 아닌 지역 간의 **불균형** 문제가 심해지고 있다. 행정안전부가 발표한 우리나라 인구 **통계**에 따르면 우리나라의 수도권 인구는 이미 전체 인구의 절반을 넘어섰다고 한다. 수도권이 아닌 지역의 일자리 감소, 교통 이용의 불편함, 각종 시설 부족 등도 가속화되고 있다. 만약 이대로 인구의 이동이 계속된다면 수도권이 아닌 지역은 **소멸될** 수도 있다.

4 현재 정부와 기업은 지역 간의 불균형을 해결하기 위해 여러 가지 노력을 하고 있다. 정부는 지역에 **투자하여** 지역의 일자리를 만들고 지역 경제를 활성화하는 기업에게는 여러 혜택을 주는 정책을 **시행하고** 있다. 또 공공 일자리를 만들고 지역을 발전시키기 위해서 공공 기관을 지방으로 **이전하는** 사업도 추진하고 있다. 여러 도시가 균형 있게 발전하기 위한 기초 시설로 주요 도로, 철도, **항만** 등을 개발하기도 한다. 기업은 수도권 외에 거주하는 사람들은 **원격**으로 일할 수 있는 환경을 마련하고 공장 등을 지방으로 이전하고 있다. 그러나 아직은 지역 불균형 문제가 해결되고 있지 않다. 따라서 정부와 기업뿐 아니라 개인도 관심을 갖고 지속적으로 해결 방안을 찾기 위해 노력해야 할 것이다.

- **현상**(現 나타날 현, 象 형상 상) 실제로 나타나 보이는 사물의 모양이나 상태.
- **심화되고** 정도나 경지가 점점 깊어지고.
- **불균형** 어느 편으로 치우쳐 고르지 아니함.
- **통계** 어떤 현상을 종합적으로 한눈에 알아보기 쉽게 일정한 체계에 따라 숫자로 나타냄.
- **소멸될** 사라져 없어지게 될.
- **투자하여** 이익을 얻기 위하여 어떤 일이나 사업에 자본을 대거나 시간이나 정성을 쏟아.
- **시행하고** 실제로 행하고.
- **이전하는** 장소나 주소 따위를 다른 데로 옮기는.
- **항만** 바닷가가 굽어 들어가서 선박이 안전하게 머물 수 있고, 화물 및 사람이 배로부터 육지에 오르내리기에 편리한 곳.
- **원격** 멀리 떨어져 있음.

내용 독해

1 이 글의 주제는 무엇인가요? (   )

① 수도권이 발전한 원인
② 지역 간의 교통 발전 역사
③ 수도권의 의료 시설과 편의 시설
④ 지역 간의 불균형 문제와 해결 노력
⑤ 우리나라의 인구 감소 문제와 해결 방안

2 이 글의 내용과 일치하지 <u>않는</u> 것은 무엇인가요? (   )

① 수도권에 학교와 일자리가 많다.
② 우리나라의 전체 인구가 늘어나고 있다.
③ 우리나라의 수도권 인구가 늘어나고 있다.
④ 수도권에는 편리하게 이동할 수 있는 대중교통이 발달되어 있다.
⑤ 수도권이 아닌 지역은 인구가 더 줄어들면 지역이 소멸될 수 있다.

3 이 글을 통해 짐작할 수 있는 내용이 <u>아닌</u> 것은 무엇인가요? (   )

① 사람들은 생활하기 편리한 곳으로 몰릴 것이다.
② 일자리를 찾기 위해 사는 지역을 옮기는 사람들이 있을 것이다.
③ 평균 수명이 늘어날수록 대형 병원보다 전문 병원이 필요할 것이다.
④ 지역 간 불균형 문제를 해결하기 위해서는 개인의 관심도 필요할 것이다.
⑤ 우리나라는 수도권이 아닌 지역의 인구가 전체 인구의 절반보다 적을 것이다.

4 지역의 발전에 대한 생각이 이 글과 같은 것에 ○표 하세요.

(1)	(2)	(3)
○○ 의원: 국가는 인기 있는 지역을 더욱 발전시켜 세계의 대표적인 도시로 만들어야 합니다.	□□ 환경 단체: 수도권이 발전할수록 환경 오염이 심해지고 있으므로, 수도권 주변의 숲을 보호해야 합니다.	△△ 시민 단체: 우리 시뿐 아니라 주변 지역들도 고르게 발전할 수 있도록 편의 시설을 나누어 세워야 합니다.
( )	( )	( )

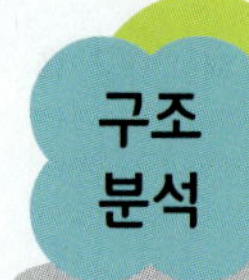

문단 요약

5 다음은 이 글에 나타난 각 문단의 중심 내용입니다. 글의 내용에 맞게 순서대로 기호를 쓰세요.

> ㉮ 인구가 수도권으로 몰리는 여러 가지 원인들이 있음.
> ㉯ 수도권으로 인구가 몰리면서 지역 간 불균형 문제가 생김.
> ㉰ 지역 간 불균형 문제를 해결하기 위한 다양한 노력이 필요함.
> ㉱ 우리나라는 수도권으로 인구가 몰리는 현상이 심화되고 있음.

(　　　) → (　　　) → (　　　) → (　　　)

핵심 내용

6 빈칸에 들어갈 알맞은 말을 이 글에서 찾아 쓰세요.

수도권	(　　　　)이 아닌 지역
• 학교와 일자리가 많고, 대중교통이 발달되어 있음. • (　　　　)과 편의 시설이 많아서 인구가 몰림.	• 일자리 감소, 교통 이용의 불편함, 각종 시설 부족 문제가 있음. • 인구가 줄어들어 지역이 소멸될 수도 있음.

지역 간의 (　　　　) 문제가 심해짐.

이해

7 다음 낱말의 뜻을 찾아 선으로 알맞게 이으세요.

(1) 심화　•　　　•㉮ 실제로 행함.

(2) 시행　•　　　•㉯ 사라져 없어짐.

(3) 원격　•　　　•㉰ 멀리 떨어져 있음.

(4) 소멸　•　　　•㉱ 정도나 경지가 점점 깊어짐.

(5) 불균형　•　　　•㉲ 어느 편으로 치우쳐 고르지 아니함.

수도권 집중

수도권이란 수도를 중심으로 이루어진 **대도시권**을 말해요. 수도권은 한 나라의 정치나 경제 그리고 문화의 중심이 되는 지역이랍니다. 우리나라의 경우에는 수도인 서울특별시와 그 주변에 위치한 인천광역시와 경기도를 합친 지역을 수도권이라고 해요.

우리나라는 수도권을 중심으로 인구 **성장**과 산업 발달이 이루어졌어요. 따라서 수도권의 **인구 밀도**는 아주 높아요. 그리고 산업과 교육, 의료, 문화 시설 등이 수도권에 몰려 있어요. 이러한 현상을 **수도권 집중**이라고 한답니다.

핵심 용어 다음 빈칸에 들어갈 알맞은 용어를 쓰세요.

(1) ☐☐☐

수(머리 首) 도(도읍 都) 권(우리 圈): 수도와 그 주변 지역.
- 뜻: 수도를 중심으로 이루어진 대도시권.

(2) **수도권** ☐☐

집(모을 集) 중(가운데 中): 가운데로 모이게 함.
- 뜻: 인구와 산업, 교육, 의료, 문화 시설 등이 수도권에 몰려 있는 현상.

• **우리나라의 수도권 집중 현상**

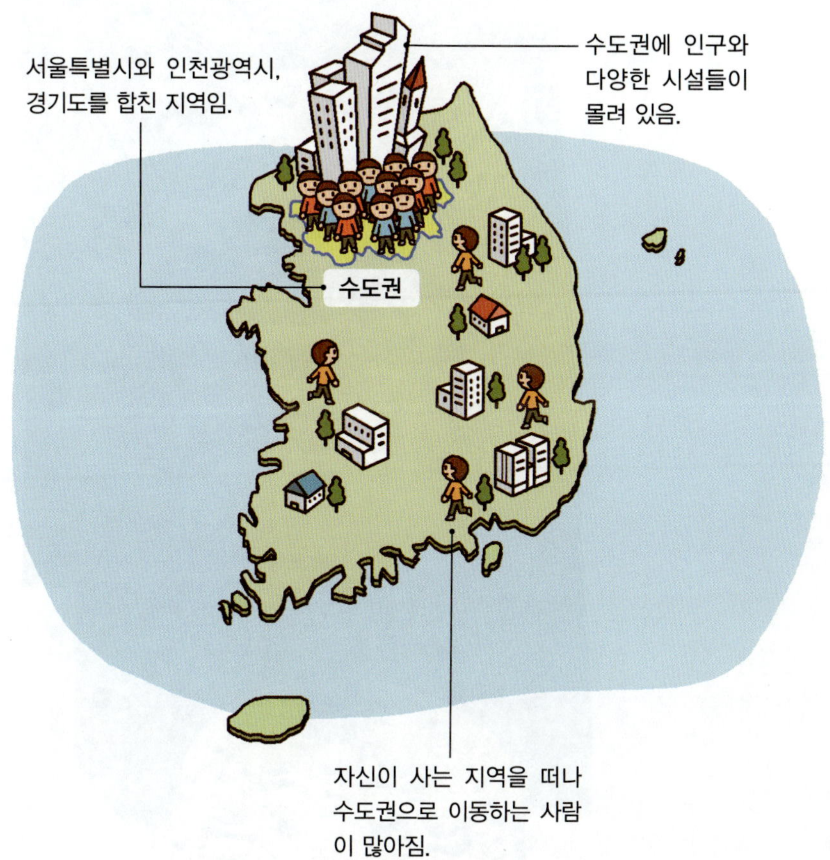

- **대도시권** 대도시를 포함하여 그와 밀접한 관계가 있는 주변 지역.
- **성장** 자라서 점점 커지는 것.
- **인구 밀도** 한 지역의 인구의 많고 적음의 정도.

역사

01 유네스코가 정한 세계 유산 목록

지문 분석

글자 수 963
800 900 1000

1 세계 전쟁을 막고, **평화**를 **유지하기** 위해 1945년 국제 연합 **기구**인 유엔(UN)이 설립되었다. **이듬해**인 1946년, 유엔은 군사 분야가 아닌 교육과 문화, 과학 등 다양한 분야에서 여러 나라가 **협력하여** 세계 평화를 이루기 위한 전문 기구인 유네스코(UNESCO)를 설립하였다.

2 유네스코가 하는 대표적인 일은 세계적으로 보호해야 할 유산을 정하는 것이다. 유네스코는 인류 전체를 위해 보호되어야 할 뛰어나고 **보편적인** 가치가 있는 유산을 세계 유산 목록에 **등재한다**. 이때 세계 유산으로 지정되는 유산은 비슷한 유산들을 대표할 수 있을 만큼 뛰어난 가치를 지녀야 한다. 또한 민족과 국가 간의 경계를 넘어 인류 모두에게 소중한 가치가 있어야 세계 유산으로 지정될 수 있다.

3 유네스코의 세계 유산은 문화유산, 자연유산, **복합** 유산으로 구분된다. 문화유산에는 기념물이나 구조물 등이 있다. 그리고 자연유산에는 자연기념물이나 자연미가 뛰어난 자연 유적지 등이 있다. 마지막으로 복합 유산은 문화유산과 자연유산의 특징을 모두 가지고 있는 것을 말한다. 이러한 유산의 가치 평가는 10개의 기준에 따라 매겨진다.

4 유네스코의 세계 유산 목록에 등재하려면 10개의 기준 중 1개 이상을 **충족하는** 국가유산이어야 한다. 조건을 충족한 국가유산에 대한 자료와 보호 및 관리 계획을 작성하여 유네스코에 신청서를 보내면, 유네스코는 유산의 종류와 관련된 전문가 단체에게 평가를 맡긴다. 전문가들은 직접 유산을 확인하고 조사한 뒤 보고서를 작성하고, 유네스코는 이 보고서를 바탕으로 세계 유산 목록에 등재할지 정한다.

5 그리스의 아크로폴리스를 시작으로 인도의 타지마할, 캄보디아의 앙코르 등 전 세계의 소중한 유산들이 세계 유산 목록에 등재되어 있다. 우리나라의 국가유산 중에는 ㉠석굴암, 불국사, 창덕궁, 화성, 종묘 등이 문화유산으로 등재되어 있다. 또한 제주도의 화산섬과 용암 동굴, 고창 갯벌 등은 자연유산으로 등재되어 있다.

- **평화**(平 평평할 평, 和 화목할 화) 전쟁, 분쟁 또는 일체의 갈등 없이 평온함.
- **유지하기** 어떤 상태나 상황을 그대로 보존하거나 변함없이 계속하여 버티기.
- **기구** 많은 사람이 모여 어떤 목적을 위하여 구성한 조직이나 기관의 구성 체계.
- **이듬해** 바로 다음의 해.
- **협력하여** 힘을 합해 서로 도와.
- **보편적인** 모든 것에 두루 미치거나 통하는 것인.
- **등재한다** 일정한 사항을 장부나 대장에 올린다.
- **복합** 두 가지 이상이 하나로 합침.
- **충족하는** 일정한 분량을 채워 모자람이 없게 하는.

내용 독해

전개 방식

1 이 글에 대한 설명으로 알맞은 것은 무엇인가요? (　　　)

① 국가유산의 뜻을 분명하게 밝히고 있다.
② 유엔이 만들어진 과정을 순서대로 설명하고 있다.
③ 세계 유산 목록에 등재된 유산들의 예를 들고 있다.
④ 세계 유산 목록에 등재된 유산들의 공통점과 차이점을 제시하고 있다.
⑤ 우리나라에 세계 유산 목록에 등재된 유산이 많은 이유를 분석하고 있다.

내용 이해

2 유네스코에 대한 설명으로 알맞지 않은 것은 무엇인가요? (　　　)

① 1946년에 유엔이 설립하였다.
② 교육과 문화, 과학 분야에서 활동한다.
③ 세계 평화를 이루기 위한 전문 기구이다.
④ 세계적으로 보호해야 할 문화유산을 정한다.
⑤ 세계 전쟁을 막기 위해 다양한 군사 훈련을 실시한다.

내용 이해

3 국가유산을 세계 유산 목록에 등재하는 과정에 맞게 순서대로 기호를 쓰세요.

> ㉮ 전문가들이 직접 유산을 확인하고 조사한 뒤 보고서를 작성함.
> ㉯ 유네스코가 각 유산의 종류와 관련된 전문가 단체에 평가를 맡김.
> ㉰ 국가유산에 대한 자료와 보호 및 관리 계획을 세워 유네스코에 신청서를 보냄.
> ㉱ 유네스코가 전문가들이 작성한 보고서를 바탕으로 세계 유산 목록에 등 재할지 정함.

(　　　) – (　　　) – (　　　) – (　　　)

추론

4 ㉠에 대해 잘못 짐작한 친구는 누구인지 쓰세요.

> 지영: 불교와 관련된 유산들을 대표하는 유산으로 인정받았겠군.
> 현희: 아크로폴리스나 타지마할보다 먼저 세계 유산 목록에 올랐겠군.
> 정은: 우리나라뿐 아니라 세계적으로 보호되어야 하는 가치가 있겠군.

(　　　　　　　　　　)

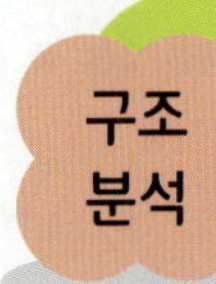

구조 분석

문단 요약

5 다음 빈칸에 들어갈 알맞은 말을 쓰며 이 글의 내용을 정리하세요.

문단	중심 내용
1	유엔과 ( )의 설립 목적
2	( ) 목록에 지정될 수 있는 조건
3	유네스코 세계 유산의 종류와 ( ) 평가 기준
4	( )을 세계 유산 목록에 등재하는 순서
5	세계 유산 목록에 등재되어 있는 국가유산

핵심 내용

6 빈칸에 들어갈 알맞은 말을 이 글에서 찾아 쓰세요.

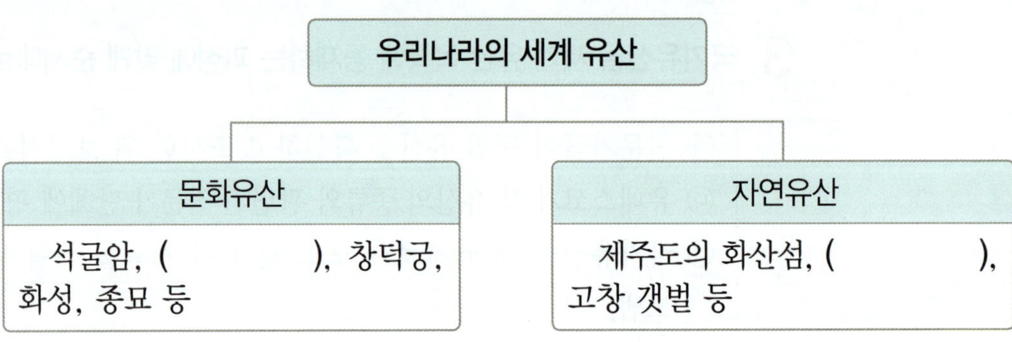

어휘

적용

7 다음 문장에 들어갈 알맞은 낱말에 ○표 하세요.

(1) 전쟁은 세계의 (평화, 평가)를 깨뜨리는 일이다.

(2) 이 신발은 내가 원하는 모든 조건을 (충족, 충분)시킨다.

(3) 이 문구는 편지에서 (보존, 보편)적으로 자주 쓰는 말이다.

(4) 일찍 일어나는 습관을 (유명, 유지)하기 위해 노력하고 있다.

(5) 정부는 변화하는 시대에 맞게 행정 (기구, 가구)를 새로 만들었다.

국가유산

국가유산이란 보존하고 **계승할** 만한 가치가 있는 유산을 말해요. 국가유산을 조사하면 우리나라의 역사를 알 수 있고 조상들의 정신이 담겨 있기 때문에 소중하게 여기며 보호해야 해요.

이러한 국가유산은 특징에 따라 문화유산, 무형유산, 자연유산으로 나눌 수 있어요. 궁궐, **성곽**, 공예품, 탑 등과 같이 다음 세대에 물려줄 만한 가치가 있는 국가유산 가운데 형태가 있는 국가유산은 **문화유산**이라고 해요. 그리고 다음 세대에 물려줄 만한 가치가 있는 국가유산 가운데 판소리, 탈춤과 같이 형태가 없는 국가유산은 **무형유산**이에요. 마지막으로 동물, 식물, **지형** 등 보존할 만한 가치가 있는 자연물이나 자연환경인 국가유산은 **자연유산**이라고 해요.

· 문화유산

▲ 신라 시대에 하늘을 살피던 첨성대

· 자연유산

▲ 황해를 찾아오는 철새 노랑부리백로

· 무형유산

▲ 북장단에 맞추어 노래와 말로 이야기를 표현하는 판소리

- **계승할** 조상의 전통이나 유산, 업적 따위를 물려받아 이어 나갈.
- **성곽** 적의 공격을 막기 위해 흙이나 돌로 높이 쌓은 담.
- **지형** 땅의 생긴 모양.

핵심 용어 다음 빈칸에 들어갈 알맞은 용어를 쓰세요.

(1) ☐☐ **유산**

문(글월 文) 화(풍속 化): 글과 풍속.
- 뜻: 다음 세대에 물려줄 만한 가치가 있는 국가유산 가운데 형태가 있는 것.

(2) ☐☐ **유산**

무(없을 無) 형(형상 形): 형상이 없음.
- 뜻: 다음 세대에 물려줄 만한 가치가 있는 국가유산 가운데 형태가 없는 것.

(3) ☐☐ **유산**

자(스스로 自) 연(그럴 然): 스스로 생겨남.
- 뜻: 동물, 식물, 지형 등 보존할 만한 가치가 있는 자연물이나 자연환경.

박물관의 （가）

1 박물관(Museum)이라는 이름은 고대 이집트의 무세이온(Museion)에서 유래되었다는 점에서 무세이온을 **최초**의 박물관으로 볼 수 있다. 무세이온은 학문과 예술의 여신인 무사(Mousa)를 위한 **사원**이었는데, 화려한 예술품으로 장식되어 있었다. 하지만 무세이온은 예술품을 전시하는 공간보다 학문 연구를 하던 공간이었다. 〔5〕

2 중세에는 교회가 일종의 박물관 역할을 했다. 당시 다른 나라를 다녀온 사람들이 가져온 예술품 등을 교회와 수도원에서 전시하였기 때문이다. 또한 귀족이나 **부유한** 가문이 부와 권력을 자랑하기 위해 신기한 물건이나 예술 작품들을 **수집하여** 전시한 가정 박물관도 있었다. 특히, 피렌체의 메디치 가문은 각종 귀한 예술 작품이나 보석, 과학 도구 등을 〔10〕 수집하고 예술가들에 대한 **후원**을 아끼지 않으며 박물관 발전에 큰 역할을 했다. 이후 근대로 접어들면서 신대륙의 발견, 산업 혁명 등의 과정에서 미술과 역사 박물관, **자연사** 박물관 등이 발달하게 되었다.

3 국가가 설립하여 운영하는 최초의 국립 박물관은 1759년에 설립된 영국 박물관이다. 설립 초기에는 **관람** 시간이나 관람할 수 있는 사람 수 〔15〕 를 제한하였지만, 점점 관람 시간과 관람 인원을 늘려 많은 사람들이 자유롭게 박물관을 이용할 수 있게 되었다. 1891년에는 스웨덴에 세계 최초의 **야외** 박물관이 만들어졌다. 이 박물관은 ㉠살아 있는 역사 박물관이라는 이름으로 전통적인 건물과 농장, 동물원 등으로 구성되었다.

4 오늘날에는 역사와 미술품뿐 아니라 게임, 인형, 만화, 공룡, 컴퓨 〔20〕 터, 음악, 춤 등 다양한 주제의 전시물이 있는 박물관이 있다. 또한, 눈으로 전시물을 보는 데 그치지 않고 전시물을 만져 보거나 만들어 보며 재미있게 체험 활동을 할 수 있는 박물관들도 많다. 게다가 컴퓨터 기술을 활용한 **가상 현실** 공간에서 전시물을 **실감** 나게 볼 수 있는 박물관도 있다. 〔25〕

지문 분석

글자 수 919
800 900 1000

- **최초** 맨 처음.
- **사원** 종교적인 목적으로 신자들이 모여 예배나 교리를 전하는 곳.
- **부유한** 재물이 넉넉한.
- **수집하여** 취미나 연구를 위하여 여러 가지 물건이나 재료를 찾아 모아.
- **후원** 뒤에서 도와줌.
- **자연사**(自 스스로 자, 然 그럴 연, 史 역사 사) 인류가 나타나기 이전의 자연의 발전이나 인간 이외의 자연계의 발전의 역사.
- **관람** 연극, 영화, 운동 경기, 연극, 미술품 따위를 구경함.
- **야외** 집 밖.
- **가상 현실** 컴퓨터로 현실 세계가 아닌 가상 공간에 있는 것처럼 보여 주는 기술.
- **실감**(實 열매 실, 感 느낌 감) 실제로 겪는 느낌.

제목

1 ㉮에 들어갈 알맞은 낱말을 보기 에서 찾아 이 글의 제목을 완성하세요.

보기

역사   역할   문제점

박물관의 (   )

내용 이해

2 이 글의 내용과 일치하지 <u>않는</u> 것은 무엇인가요? (   )

① 최초의 박물관은 고대 이집트의 무세이온이다.
② 무세이온은 전시보다 학문 연구를 하는 공간으로 주로 쓰였다.
③ 초기의 영국 박물관은 사람들이 자유롭게 박물관을 이용할 수 없었다.
④ 중세 시대의 교회에서는 사람들이 가져온 귀한 예술품을 전시하기도 하였다.
⑤ 메디치 가문은 각종 귀한 예술 작품이나 보석 등을 수집하여 사람들에게 팔
　았다.

추론

3 이 글을 통해 답을 알 수 있는 질문이 <u>아닌</u> 것은 무엇인가요? (   )

① 세계에서 가장 큰 박물관은 어디일까?
② 박물관이라는 이름은 어디에서 시작되었을까?
③ 최초의 국립 박물관은 어느 나라에서 세웠을까?
④ 박물관에서 전시물을 실감 나게 볼 수 있는 까닭은 무엇일까?
⑤ 유럽의 귀족이 신기한 물건이나 예술 작품들을 수집한 까닭은 무엇일까?

적용

4 ㉠을 우리나라에 맞게 활용한 박물관으로 볼 수 있는 것의 기호를 쓰세요.

㉮	㉯	㉰
움직이고 말하는 전통 인형들을 모아 놓은 인형 박물관	홈페이지에 가상 현실 전시관으로 운영되는 전통 음식 박물관	전통 마을을 전시관으로 삼아 초가집, 기와집 등을 볼 수 있게 한 박물관

(   )

구조 분석

문단 요약

5 각 문단의 중심 내용을 찾아 선으로 알맞게 이으세요.

1 문단 •	• 최초의 박물관
2 문단 •	• 중세와 근대의 박물관
3 문단 •	• 오늘날의 다양한 박물관
4 문단 •	• 최초의 국립 박물관과 야외 박물관

핵심 내용

6 빈칸에 들어갈 알맞은 말을 이 글에서 찾아 쓰세요.

박물관의 발전 과정	
고대	• 화려한 예술품으로 장식한 (　　　　) 사원
중세	• 다른 나라의 예술품을 전시한 (　　　　) • 귀족들이 수집한 작품을 전시한 (　　　　) 박물관
근대	• 미술과 역사 박물관이나 (　　　　) 박물관
오늘날	• 다양한 주제의 전시물과 (　　　　) 활동이 있는 박물관

어휘

적용

7 다음 문장의 빈칸에 들어갈 알맞은 낱말을 보기 에서 찾아 쓰세요.

보기

수집	부유	야외	실감	최초

(1) 그는 (　　　　)(으)로 달에 간 우주 비행사였다.

(2) 그는 사업이 성공하여 (　　　　)한 생활을 했다.

(3) 바다를 보니 여행을 온 것이 비로소 (　　　　) 난다.

(4) 날씨가 좋으면 (　　　　)(으)로 놀러 가는 사람이 많다.

(5) 우리 형은 세계 여러 나라의 우표를 (　　　　)하고 있다.

박물관

정답과 해설 **14** 쪽

박물관은 옛날 사람들이 남긴 흔적을 모으고 보존하며 연구하는 곳이에요. 박물관은 옛날 사람들이 남긴 형체가 있는 물건인 유물을 전시해요. 박물관에 가면 옛날에 사용했던 도자기, **장신구**, 무기 등 여러 유물을 볼 수 있어요.

우리나라에는 역사, 문화와 관련된 유물을 모아 전시하고 있는 국립중앙박물관, **민속** 문화와 관련된 유물을 모으고 전시하고 있는 국립민속박물관, 다양한 **화폐**를 모으고 전시하는 화폐박물관 등 다양한 박물관이 있어요.

박물관에서는 해설사의 설명을 들을 수 있고 옛날 사람들의 생활을 직접 체험해 볼 수도 있어요. 또한, 어린이들이 쉽고 재미있게 전시물을 이해할 수 있도록 어린이 박물관을 따로 마련하기도 해요.

핵심 용어 다음 빈칸에 들어갈 알맞은 용어를 쓰세요.

(1) ☐ ☐ ☐

박(많을 博) **물**(물건 物) **관**(집 館): 많은 물건이 있는 곳.
- 뜻: 옛날 사람들이 남긴 흔적을 모으고 보존하며 연구하는 곳.

(2) ☐ ☐

유(남길 遺) **물**(물건 物): 남긴 물건.
- 뜻: 옛날 사람들이 남긴 형체가 있는 물건 중 크기가 작고 옮길 수 있는 것.

- **장신구** 몸치장을 하는 데 쓰는 물건.
- **민속** 민간에서 오래전부터 전해져 내려오는 풍속이나 문화.
- **화폐** 사회에서 물건을 사고팔고 값을 치르는 데에 쓰이는 지폐나 주화.

기념관

도산 안창호 선생의 정신

1 우리나라는 1910년부터 1945년까지 일본의 지배를 받은 **일제 강점기**를 겪었다. 이 시기에는 우리나라의 **주권**을 되찾기 위해 많은 **독립운동가**들이 목숨을 바쳐 일본에 맞서 싸웠다. 도산 안창호 선생은 이러한 독립운동을 이끌었던 **지도자** 가운데 한 분이다.

2 안창호 선생은 당시 힘없는 나라의 현실을 보며 우리 민족이 실력을 키워야 나라의 독립을 이룰 수 있다고 생각했다. 일찍이 서양에서 들어온 신학문을 받아들인 그는 초등 교육 기관인 점진 학교와 중등 교육 기관인 대성 학교를 세우고, 신문을 펴내어 우리 민족을 교육하였다. 또한, 안창호 선생은 청년 중심의 민족 운동 단체인 흥사단을 만들어 수많은 독립운동가를 키워 냈고, 비밀 단체인 신민회를 만들어 일제에 맞서 싸웠다.

3 그러나 안창호 선생은 일제로부터 받은 **모진** 고문의 **후유증**으로 독립을 보지 못한 채 목숨을 잃었고, 장례식도 제대로 치르지 못하였다. 이에 우리나라 정부는 그의 **애국정신**과 교육 정신을 기념하기 위해 1973년에 도산 공원을 만들었다. 공원의 이름은 '망망대해에 우뚝 솟은 섬과 같이 조국을 일으켜 세우리라.'라는 뜻이 담긴 그의 호 '도산'에서 따왔다. 도산 공원에는 도산 안창호 선생과 그의 아내의 **유해**를 함께 묻은 묘소가 있다. 또한, 안창호 선생의 동상, 안창호 선생의 말을 새겨 넣은 비석 등의 기념물이 공원 곳곳에 있으며, 도산 안창호 기념관도 있다.

4 도산 안창호 기념관에서는 안창호 선생이 썼던 책장이나 일기 등 안창호 선생의 유품을 전시하고 있다. 또한 안창호 선생과 관련된 연구 서적을 만들거나 **학술** 발표회를 여는 등의 학술 활동을 한다. 그리고 기념관을 직접 찾아오기 어려운 사람들을 위해 누리집에서 가상 현실(VR) 기념관도 운영하고 있다. 누리집에 들어가 가상 현실 기념관에 입장하면 집에서도 안창호 기념관에 전시된 것들을 둘러볼 수 있다.

지문 분석

글자 수 918
800 900 1000

- **일제 강점기** 1910년에 일본에 의해 우리나라가 국권을 빼앗긴 이후 1945년 해방되기까지 35년간의 시대.
- **주권** 국가의 의사를 최종적으로 결정하는 권력.
- **독립운동가** 일제 강점기에, 우리 민족의 독립을 위하여 여러 가지 민족 운동을 전문적으로 하던 사람.
- **지도자** 남을 가르쳐 이끄는 사람.
- **모진** 괴로움이나 아픔 따위의 정도가 지나치게 심한.
- **후유증** 어떤 병을 앓고 난 뒤에도 남아 있는 병적인 증상.
- **애국정신** 자기 나라를 아끼고 사랑하는 정신.
- **유해** 주검을 태우고 남은 뼈. 또는 무덤 속에서 나온 뼈.
- **학술** 학문과 기술을 아울러 이르는 말.

내용 독해

1 **설명 대상**

이 글에서 설명하는 인물은 누구인지 쓰세요.

도산 (　　　　　　　　　　) 선생

내용 이해

2 안창호 선생이 한 일이 <u>아닌</u> 것은 무엇인가요? (　　　)

① 민족을 교육하기 위해 학교를 세웠다.
② 흥사단을 만들어 민족 운동을 하였다.
③ 신민회를 만들어 일제에 맞서 싸웠다.
④ 자신의 호를 딴 도산 공원을 만들었다.
⑤ 신학문을 받아들이고 신문을 펴내었다.

내용 이해

3 '도산 공원'이 만들어진 까닭은 무엇인가요? (　　　)

① 가상 현실 기념관을 운영하기 위해서
② 학술 발표회를 열 공간을 만들기 위해서
③ 주권을 되찾기 위한 독립운동을 하기 위해서
④ 민족의 실력을 기르기 위한 교육 활동을 하기 위해서
⑤ 안창호 선생의 애국정신과 교육 정신을 기념하기 위해서

적용

4 이 글과 관련하여 보기 에 대한 생각으로 알맞지 <u>않은</u> 것에 ×표 하세요.

보기

나는 밥을 먹어도 대한의 독립을 위해,
잠을 자도 대한의 독립을 위해서 해왔다.
이것은 내 목숨이 없어질 때까지 변함이 없을 것이다.

– 도산 안창호 선생의 말씀

⑴ 힘든 상황 속에서도 가족을 아끼고 사랑한 안창호 선생의 애틋한 마음이 느
껴져. (　　　)
⑵ 빼앗긴 주권을 되찾기 위해 독립운동을 했던 안창호 선생의 위대한 애국정
신이 느껴져. (　　　)
⑶ 일제로부터 모진 고문을 받다가 끝내 독립을 보지 못하고 목숨을 잃은 안창
호 선생이 안타까워. (　　　)

구조 분석

문단 요약

5 다음 빈칸에 들어갈 알맞은 말을 쓰며 이 글의 내용을 정리하세요.

문단	중심 내용
1	( ) 지도자 도산 안창호 선생
2	도산 ( ) 선생의 업적
3	안창호 선생을 기념하는 ( )
4	도산 안창호 ( )에서 하는 일

핵심 내용

6 빈칸에 들어갈 알맞은 말을 이 글에서 찾아 쓰세요.

도산 안창호 선생	도산 공원
• ( ) 강점기의 독립 운동가임. • 점진 학교와 대성 학교를 세우고, 신문을 펴냄. • 흥사단과 신민회를 만듦.	• 도산 안창호 선생의 유해를 묻은 묘소가 있음. • 도산 안창호 선생 동상, 비석 등의 기념물이 있음. • 도산 안창호 ( )이 있음.

도산 안창호 선생의 (   )과 교육 정신을 기념하기 위해서 만듦.

어휘

적용

7 다음 문장에 들어갈 알맞은 낱말에 ○표 하세요.

⑴ 그 나라는 빼앗긴 (주권, 인권)을 되찾았다.

⑵ 국제 (학년, 학술) 대회에 전 세계 학자들이 모였다.

⑶ 갑작스러운 사고 이후 (후원금, 후유증)을 앓고 있다.

⑷ 돌아가신 할아버지의 (유언, 유해)을/를 묘지에 묻었다.

⑸ 그는 우리나라의 미래를 이끌어 갈 (지도자, 경쟁자)이다.

기념관

사람들은 **뜻깊은** 일이나 훌륭한 인물을 오래도록 잊지 않고 **간직하기** 위해서 이와 관련된 여러 가지 자료나 물건들을 모으고 전시하는 **기념관**을 세워요. 또 돌이나 나무 등에 역사적 사건이나 인물을 기념할 내용을 새긴 **기념비**를 세우기도 해요.

우리나라에도 여러 기념관과 기념비가 있는데, 대표적으로 충청남도 천안에 위치한 독립 기념관이 있어요. 독립 기념관은 우리나라의 독립운동 역사를 지키고 독립 정신을 널리 알리기 위해 관련된 자료를 연구하고 전시하고 있어요. 독립 기념관의 야외에서는 **애국선열**들의 시와 뜻을 새긴 비석도 볼 수 있어요.

과거에 일어났던 중요한 일에 대한 자료나 역사적 인물과 관련 있는 자료를 살펴볼 수 있음.

▲ 기념관

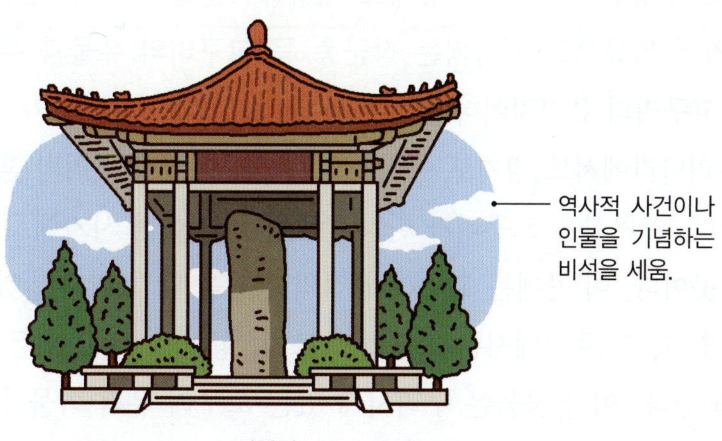

역사적 사건이나 인물을 기념하는 비석을 세움.

▲ 기념비

● **뜻깊은** 가치나 중요성이 큰.
● **간직하기** 물건 따위를 어떤 장소에 잘 간수하여 두기.
● **애국선열** 나라를 위해 싸우다가 죽은 사람.

핵심 용어 다음 빈칸에 들어갈 알맞은 용어를 쓰세요.

(1) 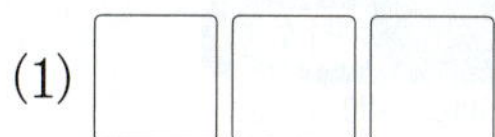

기(벼리 紀) 념(생각할 念) 관 (집 館): 기념하기 위해 세운 건물.
• 뜻: 뜻깊은 일이나 훌륭한 인물 등을 오래도록 잊지 아니하고 마음에 간직하기 위하여 세운 건물.

(2) 

기(벼리 紀) 념(생각할 念) 비 (비석 碑): 기념하기 위해 세운 비석.
• 뜻: 뜻깊은 일이나 훌륭한 인물 등을 오래도록 잊지 아니하고 마음에 간직하기 위하여 세운 비석.

지문 분석

글자 수　914
800　900　1000

고구려의 흔적

1 삼국 시대는 고대 국가인 고구려, 백제, 신라가 탄생하여 한반도에서 서로 힘을 겨루던 시기를 말한다. 그중 고구려는 북쪽 압록강 근처 졸본에서 시작한 나라이다. 이 지역은 높은 산이 많고 **평야**가 적은 지역으로, 농사를 짓기 어려워서 늘 곡식이 부족했다. 　㉠　 고구려는 농사를 지을 평야를 차지하기 위해 주변 나라를 **정복했다**. 고구려의 **전성기**에는 우리나라 중부 지역부터 중국 만주 지역에 이르는 **영토**를 차지하기도 했다. 5

2 고구려의 전성기를 이끈 왕은 광개토 대왕이다. **용맹했던** 광개토 대왕은 북쪽으로는 중국 민족과 싸워 만주 지역을, 남쪽으로는 백제와 싸워 한강 **이북** 지역까지 차지하였다. 또한, 신라에 쳐들어온 일본을 물리치기 위해 신라에 군사를 보내기도 하였다. 광개토 대왕이 영토를 넓혀 갈수록 농사를 지을 평야가 늘어나 고구려는 풍요로워졌다. 10

3 광개토 대왕의 아들인 장수왕은 광개토 대왕의 **업적**을 기리기 위해 광개토 대왕릉비를 세웠다. 광개토 대왕릉비의 높이는 무려 6미터가 넘으며, **비석**의 네 면에는 고구려를 세운 역사와 광개토 대왕의 업적이 새겨져 있다. 이 비는 현재 중국 만주 집안시에 있는데 집안시는 고구려가 평양으로 수도를 옮기기 전까지 약 400년 동안 고구려의 수도였던 국내성으로 **추정된다**. 이곳은 광개토 대왕릉비뿐만 아니라 광개토 대왕과 장수왕의 왕릉으로 짐작되는 장군총 등 고구려의 **유물**과 **유적**이 남아 있는 고구려의 유적지이다. 15 20

4 우리나라에서도 경기도 구리시의 아차산에서 고구려의 흔적을 찾을 수 있다. 아차산은 고구려가 한강 주변을 차지했던 시기에 군대가 머물렀던 곳이다. 이 곳에는 고구려가 적의 침입을 막기 위해 쌓았던 **보루**가 남아 있고, 그 주변에서는 고구려의 토기, 항아리, 철로 만든 무기 등이 발견되었다. 이 유물들은 구리시에 있는 고구려 유적 박물관인 '고구려 대장간 마을 박물관'에 전시되어 있다. 25

- **평야**(平 평평할 평, 野 들 야) 아주 넓은 들.
- **정복했다** 다른 민족이나 나라를 무력으로 쳐서 복종시켰다.
- **전성기** 힘이나 세력 따위가 한창 왕성한 시기.
- **영토** 한 국가의 땅.
- **용맹했던** 용감하고 사납던.
- **이북** 어떤 지점을 기준으로 하여 그 북쪽.
- **업적** 어떤 사업이나 연구 등에서 노력과 수고를 들여 이룩해 놓은 결과.
- **비석** 돌로 만든 비.
- **추정된다** 미루어져 생각되어 판정된다.
- **유물** 선대의 인류가 후대에 남긴 물건.
- **유적** 남아 있는 자취.
- **보루** 적의 침입을 막기 위해 돌 등으로 튼튼하게 쌓아 올린 것.

1 글쓴이가 이 글을 쓴 목적은 무엇인가요? (   )

① 중국과 우리나라의 관광지를 비교하기 위해
② 광개토 대왕이 승리한 전투를 설명하기 위해
③ 고구려, 백제, 신라의 전성기를 설명하기 위해
④ 고구려의 흔적이 남아 있는 유적지를 설명하기 위해
⑤ 고구려 유물을 전시하고 있는 박물관을 소개하기 위해

내용 이해

2 이 글의 내용과 일치하지 <u>않는</u> 것은 무인가요? (   )

① 고구려는 국내성에서 평양으로 수도를 옮겼다.
② 광개토 대왕은 신라를 돕기 위해 군사를 보냈다.
③ 고구려는 농사를 짓기 좋은 평야 지역에서 시작한 나라이다.
④ 아차산에는 고구려가 한강 주변을 차지했던 시기에 쌓았던 보루가 있다.
⑤ 고구려는 우리나라 중부 지역부터 중국 만주 지역까지 영토를 차지한 적이 있다.

추론

3 이 글을 읽고 답을 알 수 <u>없는</u> 질문은 무엇인가요? (   )

① 광개토 대왕릉비는 언제 발견되었나요?
② 광개토 대왕릉비는 어디에서 볼 수 있나요?
③ 광개토 대왕릉비를 세운 사람은 누구인가요?
④ 광개토 대왕릉비를 세운 까닭은 무엇인가요?
⑤ 광개토 대왕릉비에는 어떤 내용이 새겨져 있나요?

어휘·어법

4 ㉠에 들어갈 이어 주는 말로 알맞은 것은 무엇인가요? (   )

① 그러나   ② 하지만
③ 그래서   ④ 왜냐하면
⑤ 그렇지만

구조 분석

문단 요약

5 다음은 이 글에 나타난 각 문단의 중심 내용입니다. 글의 내용에 맞게 순서대로 기호를 쓰세요.

> ㉮ 광개토 대왕의 업적
> ㉯ 고구려의 위치적 특징
> ㉰ 고구려의 보루가 남아 있는 아차산
> ㉱ 광개토 대왕릉비가 남아 있는 집안시

(　　　) → (　　　) → (　　　) → (　　　)

핵심 내용

6 빈칸에 들어갈 알맞은 말을 이 글에서 찾아 쓰세요.

고구려 유적지	
중국 만주 집안시	경기도 구리시 아차산
(　　　　) 대왕릉비, 장군총	고구려의 (　　　　), 토기, 항아리, 철로 만든 무기

어휘

이해

7 다음 낱말의 뜻을 찾아 선으로 알맞게 이으세요.

(1) 영토 • • ㉮ 아주 넓은 들.

(2) 업적 • • ㉯ 한 국가의 땅.

(3) 추정 • • ㉰ 미루어 생각하여 판정함.

(4) 평야 • • ㉱ 힘이나 세력 따위가 한창 왕성한 시기.

(5) 전성기 • • ㉲ 어떤 사업이나 연구 등에서 수고를 들여 이룩해 놓은 결과.

유적지

무덤이나 건축물, **집터**나 **전쟁터** 등 옛날 사람들의 흔적이 남아 있는 곳 중에서 크기가 크고 옮길 수 없는 것을 **유적**이라고 해요. 그리고 그 유적이 남아 있는 곳을 유적지라고 해요. 우리나라에는 서울 송파구의 백제 몽촌 토성, 인천 강화군의 강화 고인돌 유적 등 곳곳에 유적지가 많이 남아 있어요.

세월이 흐르면서 땅 위에 있던 유적이 땅속에 묻히거나 물속에 잠기기도 해요. 그래서 역사와 자료들을 통해 유적이 있을 만한 곳을 조사한 후, 그 주변 땅을 파내는 **발굴** 작업으로 숨어 있는 유적을 찾아낼 수 있답니다.

• 고인돌 유적

유적지에 가면 옛날 사람들이 어떻게 살았는지 알 수 있음.

▲ 많은 사람들이 힘을 합쳐 만든 무덤인 고인돌

• 유적지 발굴 작업의 모습

땅속에 묻힌 유적을 발굴해 옛날 사람들의 역사와 문화, 생활 모습을 알 수 있음.

● **집터** 집이 있거나 있었거나, 집을 지을 자리.
● **전쟁터** 싸움을 치르는 장소.
● **세월** 흘러가는 시간.

핵심 용어 다음 빈칸에 들어갈 알맞은 용어를 쓰세요.

(1) ☐☐

유(남길 遺) 적(자취 跡): 자취가 남아 있음.
• 뜻: 옛날 사람들의 흔적이 남아 있는 곳 중에서 크기가 크고 옮길 수 없는 것.

(2) ☐☐

발(필 發) 굴(팔 掘): 파냄.
• 뜻: 땅속이나 큰 덩치의 흙, 돌 더미 따위에 묻혀 있는 것을 찾아서 파냄.

강진 답사기

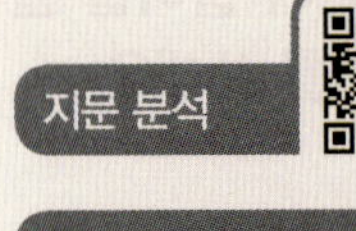

1 강진은 전라남도에서도 남쪽의 맨 끝에 자리하고 있는 곳이다. 원래 강진은 주목받는 관광지가 아니었지만, 숨어 있던 **진가**가 드러나면서 전라남도 답사 **일번지**라고 불릴 만큼 유명한 관광지가 되었다. 우리 모둠은 강진이 유명한 관광지가 될 수 있었던 까닭을 조사하기 위해 강진을 **답사**하기로 했다. 5

2 먼저, 강진군 누리집이나 여러 누리 소통망 서비스를 검색해 강진에 대한 정보를 모았다. 그 결과 **고려청자** 박물관과 시인 김영랑이 태어난 영랑 **생가**, 조선 시대 학자였던 다산 정약용의 유배지, 천연기념물로 보호되고 있는 자연물 등이 강진의 볼거리임을 알 수 있었다. 우리 모둠은 그중에서 고려청자 박물관과 영랑 생가를 답사하기로 하고 역할을 나누어 준비물을 챙겼다. 10

3 주말이 되어 우리 모둠은 강진으로 향했다. 우리는 가장 먼저 고려청자와 도자기를 구웠던 **가마터**가 있다는 고려청자 요지와 고려청자 박물관에 갔다. 박물관에 전시된 고려청자를 관람하며 고려청자의 특징과 고려청자가 만들어지는 과정을 알 수 있었다. 그리고 강진에는 도자기의 **원료**인 흙이 풍부하고 도자기를 구울 때 땔감으로 쓸 좋은 목재가 많이 나서, 고려 시대부터 도자기 공방이 많았다는 사실도 알게 되었다. 15

4 다음으로 시인 김영랑이 태어나 45년 동안 살았던 영랑 생가에 갔다. 영랑 생가는 생각보다 작고 **소박했다**. 짚으로 지붕을 얹은 영랑 생가에는 안채와 **사랑채**, **문간채**가 있었고, 앞에는 모란이, 뒤뜰에는 동백나무가 심겨 있었다. 우리는 사랑채 툇마루에 앉아 바람을 느끼며 김영랑의 대표적인 시 「모란이 피기까지는」을 읽어 보았다. 20

5 다음날 우리 모둠은 답사 보고서를 썼다. 보고서를 쓰면서 강진의 아름다운 풍경이 담긴 사진을 보니 다음에도 강진에 가고 싶다는 생각이 들었다. 또한 강진은 역사와 문화, 자연이 어우러져 볼거리가 많은 지역이라 찾는 사람이 많다는 것을 깨달았다. 25

- **진가**(眞 참 진, 價 값 가) 참된 값어치.
- **일번지** 어떤 분야에서 가장 뛰어난 곳을 비유적으로 이르는 말.
- **답사** 현장에 가서 직접 보고 조사함.
- **고려청자** 고려 시대에 만들어진 푸른빛의 자기를 통틀어 이르는 말.
- **생가**(生 날 생, 家 집 가) 어떤 사람이 태어난 집.
- **가마터** 질그릇이나 사기그릇, 기와 따위를 굽는 가마가 있던 옛터.
- **원료** 어떤 물건을 만드는 데 들어가는 재료.
- **소박했다** 꾸밈이나 거짓이 없고 수수했다.
- **사랑채** 집의 안채와 떨어져 있는, 바깥주인이 거처하며 손님을 접대하는 곳으로 쓰는 집채.
- **문간채** 출입문이나 대문이 있는 곳에 있는 집채.

내용 독해

핵심어

1 이 글에서 가장 중심이 되는 낱말을 두 가지 고르세요. (　　,　　)

① 강진　　　　　　② 답사　　　　　　③ 생가
④ 도자기　　　　　⑤ 고려청자

내용 이해

2 이 글의 내용과 일치하지 <u>않는</u> 것은 무엇인가요? (　　　)

① 강진은 전라남도에 위치한 지역이다.
② 강진에는 도자기의 원료인 흙이 풍부하다.
③ 영랑 생가는 안채와 사랑채, 문간채로 이루어져 있다.
④ 김영랑은 「모란이 피기까지는」 등의 시를 쓴 시인이다.
⑤ 고려청자 요지에는 천연기념물로 보호되고 있는 자연물이 있다.

내용 이해

3 글쓴이가 강진을 답사한 까닭은 무엇인가요? (　　　)

① 김영랑의 시를 감상하기 위해서
② 친구들과 사진을 찍으며 추억을 쌓기 위해서
③ 고려청자 박물관에서 도자기 빚기 체험을 하기 위해서
④ 강진에서 천연기념물로 보호되고 있는 자연물을 보기 위해서
⑤ 강진이 유명한 관광지가 될 수 있었던 까닭을 조사하기 위해서

적용

4 이 글을 읽고 더 알고 싶은 점을 알맞게 말하지 <u>못한</u> 친구는 누구인지 쓰세요.

> 영현: 강진의 볼거리뿐 아니라 먹을거리나 특산물도 궁금해졌어.
> 찬희: 강진이 처음부터 유명한 관광지였던 이유를 확인하고 싶어.
> 진영: 강진에 있는 정약용의 유배지를 돌며 정약용에 대해 알아보고 싶어.

(　　　　　　　　　)

구조
분석

문단 요약

5 다음 빈칸에 들어갈 알맞은 말을 쓰며 이 글의 내용을 정리하세요.

문단	중심 내용
1	강진을 (　　　　　)하는 목적
2	강진의 여러 가지 (　　　　　)
3	강진의 고려청자 요지와 고려청자 (　　　　　) 답사
4	강진의 (　　　　　) 생가 답사
5	(　　　　　)을 답사한 뒤 깨달은 점

핵심 내용

6 빈칸에 들어갈 알맞은 말을 이 글에서 찾아 쓰세요.

답사 목적	강진이 유명한 (　　　　　)가 될 수 있었던 까닭을 조사하기 위해서
답사 장소	• (　　　　　) 요지와 고려청자 박물관 • 영랑 생가
깨달은 점	(　　　　　)은 역사와 문화, 자연이 어우러져 볼거리가 많은 지역이라 찾는 사람이 많다는 것을 깨달음.

어휘

적용

7 다음 문장에 들어갈 알맞은 낱말에 ○표 하세요.

⑴ 두부의 (원료, 원인)은/는 콩이다.

⑵ 역사가는 오래된 물건의 (진가, 진미)를 알아보았다.

⑶ 동해는 대표적인 여름철 피서 (일주일, 일번지)이다.

⑷ 할아버지께서는 (가마터, 고려청자)와 같은 도자기를 모으신다.

⑸ 오죽헌은 신사임당과 율곡 이이가 태어난 것으로 유명한 (생가, 생일)이다.

답사

어떤 곳에 가서 직접 보고 조사하는 것을 **답사**라고 해요. 답사를 가면 주변 지역과 그곳에서 생활하는 사람들을 함께 보며 조사 대상을 생생하게 느낄 수 있고, 더 폭넓게 이해할 수 있어요.

답사를 가기 전에는 미리 답사 계획을 세워 답사할 내용과 방법, 준비물 등을 정해야 해요. 그리고 답사를 할 때에는 다른 사람들에게 방해가 되지 않도록 질서와 예절을 지키며 답사 계획에 따라 답사를 진행해요.

답사를 다녀와서는 답사를 하며 **수집한** 자료와 사진 등을 활용해 **답사 보고서**를 **작성해요.** 답사 보고서를 작성할 때에는 알게 된 점과 느낀 점 그리고 더 알고 싶은 점을 생각해 보는 것이 좋아요.

- **유적지 답사**

- **수집한** 취미나 연구를 위하여 여러 가지 물건이나 재료를 찾아 모은.
- **작성해요** 원고, 서류, 계획서 등을 만들어요.

핵심 용어 다음 빈칸에 들어갈 알맞은 용어를 쓰세요.

(1) 

답(걸을 踏) 사(조사할 査): 걸어서 조사함.
- 뜻: 어떤 곳에 가서 직접 보고 조사함.

(2) **답사** 

보(알릴 報) 고(알릴 告) 서(글 書): 알리는 글.
- 뜻: 답사하면서 수집한 자료, 면담 및 설문지, 사진 등을 활용하여 답사한 일을 보고하는 글이나 문서.

일반사회

지문 분석

글자 수 929
800 900 1000

사회 구성원으로서의 개인

빅터와 사회화

1 18세기 후반, 프랑스 시골 마을의 농부들이 숲에서 살던 소년을 마을로 데려왔다. 소년은 벌거벗은 채 **날것**을 먹었고, 사람을 향해 이를 드러내며 으르렁거렸다. 사람들은 소년에게 '빅터'라는 이름을 지어 주고 언어를 비롯해 사회를 살아가는 데 필요한 지식과 **규범**을 가르쳤다. 하지만 빅터는 끝내 사회에 적응하지 못하고 **격리되었다**고 한다. 5

2 학자들은 빅터가 언어와 지식 및 규범을 익히지 못한 까닭을 '사회화의 **부재**'라고 말한다. 사회화란 개인이 한 사회의 구성원으로 살아가면서 그 사회에서 살아가는 데 필요한 것들을 배워 가는 과정을 말한다. 빅터는 인간이 아닌 들짐승의 사회에서 살아가면서 그들의 행동만 보고 배우며 들짐승 사회의 **구성원**으로 지냈다. 빅터는 인간 사회의 구성원으 10 로서 필요한 인간과의 상호 작용을 하지 못한 것이다.

3 사회화는 한 번으로 끝나는 것이 아니라 평생에 걸쳐 이루어지는데, 개인은 **시기**에 따라 조금씩 다른 사회화 기관의 **영향**을 받는다. **유년기** 에 개인에게 가장 큰 영향을 끼치는 사회화 기관은 가정이다. 가정은 가장 먼저 사회화가 이루어지는 곳으로, 기초적인 생활 습관이나 언어, 예 15 절 등을 배우고 기본적인 인성을 ⓐ형성한다. **청소년기**에는 또래 집단이 개인에게 가장 큰 영향을 끼치는 사회화 기관이다. 비슷한 나이의 개인이 모인 또래 집단에서는 놀이를 통해 규칙과 질서를 배운다. 또한, 학교 역시 청소년기에 많은 영향을 끼치는 사회화 기관이다. 개인은 학교에서 사회를 살아가는 데 필요한 지식과 가치 등을 **체계적**으로 배울 20 수 있다.

4 빅터는 감정 표현을 배우고 표현하기도 했지만, 할 줄 아는 단어는 '우유(lait)'와 '오, 주여(oh, Dieu)'가 유일했다고 한다. 빅터가 왜 숲에서 생활했는지는 불분명하다. 하지만 유년기의 사회화 기관이 개인에게 얼마나 큰 영향을 끼치는지는 빅터의 사례를 통해 증명된 것이나 마찬 25 가지다.

- **날것** 말리거나 익히거나 가공하지 아니한 먹을거리.
- **규범** 한 사회의 구성원으로서 따르고 지켜야 할 원리나 행동 양식.
- **격리되었다** 다른 것과 서로 통하지 못하게 사이가 막히거나 분리되었다.
- **부재**(不 아닐 부, 在 있을 재) 어떤 것이 있지 않음.
- **구성원** 어떤 조직이나 단체를 이루고 있는 사람.
- **시기** 어떤 일이나 현상이 진행되는 시점.
- **영향** 어떤 사물의 효과나 작용이 다른 것에 미치는 일.
- **유년기** 어린이의 성장·발달의 한 단계로, 유아기와 소년기의 중간 시기.
- **청소년기** 어린 시절을 지났으나 아직 어른은 되지 못한 시기.
- **체계적** 일정한 원리에 따라서 낱낱의 부분이 짜임새 있게 조직되어 통일된 전체를 이루는 것.

**내용
독해**

1 글쓴이가 이 글을 쓴 까닭은 무엇인가요? (   )

① 혼자 사는 삶과 함께 사는 삶을 비교하기 위해
② 감정 표현의 종류와 그 중요성을 설명하기 위해
③ 사회화의 필요성과 사회화 기관을 설명하기 위해
④ 사회를 변화시켜야 할 필요성에 대해 주장하기 위해
⑤ 개인의 차이를 무시하는 사회화의 문제점을 해결하기 위해

2 사회화 기관과 그에 대한 설명을 선으로 알맞게 이으세요.

(1) **가정** •

• ㉮ 사회를 살아가는 데 필요한 지식과 가치 등을 체계적으로 배움.

(2) **학교** •

• ㉯ 청소년기에 많은 영향을 끼치며, 놀이를 통해 규칙과 질서 등을 배움.

(3) **또래 집단** •

• ㉰ 가장 먼저 사회화가 이루어지는 곳으로, 기초적인 생활 습관 등을 배움.

3 '빅터의 사회화'에 대한 생각을 알맞게 말한 친구는 누구인지 쓰세요.

> 현종: 빅터가 발견되었을 당시에는 학교가 없어서 사회화가 이루어지지 않았을 거야.
> 예서: 빅터가 사회화에 성공했다면 청소년기에는 놀이를 통해 규칙과 질서를 배울 수 있었을 거야.
> 태성: 빅터는 가정을 통한 사회화는 이루어졌지만, 또래 집단을 통한 사회화가 이루어지지 않았을 거야.

(   )

4 ㉠과 바꾸어 쓸 수 있는 말은 무엇인가요? (   )

① 만든다　　　　　② 현명하다　　　　　③ 중요하다
④ 반성한다　　　　⑤ 찬성한다

문단 요약

5 다음은 이 글에 나타난 각 문단의 중심 내용입니다. 글의 내용에 맞게 순서대로 기호를 쓰세요.

> ㉮ 사회화 학습에 실패한 빅터
> ㉯ 유년기 사회화 기관의 중요성
> ㉰ 사회화의 특징과 시기에 따른 사회화 기관
> ㉱ 사회화의 뜻과 빅터가 사회 구성원이 되지 못한 까닭

(   ) → (   ) → (   ) → (   )

핵심 내용

6 빈칸에 들어갈 알맞은 말을 이 글에서 찾아 쓰세요.

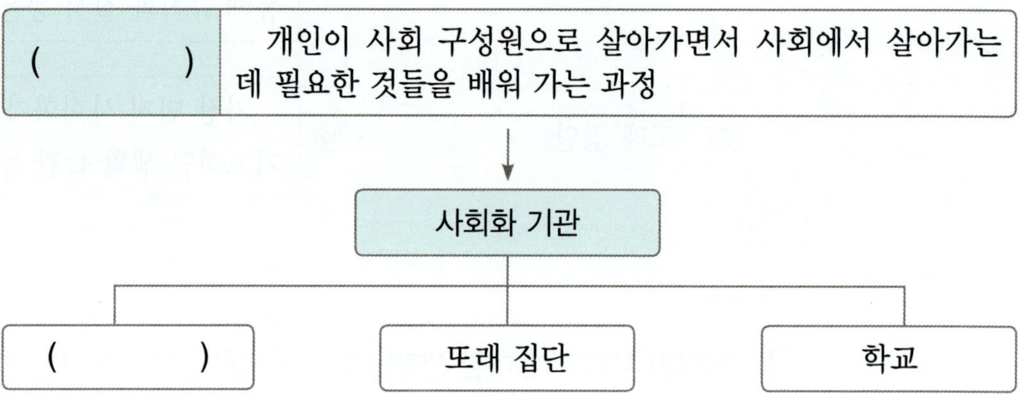

적용

7 다음 문장의 빈칸에 들어갈 알맞은 낱말을 보기에서 찾아 쓰세요.

보기

| 영향 | 시기 | 체계적 | 구성원 | 격리 |

⑴ 가을은 곡식이 익는 (   )이다.
⑵ (   )인 공부를 위해 계획을 세웠다.
⑶ 그 작가는 스승의 (   )을/를 받았다.
⑷ 우리 가족 (   )은/는 모두 여섯 명이다.
⑸ 전염병 환자는 (   )하여 전염을 막아야 한다.

사회 구성원으로서의 개인

우리 주변에는 가족, 학교, 지역 사회, 국가 등 다양한 규모의 사회가 있는데, 그 사회를 구성하는 **낱낱**의 사람을 **개인**이라고 해요. 따라서 개인은 누구나 사회를 이루고 있는 **사회 구성원**으로서 살아가고 있어요.

사회 구성원으로서 개인은 사회에 좋은 영향을 줄 수 있는 **바람직한** 모습으로 살아가려고 노력해야 해요. 개인은 사회 속에서 서로 돕거나 어려운 일을 함께 하면서 좋은 관계를 맺을 수 있어요. 또 자신이 속한 사회의 **규범**을 잘 지키려고 노력하고, 자신이 해야 하는 역할을 바르게 알고 실천한다면 더 나은 사회를 만들어 낼 **훌륭한** 사회 구성원이 될 수 있을 거예요.

• 가족 구성원의 바람직한 역할

핵심 용어 다음 빈칸에 들어갈 알맞은 용어를 쓰세요.

(1) ☐☐

개(낱 個) **인**(사람 人): 낱낱의 사람.

• 뜻: 국가나 사회, 단체 등을 구성하는 낱낱의 사람.

(2) **사회** ☐☐☐

구(얽을 構) **성**(이룰 成) **원**(인원 員): 이루고 있는 인원.

• 뜻: 어떤 사회를 이루고 있는 사람.

● **낱낱** 여럿 가운데의 하나하나.
● **바람직한** 바랄 만한 가치가 있는.
● **규범** 인간이 행동하거나 판단할 때에 마땅히 따르고 지켜야 할 가치 판단의 기준.

더불어 살아가는 우리 사회

'다름'을 바라보는 태도

1 문화는 국가의 환경이나 상황에 따라 다양한 모습으로 나타난다. 같은 국가 안에서도 지역과 성별, 종교, 직업 등에 따라서 서로 다른 문화가 나타나기도 한다. 오늘날에는 다른 지역뿐만 아니라 다른 국가와의 **교류**가 활발해지면서 다른 문화를 만날 기회가 더 많아지고 있다.

2 우리나라에서는 길을 가다가 어른을 만나면 고개 숙여 인사를 한다. 하지만 인사 문화는 국가마다 다르기 때문에 다른 국가에서는 어른에게 고개 숙여 인사하는 것이 당연한 행동이 아닐 수도 있다. 예를 들어, 프랑스에서 인사를 할 때에는 서로 안고 뺨을 번갈아 댄다. 또한, 말레이시아에서는 오른손을 가슴 중앙에 대고 미소를 지으며 인사를 한다.

3 그런데 다른 문화를 접했을 때 다른 문화에 대한 정보가 부족하거나 다른 문화를 이해하려는 마음이 없다면 ㉠편견이 생길 수 있다. 내가 더 **우월하다고** 여기거나 **공정하지** 못한 생각을 하게 되는 것이다. 예를 들어, 우리나라에서는 어른에게 물건을 한 손으로 건네면 예의가 없다고 생각하지만, 미국에서는 상대의 나이와 상관없이 한 손으로 물건을 건네는 것이 **일반적**이다. 그런데 문화의 차이를 인정하지 않고 한 손으로 물건을 건네는 행동이 무조건 틀렸다고 **비난한다면 갈등**이 일어나게 된다. 또한, '다름'을 받아들이지 못하고 편견을 가지고 **차별하는** 경우도 있다.

4 '다름'은 '틀림'이 아니므로 편견이나 차별이 아니라 이해하고 **존중해야** 할 대상이다. 이를 위해 사회에서는 편견과 차별을 금지하는 법을 만들고, 다양한 문화에 대한 교육을 하는 등 갈등을 없애려는 노력을 한다. 문화는 좋음과 나쁨이나 옳음과 그름을 판단할 수 없다. 그러므로 다른 사람과 조화롭게 살아가려면 우리 개인도 '다름'을 인정하고 **포용하는** 태도를 가져야 할 것이다.

- **교류**(交 사귈 교, 流 흐를 류) 사람들이 서로 자주 만나거나 연락하면서 의견이나 물건을 주고받고 하는 것.
- **우월하다고** 다른 것보다 뛰어나다고.
- **공정하지** 공평하고 올바르지.
- **일반적** 일부에 한정되지 않고 두루 해당될 수 있는 것.
- **비난한다면** 다른 사람의 잘못이나 결점에 대해 나쁘게 말한다면.
- **갈등** 서로 대립되는 입장·견해·이해 때문에 생기는 충돌.
- **차별하는** 사회에서 옳지 않게 남보다 낮은 대우를 하는 것.
- **존중해야** 높이어 귀중하게 대하여야.
- **포용하는** 남을 너그럽게 감싸 주거나 받아들이는.

내용 독해

목적

1 글쓴이가 이 글은 쓴 목적은 무엇인가요? (   )

① 성별에 따라 잘 어울리는 직업을 소개하려고
② 차별이 생길 수밖에 없는 까닭을 설명하려고
③ 성별이 다른 사람을 차별한 구체적 사례를 소개하려고
④ 종교가 달라서 생기는 갈등을 해결하는 방법을 설명하려고
⑤ 조화롭게 살아가기 위해서 가져야 할 삶의 태도를 전달하려고

내용 이해

2 이 글의 내용과 <u>다른</u> 것은 무엇인가요? (   )

① 국가마다 인사 문화가 다르다.
② 문화는 옳음과 그름을 판단할 수 있다.
③ 우리나라에서는 어른을 만나면 고개 숙여 인사한다.
④ 오늘날에는 다른 국가와의 교류가 활발해지고 있다.
⑤ 프랑스에서는 서로 안고 뺨을 번갈아 대며 인사한다.

추론

3 이 글에서 답을 알 수 <u>없는</u> 질문은 무엇인가요? (   )

① 편견이 생기는 까닭은 무엇인가요?
② 말레이시아에서는 어떻게 인사하나요?
③ 우리나라와 종교가 다른 국가는 어디인가요?
④ 물건을 건넬 때 우리나라와 미국의 행동은 어떻게 다른가요?
⑤ 오늘날 다른 문화를 만날 기회가 낳아진 까닭은 무엇인가요?

적용

4 다음 중 ㉠에 해당하는 사례로 알맞은 것의 기호를 쓰세요.

> ㉮ 남자도 간호사나 유치원 선생님을 할 수 있다.
> ㉯ 나라마다 음식을 먹을 때 사용하는 도구가 다를 것이다.
> ㉰ 자동차 연구원은 자동차 정비원보다 훌륭한 사람일 것이다.

(   )

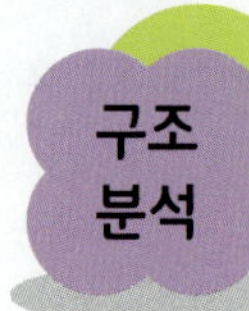

구조
분석

문단 요약

5 다음 빈칸에 들어갈 알맞은 말을 쓰며 이 글의 내용을 정리하세요.

문단	중심 내용
1	다양한 모습으로 나타나는 (　　　　)
2	(　　　　)마다 다른 인사 문화
3	갈등의 원인이 되는 (　　　　)과 차별
4	조화롭게 살아가기 위해서 가져야 할 삶의 태도

핵심 내용

6 빈칸에 들어갈 알맞은 말을 이 글에서 찾아 쓰세요.

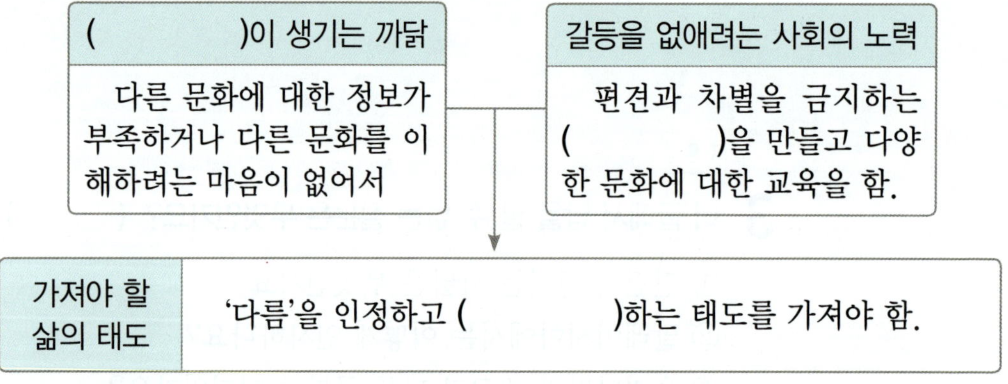

어휘

적용

7 다음 문장에 들어갈 알맞은 낱말에 ◯표 하세요.

⑴ 친구들에게 간식을 (공정, 공감)하게 나누어 주었다.
⑵ 너그러운 마음으로 동생의 잘못을 (포용, 포기)했다.
⑶ 이제는 각자가 가진 개성을 (존중, 존대)하는 시대이다.
⑷ 반려동물을 기르는 것으로 부모님과 (갈등, 갈증)을 겪었다.
⑸ 도현이는 나이가 어리다는 이유로 (차이, 차별)을/를 받았다.

고정관념이란 머릿속에서 이미 굳게 자리 잡고 있어서 쉽게 바뀌지 않는 생각을 말해요. 예를 들어, 남자는 울면 안 된다거나, 여자는 **얌전해야** 한다는 것은 잘못된 고정관념이에요. 남자도 얼마든지 감정을 표현할 수 있고, 여자도 얼마든지 씩씩하고 용감하게 나설 수 있어요.

편견은 공정하지 못하고 한쪽으로 치우쳐 생각하는 것을 말해요. 예를 들어, 인도에서 음식을 손으로 먹는 것을 보고 지저분하다고 생각하는 것은 편견이에요. 손으로 음식을 먹는 것은 인도의 식사 문화이기 때문에 존중해야 해요.

이처럼 잘못된 고정관념과 편견은 다른 사람이나 다른 문화를 인정하지 않고 **부당하게** 차별하는 원인이 되어요. 이러한 **부정적인** 생각은 버리고 열린 마음을 가질 수 있도록 노력해야 해요.

• 잘못된 고정관념과 편견

핵심 용어 다음 빈칸에 들어갈 알맞은 용어를 쓰세요.

(1) ☐ ☐ ☐ ☐

고(굳을 固) 정(정할 定) 관(볼 觀) 념(생각할 念): 굳게 정해서 보고 생각하는 것.
• 뜻: 머릿속에서 이미 굳게 자리 잡고 있어서 쉽게 바뀌지 않는 생각.

(2) ☐ ☐

편(치우칠 偏) 견(볼 見): 치우쳐 보는 것.
• 뜻: 공정하지 못하고 한쪽으로 치우친 생각.

● **얌전해야** 성품이나 태도가 침착하고 단정해야.
● **부당하게** 이치에 맞지 아니하게.
● **부정적인** 그렇지 아니하다고 단정하거나 옳지 아니하다고 반대인.

지식 재산권

보호해야 하는 [㉠]

1 학교 숙제를 할 때 내용이나 사진을 찾기 위해 누리집에서 자료를 검색하는 경우가 있다. 그런데 이때 다른 사람이 쓴 글을 그대로 베끼거나 다른 사람이 찍어서 올린 사진을 마음대로 가져다 쓰면 안 된다. 글이나 사진의 출처를 밝힌다고 해도 글이나 사진을 올린 사람에게 사용하겠다는 허락을 받지 않았다면 정당하게 사용한 것이 아니기 때문이다. 이러한 행동은 자료를 만든 사람의 **권리**인 저작권을 **침해하는** 것이다.

2 저작권이란 문학이나 예술 작품 등을 **창작한** 사람이 자기가 창작한 **저작물**에 대해 가지는 권리를 말한다. 예를 들어, 어떤 사람이 그림을 그렸다면 그 사람에게는 자신이 그린 그림에 관한 모든 권리가 주어진다. 따라서 다른 사람이 그 그림을 **전시하거나** 그림을 이용해 공책이나 달력 등 **소품**을 만들려면 반드시 그림을 그린 사람의 **허락**을 받아야 한다.

3 그런데 저작권은 모든 저작물에 대해서 인정되는 것이 아니다. 저작권법에 따라서 창작성이 있는 저작물만 저작권이 인정되어 저작권법으로 보호를 받을 수 있다. 저작권법으로 보호되는 저작물에는 시나 소설과 같은 **어문** 저작물, 가요나 뮤지컬과 같은 음악 저작물, 영화나 드라마와 같은 영상 저작물, 미술이나 사진 저작물 등이 있다. 그러나 날씨 정보, 역사적 사실, 수학 공식과 같이 공공의 정보는 저작권이 인정되지 않으며 누구나 자유롭게 이용할 수 있다.

4 저작권은 정해진 기간 동안에만 보호된다. 일반적인 저작권의 보호 기간은 저작물을 만든 사람이 죽은 후 70년까지이다. 저작물을 만든 사람이 두 명 이상이라면 저작물을 만든 사람들 중 제일 마지막까지 살아 있던 사람이 죽은 후 70년까지 저작권이 보호된다. 그러나 영상 저작물은 영상을 발표한 이후 70년까지 저작권이 보호된다. 또 공공 기관이나 회사 등에서 만든 저작물은 저작물을 발표하고 50년 동안 저작권 보호를 받을 수 있다. 이러한 저작권 보호 기간이 지나면 누구나 [㉡] 그 저작물을 이용할 수 있다.

- **권리** 어떤 일을 행하거나 다른 사람에게 당연히 요구할 수 있는 힘이나 자격.
- **침해하는** 침범하여 해를 끼치는.
- **창작한** 예술 작품을 독창적으로 지어낸.
- **저작물** 사람의 지적인 노력으로 만들어진 작품.
- **전시하거나** 찾아온 사람들에게 보여 주도록 여러 가지 물품을 한곳에 차려 놓거나.
- **소품** 작은 가구나 장식품.
- **허락** 청하는 일을 하도록 들어줌.
- **어문** 말과 글을 아울러 이르는 말.

내용 독해

제목

1 이 글의 제목으로 ㉠에 들어갈 가장 알맞은 말은 무엇인가요? (   )

① 사진　　　　　　　　② 화가
③ 저작권　　　　　　　④ 창작성
⑤ 영상 저작물

내용 이해

2 이 글의 내용과 일치하는 것은 무엇인가요? (   )

① 저작권은 영원히 보호받을 수 있다.
② 모든 저작물에 대해서 저작권이 인정된다.
③ 저작권은 저작물을 만든 사람이 살아 있는 동안에만 보호된다.
④ 영상 저작물은 영상을 만든 사람이 죽은 후 70년까지 보호된다.
⑤ 출처를 밝혀도 허락을 받지 않고 다른 사람이 찍은 사진을 사용하면 저작권을 침해한 것이다.

적용

3 저작권법에 따라 보호되는 저작물을 모두 찾아 기호를 쓰세요.

> ㉮ 교과서에 실린 친구의 시
> ㉯ 기상청에서 발표한 일기 예보
> ㉰ 작년에 영화관에서 상영한 영화
> ㉱ 두 명의 작곡가가 함께 만든 최신 가요

(　　　　　　　　　)

어휘·어법

4 ㉡에 들어갈, 다음과 같은 뜻이 있는 낱말은 무엇인가요? (   )

> 구속이나 속박 따위가 없이 제 마음대로 할 수 있게.

① 새롭게　　　　② 어렵게　　　　③ 비싸게
④ 자유롭게　　　⑤ 번거롭게

**구조
분석**

문단 요약

5 다음 질문의 답을 찾을 수 있는 문단을 찾아 선으로 이으세요.

| 저작권의 개념은 무엇인가요? | • | | • | **1** 문단 |

저작권의 보호 기간은 얼마인가요? •   • **2** 문단

저작권법의 보호를 받는 저작물에는 무엇이 있나요? •   • **3** 문단

숙제를 할 때 저작권을 침해하는 행동은 무엇인가요? •   • **4** 문단

핵심 내용

6 빈칸에 들어갈 알맞은 말을 이 글에서 찾아 쓰세요.

저작권 보호 기간	원칙	저작물을 만든 사람이 죽은 후 ( ) 년까지 보호됨.
	저작물을 만든 사람이 두 명 이상일 경우	저작물을 만든 사람들 중 마지막까지 살아 있던 사람이 죽은 후 ( )년까지 보호됨.
	영상 저작물	영상을 발표한 이후 ( )년까지 보호됨.

어휘

적용

7 다음 문장의 빈칸에 들어갈 알맞은 낱말을 보기 에서 찾아 쓰세요.

보기

전시   권리   침해   창작   허락

⑴ 새로운 글을 (   )하는 일은 어렵다.
⑵ 모든 사람은 행복하게 살 (   )이/가 있다.
⑶ 부모님께 놀이공원에 가도 된다고 (   )을/를 받았다.
⑷ 지나치게 엄격한 규칙은 사람들의 자유를 (   )하기도 한다.
⑸ 루브르 박물관에는 여러 나라에서 수집한 유물들이 (   )되어 있다.

지식 재산권

지식 재산권이란 사람이 만들어 낸 **창작물**에 대한 권리를 말해요. 이러한 지식 재산권은 크게 저작권과 산업 재산권 그리고 신지식 재산권으로 나눌 수 있어요.

저작권은 음악, 영화, 소설과 같은 창작물에 대한 권리예요. 그리고 산업 재산권은 디자인, **상표**, 발명품을 만들었을 때 그 창작물에 대해 갖는 권리예요. 마지막으로 신지식 재산권은 컴퓨터 프로그램, **인공 지능**, 캐릭터처럼 문화의 변화나 **첨단 기술**의 발달로 인해 생긴 새로운 분야에 대한 권리예요.

지식 재산권이 안전하게 보호된다면 더 훌륭한 창작물이 세상에 나올 수 있을 거예요. 따라서 창작물을 만들기 위해 노력한 사람의 권리를 보호해야 해요.

핵심 용어 다음 빈칸에 들어갈 알맞은 용어를 쓰세요.

(1) **지식** ☐ ☐ ☐

재(재물 財) **산**(낳을 産) **권**(권세 權): 재산에 대한 권리.
- 뜻: 지적 활동으로 만들어 낸 창작물에 대한 권리.

(2) ☐ ☐ ☐

창(창작할 創) **작**(지을 作) **물**(물건 物): 창작한 물건.
- 뜻: 예전에 있던 작품을 따라 하거나 흉내 내지 않고 새롭게 만든 예술 작품.

• 지식 재산권의 분류

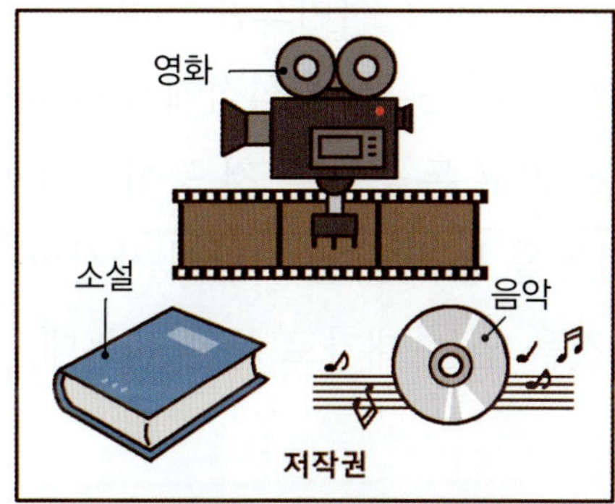

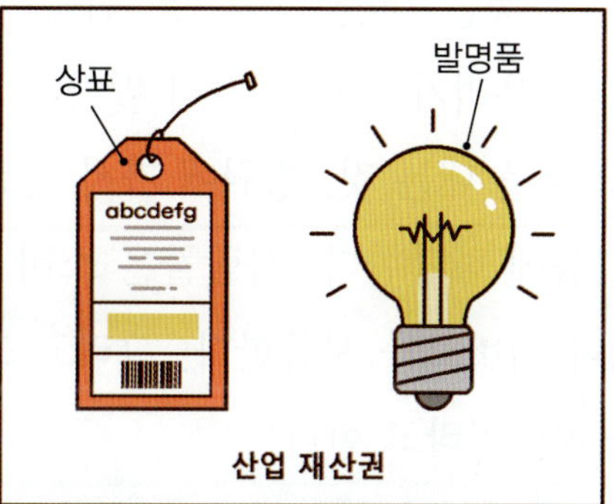

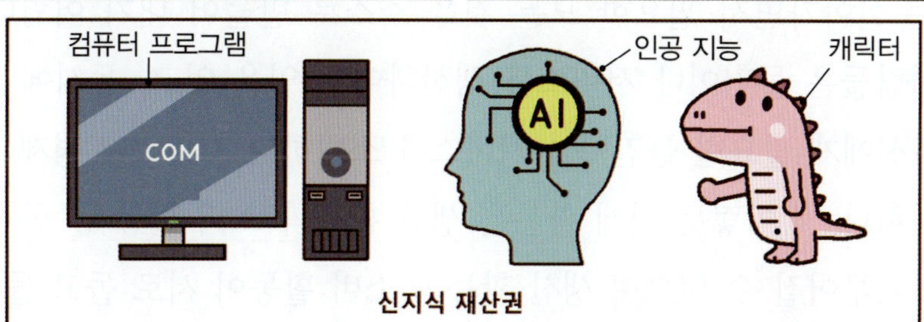

- **상표** 상품을 만든 회사를 나타내는 기호나 그림 등의 표시.
- **인공 지능**(人 사람 인, 工 장인 공, 知 알 지, 能 능할 능) 인간이 생각하고 이해하는 활동의 일부를 컴퓨터로 대신할 수 있게 하는 기능.
- **첨단 기술** 발전하고 있는 기술 가운데에서도 가장 앞서 있는 기술.

경제 활동

경제 활동으로 굴러가는 생활

1 우리는 일상생활에서 다양한 방식으로 경제 활동을 하고 있다. 분식집에서 떡볶이를 만들어 파는 것이나 그 떡볶이를 사 먹는 것 등이 모두 경제 활동이다. 또한, 용돈을 모아 은행에 저축을 하면 누군가 은행에서 그 돈을 빌려 또 다른 경제 활동을 할 수 있으므로 저축도 경제 활동에 해당한다. 즉, 경제 활동이란 생활에 필요한 여러 가지 것들을 만들고 5 사용하는 것과 관련 있는 모든 활동을 말한다.

2 경제 활동에는 생산 활동과 소비 활동이 있다. 생산 활동은 사람들이 물건이나 **서비스**를 만들어 내는 활동이다. 농부가 쌀이나 과일을 **재배하는** 것, 가게에서 음식이나 물건을 파는 것, 의사가 환자의 건강 상태를 살펴보고 치료하는 것 등이 모두 생산 활동에 해당한다. 그리고 생 10 산 활동을 통해 만들어진 물건이나 서비스를 필요한 사람에게 제공하고 그에 대한 **대가**를 받는데, 이 대가를 **수입**이라고 한다.

3 소비 활동은 생산 활동으로 만들어진 물건이나 서비스를 사용하는 활동이다. 우리가 마트에 가서 쌀이나 과일을 사는 것, 음식점에서 음식을 먹고 돈을 내는 것, 병원에 가서 **진료**를 받고 돈을 내는 것 등이 모두 15 소비 활동에 해당한다. 사람들은 소비 활동을 통해 다른 사람이 생산한 물건이나 서비스를 사용한다. 그리고 그것을 얻는 대가로 돈을 내는데, 이것을 **지출**이라고 한다.

4 우리는 살아가면서 필요한 모든 것을 스스로 만들어 내기 어렵다. 그래서 사람들은 물건이나 서비스를 생산하여 수입을 얻고, 동시에 그 20 수입을 자신에게 필요한 물건이나 서비스를 소비하며 지출하여 경제 활동에 **참여한다.** ㉠이렇듯 경제 활동은 생산 활동과 소비 활동 중 한 가지만으로 이루어질 수 없으며 생산 활동과 소비 활동이 서로 돌고 돌며 영향을 주고받는 **밀접한** 관계이다.

- **서비스** 생활에 직접 도움이 되는 여러 가지 일을 제공하는 일.
- **재배하는** 식물을 심어 가꾸는.
- **대가**(代 대신할 대, 價 값 가) 물건의 값으로 치르는 돈.
- **수입**(收 거둘 수, 入 들 입) 돈이나 물품 따위를 거두어들임. 또는 그 돈이나 물품.
- **진료** 의사가 환자를 진찰하고 치료하는 일.
- **지출** 어떤 목적을 위하여 돈을 씀. 또는 그렇게 쓰는 돈.
- **참여한다** 어떤 일에 끼어들어 관계한다.
- **밀접한** 아주 가깝게 마주 닿은.

내용 독해

글의 특징

1 이 글의 특징으로 알맞은 것은 무엇인가요? (   )

① 경제 활동의 뜻과 종류를 설명하는 글이다.

② 경제 활동의 문제점과 해결 방안을 제시하는 글이다.

③ 생산 활동과 소비 활동의 공통점과 차이점을 알려주는 글이다.

④ 생산 활동이 소비 활동에 미치는 영향에 대해 분석하는 글이다.

⑤ 향후 변화되는 경제 활동의 전망에 대해 자세히 알려주는 글이다.

내용 이해

2 경제 활동에 대한 설명으로 알맞지 <u>않은</u> 것은 무엇인가요? (   )

① 생산 활동을 통해 수입을 얻는다.

② 생산 활동과 소비 활동으로 나뉜다.

③ 생산 활동을 통해 물건이나 서비스를 만들어 낸다.

④ 농부가 과일을 재배하는 것은 소비 활동에 해당한다.

⑤ 생활에 필요한 것들을 만들고 사용하는 것과 관련 있는 활동이다.

적용

3 다음 중 소비 활동에 대한 경험을 말하지 <u>않은</u> 친구는 누구인지 쓰세요.

> 시현: 지난주에 시장에서 감귤을 샀어.
>
> 우진: 어? 우리 할아버지께서 감귤 농사를 지으시는데.
>
> 효진: 나는 제주도에서 사 먹었던 감귤주스가 정말 맛있었어.
>
> 상욱: 나는 제주도에 갔을 때 감귤 캐릭터가 그려진 학용품을 많이 샀어.

(   )

어휘·어법

4 ㉠에 어울리는 한자 성어는 무엇인가요? (   )

① 일취월장: 날이 가고 달이 갈수록 발전하는 것.

② 풍전등화: 사물이 매우 위험한 처지에 놓여 있음.

③ 일확천금: 힘들이지 않고 한번에 많은 재물을 얻음.

④ 아전인수: 자기에게만 이롭게 되도록 생각하거나 행동함.

⑤ 고장난명: 혼자의 힘만으로 어떤 일을 이루기 어려움을 이르는 말.

구조 분석

문단 요약

5 각 문단의 중심 내용으로 알맞은 것에 ○표, 틀린 것에 ✕표를 하세요.

1 문단	경제 활동의 뜻과 사례	( )
2 문단	소비 활동의 뜻과 사례	( )
3 문단	생산 활동의 뜻과 사례	( )
4 문단	생산 활동과 소비 활동의 관계	( )

핵심 내용

6 빈칸에 들어갈 알맞은 말을 이 글에서 찾아 쓰세요.

경제 활동

생산 활동
- 사람들이 물건이나 서비스를 만들어 내는 활동임.
- 물건이나 서비스를 필요한 사람에게 제공하고 그 대가로 (   )을 얻게 됨.

소비 활동
- 생산 활동으로 만들어진 물건이나 서비스를 사용하는 활동임.
- 얻는 것의 대가로 돈을 내면서 (   )을 하게 됨.

어휘

이해

7 다음 낱말의 뜻을 찾아 선으로 알맞게 이으세요.

(1) 재배 •　　　　• ㉮ 식물을 심어 가꿈.

(2) 진료 •　　　　• ㉯ 어떤 일에 끼어들어 관계함.

(3) 수입 •　　　　• ㉰ 의사가 환자를 진료하고 치료하는 일.

(4) 참여 •　　　　• ㉱ 어떤 목적을 위하여 돈을 지급하는 일.

(5) 지출 •　　　　• ㉲ 돈이나 물품 따위를 거두어들임. 또는 그 돈이나 물품.

경제 활동

우리가 일상생활을 하려면 다양한 물건이 필요해요. 또 생활을 **편리하고** 즐겁게 해 주는 활동인 서비스도 필요해요. 이때 우리에게 필요한 물건들을 만들어 내는 일이나 서비스를 제공하는 것을 **생산**이라고 해요. 그리고 생산한 물건이나 서비스를 **구매해** 사용하는 것은 **소비**라고 합니다.

예를 들어 음식점 주인이 음식을 만드는 것은 생산이고, 음식점 주인이 미용실에서 머리를 자르는 것은 소비예요. 또 미용사가 머리를 깎아 주는 것은 생산이고, 미용사가 음식점에서 음식을 사 먹는 것은 소비예요. 이처럼 생산과 소비는 모두 우리가 생활하는 데 꼭 필요한 경제 활동이랍니다.

핵심 용어 다음 빈칸에 들어갈 알맞은 용어를 쓰세요.

(1) ☐☐

생(날 生) 산(낳을 産): 만들어 냄.
- 뜻: 생활에 필요한 물건을 만들거나 생활을 편리하고 즐겁게 하는 활동을 제공하는 것.

(2) ☐☐

소(사라질 消) 비(쓸 費): 써서 사라지게 함.
- 뜻: 생활에 필요한 물건이나 생활을 편리하고 즐겁게 해 주는 활동을 이용하는 것.

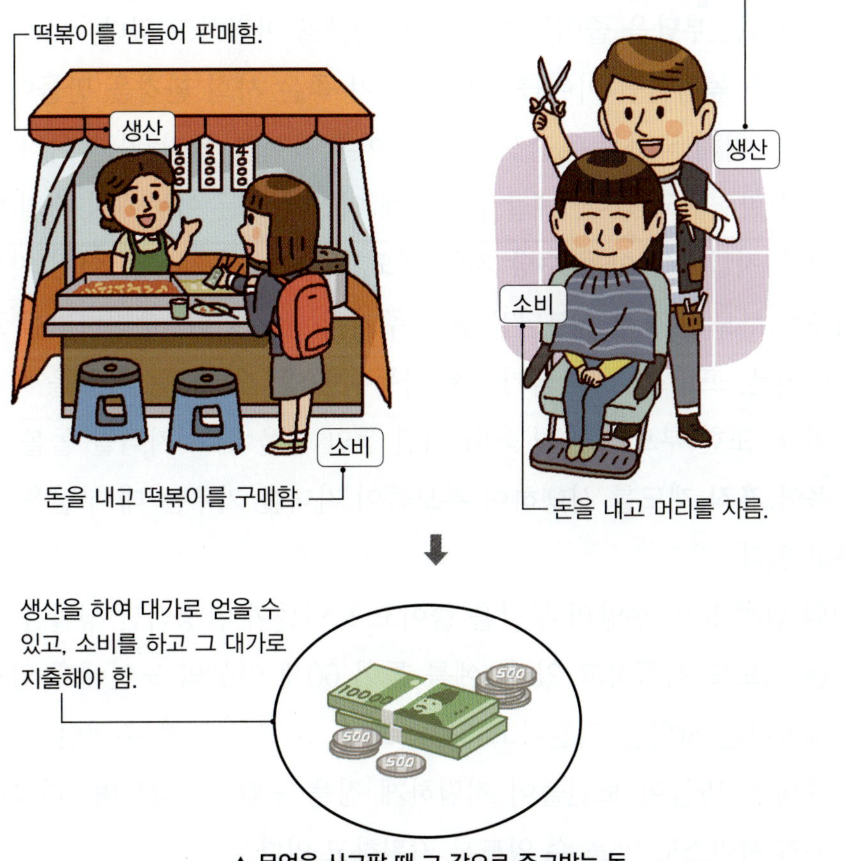

▲ 무엇을 사고팔 때 그 값으로 주고받는 돈

- **편리하고** 편하고 이로우며 이용하기 쉽고.
- **구매해** 물건 따위를 사들여.

생산 가능 인구

인구 문제를 해결하기 위한 노력

1 인구는 끊임없이 변화하고 이에 따라 정부의 인구 관련 **정책**도 계속해서 변화하고 있다. 1960년대부터 1980년대까지 우리나라는 **출산율**이 높아 인구가 급증하였다. 그래서 정부는 출산율을 낮추려는 정책과 캠페인을 펼쳤다. 1990년대에는 여자아이보다 남자아이를 **선호하여** 인구 **성비**의 불균형 문제가 발생했고, 이를 해결하기 위한 정책과 캠페인이 시행되었다. 5

2 2000년대 이후에는 출산율이 감소하는 **저출산**과 **부양해야** 하는 노인의 비율이 높아지는 **고령화**가 심각한 인구 문제로 자리 잡았다. 저출산과 고령화로 인해 우리나라는 생산 활동을 할 수 있는 인구가 줄어들고 있다. 생산 활동을 할 수 있는 인구가 줄어들면 국가가 성장하기 어 10 려워져서 국가의 **경쟁력**도 떨어지게 된다. 따라서 출산율을 높이고 노인을 부양하는 **부담**을 줄이는 여러 가지 정책을 마련하고 있다.

3 출산율을 높이려면 아이를 낳아 기르기 좋은 사회 환경을 만들어야 한다. 이를 위해 국가는 ㉠출산과 출산 이후 육아를 돕기 위한 여러 가지 제도를 마련하고 있다. 예를 들어 8세 미만의 모든 아동에게 매월 일 15 정 금액을 지급하는 **아동 수당** 지급 제도가 있다. 이 제도는 어린 자녀를 기르는 부모의 경제적 부담을 줄여 주기 위한 것이다. 우리나라를 포함하여 일본, 프랑스 등의 국가에서 아동 수당을 지급하는 제도를 시행하고 있다. 또한 부모가 자녀 육아 기간 동안 일을 쉬고 자녀를 돌볼 수 있는 **육아 휴직** 제도를 시행하여 부모들이 자녀를 키우는 데 부담을 줄 20 여 주고 있다.

4 이와 함께 노인 부양의 부담을 줄이고 노인들이 안정적인 생활을 할 수 있는 제도도 시행하고 있다. 예를 들어 60세 이상의 노인에게 일자리를 제공하는 사업을 지원하고 있다. 또한, 노인을 위한 주택인 '노인 복지 주택'을 만들어 노인들이 저렴하게 집을 구할 수 있으며, 다양한 25 노인 복지 서비스도 받을 수 있도록 지원하고 있다.

- **정책** 정치적인 목적을 이루기 위한 방법.
- **출산율** 아기를 낳는 비율.
- **선호하여** 여럿 가운데서 어떤 것을 특별히 더 좋아하여.
- **성비** 한 집단에서, 남녀의 비율.
- **저출산**(低 낮을 저, 出 날 출, 産 낳을 산) 사회 전체적으로 아이를 적게 낳음. 또는 그런 상태.
- **부양해야** 생활 능력이 없는 사람의 생활을 돌봐야.
- **고령화** 한 사회에서 노인의 인구 비율이 높은 상태로 나타나는 일.
- **경쟁력** 경쟁할 만한 힘. 또는 그런 능력.
- **부담** 어떠한 의무나 책임을 짐.
- **아동 수당** 아동을 양육하는 부모에게 매월 일정 금액을 지원하는 제도.
- **육아 휴직** 자녀 양육을 위해 근로자가 유급으로 휴직할 수 있는 제도.

내용 독해

목적

1 글쓴이가 이 글을 쓴 까닭은 무엇인가요? (　　　)

① 시대별 출산율을 알려 주기 위해
② 노인 세대의 문제점을 알리기 위해
③ 저출산의 필요성에 대해 주장하기 위해
④ 우리나라와 다른 나라의 인구 변화를 비교하기 위해
⑤ 우리나라의 인구 문제와 해결 방안을 설명하기 위해

내용 이해

2 이 글의 내용과 일치하지 <u>않는</u> 것은 무엇인가요? (　　　)

① 우리나라는 출산율이 떨어지고 있다.
② 우리나라는 노인들을 위한 주택이 있다.
③ 프랑스, 일본과 달리 우리나라는 아동 수당을 지급하고 있다.
④ 생산 활동을 할 수 있는 인구가 줄어들면 국가의 경쟁력도 떨어진다.
⑤ 1960년대에는 출산율이 높아 인구가 계속해서 증가하는 것이 문제가 되었다.

추론

3 이 글을 통해 답을 알 수 있는 질문은 무엇인가요? (　　　)

① 우리나라의 아동 수당은 얼마인가요?
② 우리나라의 노인 인구는 몇 명인가요?
③ 국가의 경쟁력이 가장 높은 나라는 어디인가요?
④ 우리나라에 저출산 현상은 언제부터 나타났나요?
⑤ 아이를 기르고 가르치는 데 드는 비용은 얼마인가요?

적용

4 ㉠에 해당하는 사례를 찾아 기호를 쓰세요.

> ㉮ 노인에게 무료로 예방 접종 지원하기
> ㉯ 길거리와 정류장 주변에 쉼터 만들기
> ㉰ 아이들이 교육받는 데 필요한 비용 제공하기

(　　　　　　　)

구조 분석

문단 요약

5 다음은 이 글에 나타난 각 문단의 중심 내용입니다. 글의 내용에 맞게 순서대로 기호를 쓰세요.

> ㉮ 우리나라의 인구 정책 변화
> ㉯ 출산율을 높이기 위한 여러 가지 제도
> ㉰ 2000년대 이후 인구 문제 해결 방안의 필요성
> ㉱ 노인 부양의 부담을 줄이기 위한 여러 가지 제도

(　　　) → (　　　) → (　　　) → (　　　)

핵심 내용

6 빈칸에 들어갈 알맞은 말을 이 글에서 찾아 쓰세요.

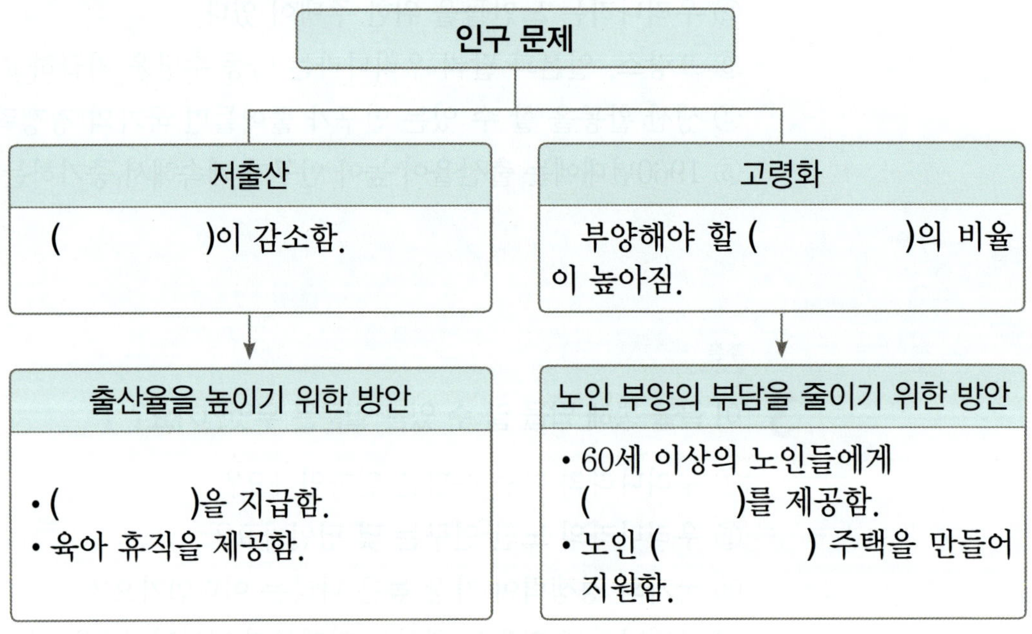

어휘

적용

7 다음 문장의 빈칸에 들어갈 알맞은 낱말을 보기 에서 찾아 쓰세요.

보기

> 부양　　　부담　　　선호　　　정책　　　경쟁력

(1) 고모는 할머니를 (　　　)하고 계신다.
(2) 나는 디자인이 예쁜 상품을 (　　　)한다.
(3) 짐을 여럿이 함께 드니 (　　　)이/가 줄었다.
(4) 그 회사는 기술을 개발해 (　　　)을/를 높였다.
(5) 정부는 청소년을 위한 새로운 (　　　)을/를 발표하였다.

생산 가능 인구

정답과 해설 22 쪽

한 나라의 **자본**과 **노동력**을 최대한 활용했을 때 성장할 수 있는 정도를 잠재 성장률이라고 해요. 잠재 성장률을 높이기 위해서는 생산 활동이 활발하게 이루어져야 해요. 따라서 생산 활동을 할 수 있는 인구가 많아야 해요. 이러한 생산 활동이 가능한 15세부터 64세까지의 인구를 생산 가능 인구라고 불러요.

그런데 우리나라는 저출산과 고령화로 생산 가능 인구가 점점 줄어들 것으로 예상돼요. 생산 가능 인구가 줄어들면 우리나라의 잠재 성장률이 떨어지고 한 사람이 내야 하는 세금 부담이 증가하며, 세대 간 갈등 등의 문제도 발생하기 때문에 저출산과 고령화를 해결하기 위해 노력해야 해요.

• **생산 가능 인구의 구성 예측**

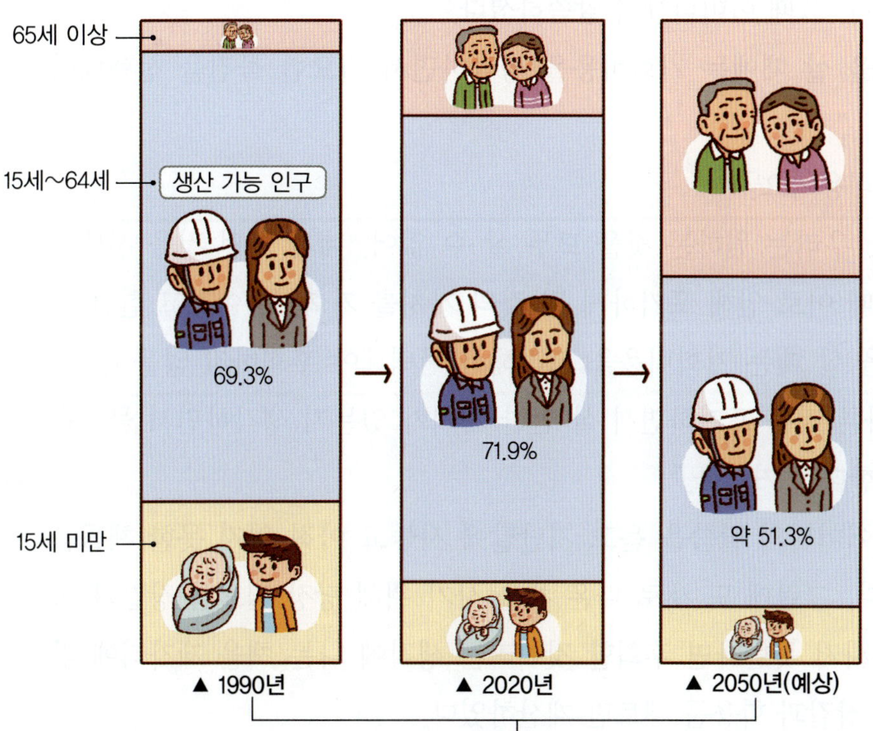

저출산과 고령화 현상으로
생산 가능 인구가 줄어들 것으로 예상됨.

핵심 용어 다음 빈칸에 들어갈 알맞은 용어를 쓰세요.

(1) ☐☐ **성장률**

잠(자맥질할 潛) 재(있을 在)
: 잠겨 있음.
• 뜻: 한 나라의 자본과 노동력을 최대한 활용했을 때 성장할 수 있는 정도.

(2) ☐☐ **가능 인구**

생(날 生) 산(낳을 産): 만들어 냄.
• 뜻: 생산 활동을 할 수 있는 15세부터 64세까지의 인구.

● **자본** 상품을 만드는 데 필요한 생산 수단이나 노동력을 통틀어 이르는 말.
● **노동력** 생산품을 만드는 데에 쓰이는 사람의 정신적 능력과 육체적 능력.

지문 분석

글자 수 909
800 900 1000

㉮ 을 고려한 선택

1 새해를 맞이하는 첫날인 설날은 내가 가장 좋아하는 **명절**이다. 설날에는 떡국도 먹을 수 있고, 오랜만에 친척들도 만날 수 있기 때문이다. 무엇보다 친척 어른들께 세배를 드리면 덕담과 함께 세뱃돈을 주시기 때문에 나는 설날을 손꼽아 기다린다. 이번 설날에도 할머니 댁에서 마음과 주머니가 **두둑해진** 채 집으로 돌아왔다. 집으로 돌아오는 길에 어머니께서는 세뱃돈의 절반은 저축을 하고, 남은 돈으로 내가 원하는 것을 사라고 말씀하셨다. 나는 콧노래를 **흥얼거리며** 살 것들을 하나둘 떠올려 보았다.

2 다음 날, 나는 어머니와 함께 ○○마트에 갔다. 어머니께서 먹을거리를 사시는 동안 나는 하늘색 장갑과 학용품 세트, 새로 나온 책을 장바구니에 담았다. 그런데 계산을 하려고 보니 돈이 부족해 한 가지는 **포기해야** 했다. 그때 어머니께서 말씀하셨다.

"물건을 살 때에는 기회비용을 생각하면서 필요한 물건을 **선택해야** 한단다."

"기회비용이요?"

"그래, 우리는 원하는 것을 모두 살 수 없어. 네가 어떤 것을 선택을 했을 때 이로 인해 포기하게 된 것의 가치를 기회비용이라고 한단다. 물건을 살 때는 기회비용을 고려해서 선택해야 **후회하지** 않을 수 있지. 다른 것을 포기하면서 살 만한 가치가 있는지 생각하면서 물건을 사야 한다는 거란다."

나는 어머니의 말씀을 듣고 지난달에 사놓고 아직 읽지 못한 책들을 떠올렸다. 그런데 또 새로 나온 책을 사기 위해 당장 필요한 장갑과 학용품을 사지 못한다면 후회할 것이라는 생각에 나는 책을 제자리에 갖다 놓고 장갑과 학용품 세트만 계산하였다.

3 이번 일을 통해 나는 어떤 선택을 하게 되면 그 ㉠ (으)로 다른 어떤 것은 포기해야 한다는 것을 알게 되었다. 한번 선택한 것과 포기한 것은 쉽게 되돌릴 수 없을 것이다. 따라서 어떤 선택을 하든지 기회비용을 **고려해 현명한** 결정을 해야겠다고 다짐했다.

• **명절** 해마다 일정하게 지키어 즐기거나 기념하는 때.

• **두둑해진** 매우 두꺼워진.

• **흥얼거리며** 흥에 겨워 계속 입 속으로 노래를 부르며.

• **포기해야** 하려던 일을 도중에 그만두어야.

• **선택해야** 여럿 가운데서 필요한 것을 골라 뽑아야.

• **후회하지** 이전의 잘못을 깨치고 뉘우치지.

• **고려해** 생각하고 헤아려 보아.

• **현명(賢** 어질 현, **明** 밝을 명)**한** 어질고 슬기로워 사리에 밝은.

내용 독해

1 ㉮에 들어갈 네 글자의 낱말을 이 글에서 찾아 글의 제목을 완성하세요.

(   )을 고려한 선택

내용 이해

2 글쓴이가 한 행동과 일치하지 <u>않는</u> 것은 무엇인가요? (   )

① 설날에 할머니 댁에 갔다.
② 지난달에 산 책을 모두 읽었다.
③ 저축을 하고 남은 돈으로 원하는 것을 샀다.
④ 세뱃돈으로 마트에서 장갑과 학용품 세트를 샀다.
⑤ 새로 나온 책을 장바구니에 담았지만 결국 사지 않았다.

추론

3 이 글을 읽고 글쓴이의 선택에 대해 <u>잘못</u> 짐작한 친구는 누구인지 쓰세요.

> 미주: ○○마트가 아니라 □□마트에 갔다면 장갑 대신 책을 샀을 것 같아.
> 서하: 돈이 부족하지 않았다면 장갑과 학용품 세트와 책을 모두 샀을 것 같아.
> 가람: 집에 있는 책들을 모두 읽었다면 책이 아닌 다른 것을 포기했을 수도 있어.

(   )

어휘·어법

4 ㉠에 들어갈, 다음과 같은 뜻이 있는 낱말은 무엇인가요? (   )

> 어떤 일에 들인 노력이나 그 결과.

① 선택   ② 대가   ③ 포기
④ 기회   ⑤ 가치

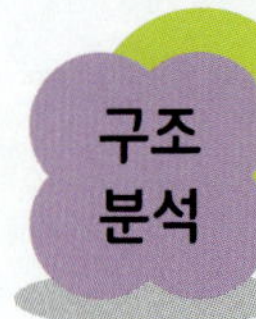

5 다음 빈칸에 들어갈 알맞은 말을 쓰며 이 글의 내용을 정리하세요.

문단	중심 내용
1	'나'는 설날에 받은 (　　　　　)으로 살 것들을 떠올림.
2	'나'는 기회비용을 고려한 (　　　　　)의 필요성을 배움.
3	'나'는 앞으로 (　　　　　)을 고려해서 현명한 선택을 하겠다고 다짐함.

6 빈칸에 들어갈 알맞은 말을 이 글에서 찾아 쓰세요.

경험한 일	설날에 받은 세뱃돈으로 장갑과 (　　　　　) 세트를 구매하고 책은 포기함.

↓

깨달은 것	어떤 (　　　　　)을 하게 되면 그 대가로 다른 어떤 것은 포기해야 함.

↓

다짐한 것	선택을 할 때 (　　　　　)을 고려해 현명한 결정을 해야겠음.

7 다음 문장에 들어갈 알맞은 낱말에 ◯표 하세요.

⑴ 그 선수는 다리를 다쳐서 경기를 (포기, 포함)했다.

⑵ 이미 지나간 일은 (후원, 후회)해도 아무 소용이 없다.

⑶ 그의 사정을 (고려, 고안)해서 잘못을 용서해 주기로 했다.

⑷ 두 가지 맛의 아이스크림을 (선택, 선행)해서 먹을 수 있다.

⑸ 그는 갑작스러운 상황에도 (유명, 현명)한 대처를 보여 주었다.

선택의 문제

사람이 쓸 수 있는 자원이나 시간은 **한정되어** 있어서 원하는 것을 모두 가지거나 하고 싶은 일을 모두 할 수는 없어요. 이러한 **상태**를 **자원의 희소성**이라고 해요. 따라서 우리는 선택을 할 필요가 있어요.

선택을 할 때에는 선택의 대가로 지불해야 하는 기회비용이 적게 드는 선택을 해야 해요. **기회비용**이란 어떤 선택을 했을 때 포기하게 되는 기회의 **가치**를 말해요.

예를 들어, 떡볶이와 음료수를 모두 먹고 싶지만 돈이 부족하다면 둘 중 한 가지만 선택해야 해요. 만약 배고픔보다 **목마름**이 더 크다면 떡볶이를 포기하고 음료수를 선택할 거예요. 이때 포기한 떡볶이가 선택의 대가로 지불한 기회비용이 되는 것이랍니다.

- **일상생활 속 선택의 상황**: 가지고 있는 돈으로 떡볶이와 음료수를 모두 살 수 없을 때 하나를 포기해야 함.

핵심 용어 다음 빈칸에 들어갈 알맞은 용어를 쓰세요.

(1) **자원의** 

희(드물 稀) 소(적을 少) 성(성품 性): 드물고 적은 것.
- 뜻: 사람이 쓸 수 있는 자원이나 시간이 한정되어 있기 때문에 원하는 것을 모두 가질 수 없는 상태.

(2) 

기(틀 機) 회(모일 會) 비(쓸 費) 용(쓸 用): 기회를 쓰는 것.
- 뜻: 선택의 상황에서 어떤 선택을 했을 때 포기하게 된 기회의 가치.

- **한정되어** 수량이나 범위 따위가 제한되어 정해져.
- **상태** 사물·현상이 놓여 있는 모양이나 형편.
- **가치** 사물이 지니고 있는 쓸모.
- **목마름** 물 따위를 몹시 먹고 싶어 하는 상태.

합리적 선택

우리를 유혹하는 묶음 판매

1 마트에 가면 같은 물건 여러 개를 한 묶음으로 만들어 판매하는 모습을 자주 볼 수 있다. 묶음으로 판매하는 제품은 과자나 라면, 과일 같은 먹을거리부터 샴푸, 비누, 휴지 같은 **생필품**까지 다양하다.

2 이처럼 **개별적**으로 만든 상품을 묶어서 하나의 상품으로 파는 것을 '묶음 판매'라고 한다. 각각의 상품으로 나온 1,000원짜리 과자를 다섯 봉지씩 묶어 4,500원에 판매하는 것이다. 이런 상품을 구매한 소비자들은 자연스럽게 묶음 판매가 **저렴하다고** 생각하게 된다. 또, 이러한 생각은 묶어서 판매하는 상품의 수량이 많아질수록 가격이 더 저렴해진다고 믿게 만든다.

3 그러나 판매자들은 이러한 소비자의 **심리**를 이용하여 속임수를 쓸 때가 있다. 실제로 한 기업에서는 즉석밥 12개를 묶어 11,100원에, 18개를 묶어 18,450원에 판매했다. 이 판매 가격을 계산하면 즉석밥 12개를 묶음으로 살 때는 **낱개**에 925원, 18개를 살 때는 낱개에 1,025원이라는 **금액**이 나온다. 소비자의 생각과는 반대로 많은 개수의 묶음 상품을 구매할수록 더 비싼 값을 내고 상품을 구매하게 되는 셈이다. 이렇게 소비자의 일반적인 생각을 이용해 반대로 비싼 가격에 판매하는 **행태**는 '묶음 눈속임'이라는 **신조어**를 만들어 냈다.

4 '묶음 눈속임'은 소비자들의 심리를 **악용**한다는 점에서 많은 사람들의 분노를 일으킨다. 판매자들은 한 종류의 상품을 묶어서 비싸게 판매하는 것에서 더 나아가, 여러 종류의 상품을 묶어서 비싸게 팔기도 한다. 이 경우에는 소비자들이 낱개의 가격을 비교하기 더 어렵게 만들어 소비자의 합리적인 선택을 방해한다.

5 정부에서는 이러한 문제를 해결하기 위해 제품 한 개의 가격이나 일정 용량의 가격을 표시하도록 하는 단위 가격 표시제를 **시행하고** 있다. 하지만 이러한 단위 가격 표시제는 이를 **적용하는** 상품이 정해져 있다. 그래서 이 제도가 실제로 소비자의 합리적인 소비를 돕기 위해서는 적용되는 상품이 확대되고, 판매자도 정확한 정보를 제공해야 한다.

- **생필품** 일상생활에 꼭 필요한 물건.
- **개별적** 하나씩 따로 나뉘어 있는 것.
- **저렴하다고** 값이 싸다고.
- **심리** 마음의 움직임이나 의식의 상태.
- **낱개** 여럿 가운데 따로따로인 한 개 한 개.
- **금액** 돈의 액수.
- **행태** 행동하는 모양.
- **신조어** 새로 생긴 말.
- **악용** 알맞지 않은 일에 쓰거나 나쁜 일에 씀.
- **시행하고** 실제로 행하고.
- **적용하는** 필요에 따라 적절하게 맞추어 쓰거나 실시하는.

내용 독해

1 이 글의 중심 내용은 무엇인가요? (   )

① 값이 싼 물건의 문제점
② 소비자와 판매자의 심리
③ 소비자들이 만들어 낸 신조어
④ 마트에서 판매하는 생필품의 종류
⑤ 합리적인 선택을 방해하는 묶음 판매

내용 이해

2 이 글의 내용과 일치하지 <u>않는</u> 것은 무엇인가요? (   )

① 묶음 판매하는 제품은 종류가 다양하다.
② 단위 가격 표시제는 모든 상품에 적용된다.
③ 묶음 눈속임은 소비자의 합리적인 선택을 방해한다.
④ 묶음 판매는 개별로 만든 상품을 하나의 상품으로 묶어서 파는 것이다.
⑤ 여러 종류의 상품을 묶어서 팔면 소비자는 낱개의 가격을 비교하기 어렵다.

추론

3 이 글을 통해 답을 알 수 <u>없는</u> 질문은 무엇인가요? (   )

① 단위 가격 표시제란 무엇인가요?
② 묶음 판매가 시작된 것은 언제부터인가요?
③ 묶음 판매를 할 수 있는 물건은 무엇인가요?
④ 묶음 눈속임에 대한 사람들의 의견은 무엇인가요?
⑤ 묶음 눈속임이 사람들의 분노를 일으키는 까닭은 무엇인가요?

적용

4 이 글을 읽고 묶음 판매에 대해 알맞게 말하지 <u>못한</u> 친구는 누구인지 쓰세요.

> 은지: 편의점에 갔더니 내가 좋아하는 아이스크림을 오백 원 할인하길래 사
> 먹었어. 이것도 묶음 판매로 볼 수 있어.
> 유진: 분식집에서 떡볶이만 사는 것보다 튀김도 묶어서 파는 세트로 사면 더
> 싸잖아? 그 세트도 묶음 판매로 볼 수 있을 것 같아.
> 주미: 마트에서 과자를 네 봉지를 묶어서 육천 원에 파는 것을 보고 샀는데
> 집에 와서 보니 한 봉지에 천오백 원인 과자였어. 이 경우는 묶음 눈속
> 임으로 볼 수 있을 것 같아.

(   )

구조 분석

5 각 문단의 중심 내용으로 알맞은 것에 ○표, 틀린 것에 ×표를 하세요.

1문단	우리 주변에서 쉽게 볼 수 있는 묶음 판매 상품	( )
2문단	묶음 판매의 문제점과 소비자 생각	( )
3문단	소비자의 심리를 이용하여 묶음 판매 제품을 더 싸게 파는 판매자	( )
4문단	여러 종류의 상품을 묶음으로 판매하여 소비자의 합리적인 선택을 방해하는 판매자	( )
5문단	정부의 단위 가격 표시제 시행과 제도 보완 필요성	( )

6 빈칸에 들어갈 알맞은 말을 이 글에서 찾아 쓰세요.

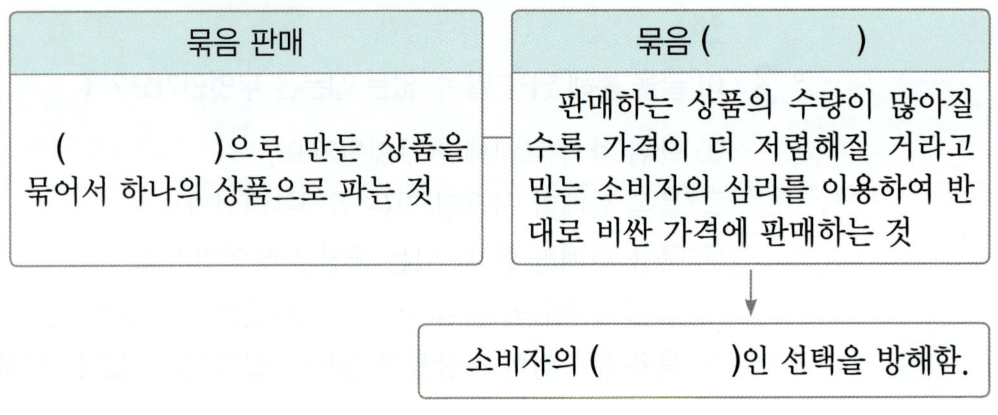

어휘

7 다음 문장의 빈칸에 들어갈 알맞은 낱말을 **보기** 에서 찾아 쓰세요.

보기

낱개   심리   금액   악용   신조어

(1) 내가 올해 저축한 (   )은/는 백만 원이다.
(2) 정보의 (   )을/를 막기 위해 노력을 했다.
(3) 이번 생일 선물을 기대하는 (   )이/가 있었다.
(4) 이 과자는 박스 안에 (   )(으)로 포장되어 있다.
(5) 민주는 요즘에 유행하는 (   )을/를 많이 사용해서 이야기한다.

합리적 선택

소비를 할 때에는 자신이 가진 돈이나 자원 안에서 적은 비용으로 가장 큰 만족감을 얻을 수 있는 **합리적 선택**을 해야 해요. 가격이 싸다고 필요 없는 물건을 많이 사거나 남들이 사는 물건을 생각 없이 따라 산다면 돈과 자원을 **낭비**하고 **후회할** 수 있기 때문이에요.

합리적인 선택을 하려면 자신이 중요하게 생각하는 기준을 정하고 그에 따라 물건을 골라야 해요. 가격, 디자인, **품질**처럼 중요하게 생각하는 기준은 사람마다 다를 수 있어요.

예를 들어, 가격을 중요하게 생각하는 사람은 여러 가지 물건 중 가장 가격이 싼 물건을 선택하지만 품질을 중요하게 생각하는 사람은 가격이 조금 비싸더라도 품질이 좋은 물건을 선택해요.

• **신발을 선택하는 기준**

디자인을 중요하게 생각하는 경우에 선택함.

가격을 중요하게 생각하는 경우에 선택함.

● **후회할** 이전의 잘못을 깨치고 뉘우칠.
● **품질** 물건의 성질과 바탕.

다음 빈칸에 들어갈 알맞은 용어를 쓰세요.

(1) ☐ ☐ ☐ **선택**

합(합할 合) **리**(이치 理) **적**(과녁 的): 이치에 맞음.

• 뜻: 자신이 가진 돈이나 자원 안에서 적은 비용으로 큰 만족감을 얻을 수 있도록 선택하는 것.

(2) ☐ ☐

낭(함부로 浪) **비**(쓸 費): 함부로 쓸.

• 뜻: 시간이나 돈, 물건 등을 헛되이 헤프게 씀.

08

산업에서 생산하는 것
산업의 분류

1 인간의 삶을 **풍요롭게** 하기 위하여 **상품**이나 서비스를 생산하는 활동을 산업이라고 한다. 농사를 지어 쌀을 재배하거나 버스로 사람을 실어 나르는 것 등이 모두 산업에 해당한다. 이러한 산업은 생산되는 상품이나 서비스의 종류에 따라 1차 산업, 2차 산업, 3차 산업으로 **분류할** 수 있다.

2 1차 산업은 천연자연을 이용하여 상품을 생산하는 산업이다. 땅을 이용하여 곡식이나 과일 등을 재배하는 농업, 바다나 강을 이용하여 물고기와 같은 수산물을 얻는 어업, 산에서 나무를 베어 **목재**를 얻거나 산에서 나는 버섯, 풀 등을 채취하는 임업 등이 1차 산업에 해당한다. 이처럼 1차 산업은 천연자연을 이용하기 때문에 자연환경의 영향을 많이 받는 산업이다.

3 2차 산업은 1차 산업을 통해 얻은 **생산물**을 **가공하여** 새로운 상품을 생산하는 산업이다. 밀로 밀가루를 만들거나 고등어로 통조림을 만드는 일 등이 2차 산업에 해당한다. 컴퓨터나 자동차와 같은 물건을 만드는 제조업이나 아파트나 빌딩과 같은 건축물을 짓는 건설업도 대표적인 2차 산업이다. 이러한 2차 산업은 1차 산업보다 자연환경의 영향을 적게 받는다는 특징이 있다.

4 3차 산업은 사람들을 편리하게 해 주는 서비스를 생산하는 산업이다. 택시나 화물차처럼 사람이나 물건을 실어 나르는 운수업, 돈을 빌려주거나 보관해 주는 은행과 같은 금융업, 백화점이나 시장처럼 만들어진 물건을 판매하는 상업 등이 3차 산업에 해당한다. 3차 산업은 국가의 경제가 발전할수록 그 국가에서 차지하는 **비중**이 높아진다.

5 우리나라도 시대의 흐름과 경제 발전 상황에 따라 중심이 되는 산업이 변화해 왔다. 1960년대 이전까지는 1차 산업이 중심이었으나 1960년대 이후에는 시멘트, 비료, 정유 같은 2차 산업이 발달했다. 그리고 1990년대 이후에는 컴퓨터, 반도체 같은 3차 산업이 발달하였고 지금은 3차 산업을 넘어 정보화 시대라 불리는 4차 산업이 시작되고 있다.

5
10
15
20
25

- **풍요롭게** 매우 많아서 넉넉함이 있게.
- **상품**(商 장사 상, 品 물건 품) 사고파는 물건.
- **분류할** 종류에 따라서 가를.
- **목재**(木 나무 목, 材 재목 재) 집을 짓거나 가구를 만드는 데 쓰는, 나무로 된 재료.
- **생산물** 생산되는 물건.
- **가공**(加 더할 가, 工 장인 공) **하여** 원료나 재료에 기술과 힘을 들여 새로운 물건으로 만들어.
- **비중**(比 견줄 비, 重 무거울 중) 다른 것과 비교할 때 가지는 중요성의 정도.

내용 독해

1 이 글의 설명 방법으로 알맞은 것은 무엇인가요? (   )

① 산업을 종류에 따라 분류하여 설명하고 있다.
② 우리나라 산업의 장점과 단점을 설명하고 있다.
③ 산업이 중요한 까닭을 다양한 예를 들어 설명하고 있다.
④ 우리나라와 다른 나라의 산업을 비교하며 설명하고 있다.
⑤ 산업을 발전시킬 수 있는 방법을 차례대로 설명하고 있다.

내용 이해

2 '3차 산업'에 대한 설명으로 알맞은 것은 무엇인가요? (   )

① 1960년대 우리나라의 중심 산업이다.
② 1차 산업보다 자연환경의 영향을 많이 받는다.
③ 천연자연을 이용하여 상품을 생산하는 산업이다.
④ 사람들을 편리하게 해 주는 서비스를 생산하는 산업이다.
⑤ 1차 산업을 통해 얻은 생산물을 가공하여 새로운 상품을 생산하는 산업이다.

추론

3 이 글을 통해 답을 알 수 있는 질문이 <u>아닌</u> 것은 무엇인가요? (   )

① 제조업과 건설업의 공통점은 무엇인가요?
② 과일을 재배하는 농업은 몇 차 산업인가요?
③ 1차 산업이 자연환경의 영향을 받은 사례는 무엇인가요?
④ 산업을 1차, 2차, 3차 산업으로 나누는 기준은 무엇인가요?
⑤ 1960년대 이후 우리나라에서 발달한 2차 산업의 종류는 무엇인가요?

적용

4 산업의 종류에 알맞은 예를 찾아 기호를 쓰세요.

> ㉮ 목재로 가구를 만드는 것
> ㉯ 산에서 목재를 생산하는 것
> ㉰ 목재로 만든 가구를 백화점에서 판매하는 것

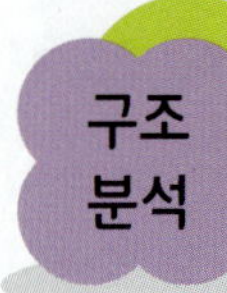

문단 요약

5 다음 빈칸에 들어갈 알맞은 말을 쓰며 이 글의 내용을 정리하세요.

문단	중심 내용
1	생산되는 상품이나 서비스의 종류에 따른 ( )의 분류
2	천연자연을 이용하여 상품을 생산하는 ( )
3	1차 산업을 통해 얻은 생산물을 가공하여 새로운 상품을 생산하는 ( )
4	사람들을 편리하게 해 주는 서비스를 생산하는 ( )
5	( ) 산업의 발전 과정

핵심 내용

6 빈칸에 들어갈 알맞은 말을 이 글에서 찾아 쓰세요.

산업의 분류

1차 산업	2차 산업	3차 산업
• 천연자연을 이용하여 상품을 생산하는 산업 • 농업, ( ), 임업 등이 있음.	• 1차 산업을 통해 얻은 생산물을 가공하여 새로운 상품을 생산하는 산업 • ( ), 건설업 등이 있음.	• 사람들을 편리하게 해 주는 서비스를 생산하는 산업 • 운수업, ( ), 상업 등이 있음.

적용

7 다음 문장에 들어갈 알맞은 낱말에 ◯표 하세요.

⑴ 도서관에서는 주제별로 책을 (분류, 분별)하고 있다.

⑵ 다이아몬드를 정교하게 (가공, 제공)하여 목걸이를 만들었다.

⑶ 민수는 수학보다 국어에 더 높은 (비례, 비중)을/를 두고 공부했다.

⑷ 나무로 만든 가구의 인기가 높아지면서 (서재, 목재)의 가격이 올랐다.

⑸ 잔치에 음식을 넉넉하게 준비해서 모두가 (허기지게, 풍요롭게) 먹을 수 있었다.

산업에서 생산하는 것

산업은 우리가 생활하는 데 필요한 것이나 삶을 편리하게 해 주는 것을 생산하는 모든 활동을 말해요. 산업에서 생산하는 것에는 상품과 서비스가 있어요.

상품이란 사고파는 일을 **목적**으로 생산한 물건으로, '재화'라고 부르기도 해요. 상품은 음식이나 신발, 컴퓨터, 자동차와 같이 우리 눈으로 볼 수 있거나 손으로 만질 수 있어요.

서비스는 우리의 생활에 직접 도움이 되는 여러 가지를 제공하는 것이에요. 마트에서 상품을 판매하는 것, 학교에서 선생님이 공부를 가르치는 것, 병원에서 의사가 아픈 곳을 **치료해** 주는 것 등이 모두 서비스예요. 서비스는 상품처럼 눈에 보이지는 않지만 사람들을 편리하게 해 주는 것을 제공한다는 점에서 산업에 해당해요.

• 상품과 서비스 생산의 모습

▲ 1차 산업: 천연자원을 이용하여 상품을 생산함.

▲ 2차 산업: 1차 산업에서 얻은 생산물을 이용하여 상품을 생산함.

▲ 3차 산업: 상품을 판매하는 서비스를 제공함.

● **목적** 실현하려고 하는 일이나 나아가는 방향.
● **치료해** 병이나 상처 따위를 잘 다스려 낫게 해.

 다음 빈칸에 들어갈 알맞은 용어를 쓰세요.

(1) ☐ ☐

상(장사 商) 품(물건 品): 장사하는 물건.
• 뜻: 사고파는 물품.

(2) ☐ ☐ ☐

• 뜻: 생활에 직접 도움이 되는 여러 가지를 제공하는 일.

지역 간 교류

식탁에서 만나는 지역 간 교류

1 저녁을 먹기 위해 식탁에 둘러앉았는데, 어머니께서 불고기는 특별히 횡성 한우 고기로 만들었다고 하셨다. 저녁 식사 후 어머니께서 참외를 깎아 주시며 이 참외는 성주 참외라서 아주 맛있다고 하셨다. 그래서 왜 횡성 한우 고기가 특별한지, 왜 성주 참외가 맛있는지 여쭤보았다.

2 어머니께서는 우리나라에는 농수산물을 생산한 지역, 국가, **해역** 등을 표시하는 원산지 표시 관리 제도가 있다고 말씀해 주셨다. 사람들이 **원산지**를 먼저 확인하고 농수산물을 구입하여 안심하고 먹을 수 있도록 하는 제도라고 한다. 값싼 수입 농수산물은 국산 제품과 비교하면 한눈에 **우수성**을 구별할 수 있다. 하지만 국내 여러 지역에서 생산된 농수산물은 겉으로 보기에는 모양이 거의 비슷하여 어느 지역의 것이 더 우수한지 알기 어렵다. 그래서 사람들이 좀 더 안심하고 농수산물을 살 수 있도록 지리적 표시제를 **도입하였다.**

3 지리적 표시제는 한 지역의 **특정** 농수산물이 지리적 **특성**으로 유명하거나 우수할 경우 그 지역의 **특산품**으로 표시할 수 있는 제도이다. 지리적 표시를 하기 위해서는 그 지역의 농수산물이 다른 지역보다 품질이 좋아야 하고 국내나 해외에서도 잘 알려져 있어야 한다. 또 오래전부터 그 농수산물을 생산했는지도 중요하다. 이런 조건을 갖춘 농수산물 등에 대해 지리적 표시 등록 신청을 하면, 국립농산물품질관리원에서 **심의**를 거쳐 **선정한다.**

4 2002년 보성 녹차가 지리적 표시 1호로 등록되었고, 횡성 한우 고기, 단양 마늘, 성주 참외 등 100여 개의 농수산물 등이 지리적 표시로 등록되어 있다고 한다. 이러한 지리적 표시 덕분에 우리가 횡성 한우 고기를 사면 다른 한우 고기에 비해 품질이 우수하다고 믿고 먹을 수 있는 것이다. 어머니 말씀을 듣고 나니 횡성에서 생산한 한우 고기와 성주에서 재배한 참외가 더 맛있게 느껴졌다. 우리 식탁 위에 올라오는 많은 농수산물은 여러 지역의 사람들이 열심히 재배하거나 **채취한** 것이니 감사한 마음으로 먹어야겠다.

- **해역**(海 바다 해, 域 지경 역) 바다 위의 일정한 구역.
- **원산지** 어떤 물건이 생산된 곳.
- **우수성** 여럿 중에서 뛰어난 성질.
- **도입하였다** 기술, 물자, 이론 등을 들여왔다.
- **특정** 특별히 가리켜 분명하게 정함.
- **특성** 일정한 사물에만 있는 보통과 매우 차이가 나게 다른 성질.
- **특산품**(特 특별할 특, 産 낳을 산, 品 물건 품) 어떤 지역에서 특별히 생산되는 물품.
- **심의** 어떤 내용이나 문제 등의 좋고 나쁨이나 알맞은 정도를 자세히 살핌.
- **선정한다** 여럿 가운데에서 목적에 맞는 것을 골라 정한다.
- **채취한** 자연에서 나는 것을 베거나 캐거나 하여 얻은.

핵심어

1 이 글에서 가장 중심이 되는 말은 무엇인가요? (   )

① 원산지　　　　　　② 특산품　　　　　　③ 국산 제품
④ 지리적 표시제　　　⑤ 횡성 한우 고기

내용 이해

2 이 글의 내용과 일치하지 <u>않는</u> 것은 무엇인가요? (   )

① 국내산 농수산물과 수입산 농산물은 우수성이 한눈에 구별된다.
② 지리적 표시는 국립농산물품질관리원에서 심의를 거쳐 선정한다.
③ 지리적 표시제를 통해 100여 개의 농수산물이 지리적 표시로 등록되어 있다.
④ 국내에서 생산된 농산물은 품질의 차이가 커서 생산된 지역을 쉽게 구별할
　수 있다.
⑤ 농수산물에 지리적 표시 등록을 하기 위해서는 그 지역의 농수산물이 다른
　지역보다 품질이 좋아야 한다.

추론

3 이 글을 읽고 짐작한 내용으로 알맞지 <u>않은</u> 것은 무엇인가요? (   )

① 지리적 표시를 받은 농수산물은 해외에도 잘 알려진 것이 많다.
② 제품의 우수성을 나라에서 인정받아야 지리적 표시를 얻을 수 있다.
③ 값이 싼 수입 농수산물은 원산지 표시 관리 제도의 영향을 받지 않는다.
④ 지리적 표시가 있으면 사람들은 제품에 대한 정확한 정보를 알 수 있다.
⑤ 횡성 한우 고기는 다른 지역의 한우 고기보다 품질을 인정받아 지리적 표시
　로 등록되었다.

적용

4 다음 중 지리적 표시로 등록이 가능한 농수산물로 알맞지 <u>않은</u> 것의 기호를 쓰세요.

> ㉮ 오래전부터 쌀을 생산해온 이천의 쌀
> ㉯ 2000년대에 국내에서 개발한 전북의 씨 없는 수박
> ㉰ 다른 지역의 유자보다 맛과 품질이 좋기로 유명한 고흥의 유자

(　　　　　)

구조 분석

문단 요약

5 다음은 이 글에 나타난 각 문단의 중심 내용입니다. 글의 내용에 맞게 순서대로 기호를 쓰세요.

> ㉮ 지리적 표시제의 유용성
> ㉯ 지리적 표시제의 뜻과 선정 기준
> ㉰ 원산지 표시 관리 제도의 뜻과 목적
> ㉱ 다른 지역의 음식이 특별하고 맛있는 이유에 대한 궁금증

(   ) → (   ) → (   ) → (   )

핵심 내용

6 빈칸에 들어갈 알맞은 말을 이 글에서 찾아 쓰세요.

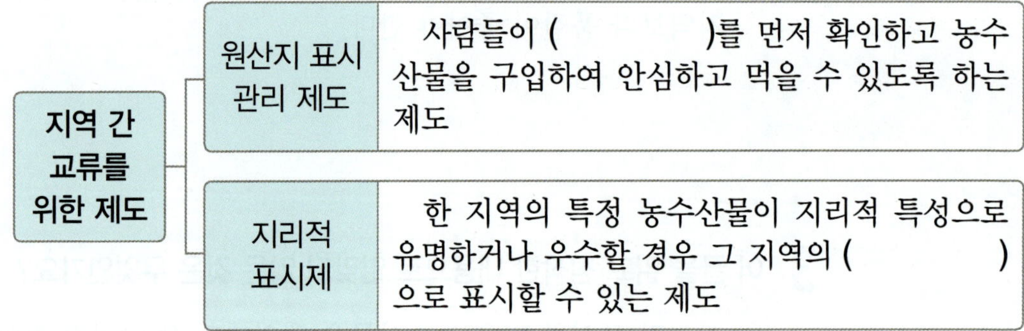

어휘

이해

7 다음 낱말의 뜻을 찾아 선으로 알맞게 이으세요.

(1) 도입 •　　　　• ㉮ 어떤 물건이 생산된 곳.

(2) 해역 •　　　　• ㉯ 바다 위의 일정한 구역.

(3) 특정 •　　　　• ㉰ 여럿 중에서 뛰어난 성질.

(4) 원산지 •　　　　• ㉱ 기술, 물자, 이론 등을 들임.

(5) 우수성 •　　　　• ㉲ 특별히 가리켜 분명하게 정함.

비주얼 사회 교과서 개념

지역 간 교류

교류란 경제적 이익을 얻기 위해 물건이나 기술, 문화 등을 주고받는 것을 말해요. 교류는 개인, **기업**, 지역, 국가 사이에서 다양하게 이루어져요. 지역 간 교류를 하는 까닭은 서로에게 도움을 주고, 소비와 생산의 **측면**에서 장점이 있기 때문이에요.

소비의 측면에서 교류는 다양한 상품을 쉽게 구할 수 있도록 해서 생활을 편리하게 해 주어요. 또한, 여러 지역에서 생산된 상품을 저렴하게 구매할 수 있게 만들어 주어요.

생산의 측면에서 교류는 자기 지역에서 생산한 상품을 판매할 수 있는 곳이 많아지게 해 주어요. 또한, 다른 지역의 자원과 기술, 정보 등을 활용하여 더 나은 상품을 **개발할** 수 있도록 해 주어요. 이처럼 한 지역은 다른 지역들과 서로 도움을 주고받는 **상호의존** 관계를 맺으며 함께 발전해 나가요.

• 지역 간 교류의 모습

핵심 용어

다음 빈칸에 들어갈 알맞은 용어를 쓰세요.

(1) ☐ ☐

교(사귈 交) **류**(흐를 流): 서로 섞이어 흐름.
• 뜻: 개인이나 지역이 경제적 이익을 얻기 위해 물건이나 기술, 문화 등을 주고받는 것.

(2) ☐ ☐ **의존**

상(서로 相) **호**(서로 互): 서로 서로.
• 뜻: 서로 도움을 주고받고 의지하며 살아가는 것.

- **기업** 이익을 얻기 위해 생산, 판매, 유통 등의 경제 활동을 하는 조직.
- **측면** 사물이나 현상의 한 부분. 또는 한쪽 면.
- **개발할** 새로운 물건을 만들거나 새로운 생각을 내어놓을.

국가의 주인

1 대한민국의 주인은 누구일까? 「대한민국 헌법」 제1조 2항을 보면 '대한민국의 주권은 국민에게 있고, 모든 **권력**은 국민으로부터 나온다.'라고 하였다. 여기서 주권이란 주인으로서 갖는 **권리**를 뜻하므로, 대한민국의 주인은 국민이다.

2 민주주의란 국민이 권력을 가지고 그 권력을 스스로 사용하는 **제도**나 **사상**을 뜻한다. 민주주의 국가에서 모든 국민은 자유롭고 평등해야 하며, ㉠다수결의 원칙에 따라 **의사**를 결정한다. 다수결이란 여러 의견 가운데 더 많은 사람이 **지지하는** 의견을 따라 결정하는 것으로, 대통령이나 국회의원과 같은 대표를 뽑을 때에도 적용되는 원칙이다.

3 대통령이나 국회의원과 같은 나라의 일을 할 대표를 뽑는 일을 선거라고 한다. 선거는 국민이 정치에 참여하는 가장 기본적인 방법이기 때문에 민주주의의 꽃이라고 불린다. 투표할 권리를 가진 국민은 후보자들 중에서 자신이 지지하는 후보자에게 투표한다. 공정하고 민주적인 선거를 위해서는 지켜야 할 4대 원칙이 있다. 일정한 나이가 되면 누구나 선거에 참여할 수 있는 보통 선거, 누구나 똑같이 한 표씩만 투표할 수 있는 평등 선거, 투표한 내용은 투표한 사람 외에 누구도 알 수 없는 비밀 선거, 선거권이 있는 사람이 직접 투표하는 직접 선거가 바로 선거의 4대 원칙이다.

4 과거 프랑스의 왕이었던 루이 14세는 '짐이 곧 국가이다'라고 했다. 이 시기에는 모든 권력이 왕에게 있었으며, 국가 기관은 왕의 권력을 **집행하는** 기관이었던 것이다. 만약 지금도 나이가 많거나 힘이 센 사람 또는 높은 지위에 있는 사람이 권력을 차지한다면 과거와 다를 바가 없을 것이다. 그러므로 민주주의가 발전하고 우리가 자유와 평등을 누리기 위해서는, 국가의 주인이 바로 우리라는 것을 새겨서 국가 정치에 관심을 갖고 참여해야 할 것이다.

- **권력** 남을 복종시키거나 지배할 수 있는 권리와 힘.
- **권리** 어떤 일을 자기 마음대로 할 수 있는 올바른 자격.
- **제도** 관습이나 도덕, 법률 따위의 규범이나 사회 구조의 체계.
- **사상** 어떠한 사물에 대하여 가지고 있는 구체적인 사고나 생각.
- **의사** 무엇을 하고자 하는 생각.
- **지지하는** 남의 생각을 옳다고 여겨서 그 편을 들거나 도와주는.
- **집행하는** 실제로 시행하는.

내용 독해

1 이 글은 무엇에 대해 쓴 글인가요? (   )

① 도시 국가의 특징
② 민주주의의 문제점
③ 민주주의 국가의 선거 종류
④ 민주주의를 이루기 어려운 까닭
⑤ 민주주의의 뜻과 의사 결정을 하는 방법

2 이 글의 내용과 <u>다른</u> 것은 무엇인가요? (   )

① 대한민국의 주권은 국민에게 있다.
② 주권은 주인으로서 갖는 권리이다.
③ 선거는 대표를 투표로 뽑는 것이다.
④ 대통령은 다수결의 원칙에 따라 정한다.
⑤ 대한민국 국민은 누구나 투표할 권리를 가진다.

3 이 글을 읽고 짐작할 수 있는 내용으로 알맞은 것에 ○표 하세요.

(1) 대한민국은 민주주의 국가일 것이다. (   )
(2) 민주주의 국가의 주인은 대통령일 것이다. (   )
(3) 모든 국민은 자유와 평등 중 하나만 선택해야 할 것이다. (   )
(4) 민주주의 국가에서는 선거의 후보자만 투표할 권리를 가질 것이다. (   )

4 ㉠과 관련한 경험을 말한 친구는 누구인지 쓰세요.

> 희진: 동생과 나는 콩국수가 먹고 싶었지만, 어머니께서 며칠 전부터 드시고 싶다고 하신 냉면을 먹기로 했어.
> 우석: 청소 당번을 정할 때 회장의 생각대로 하면 빠르게 결정할 수 있었지만, 시간이 걸리더라도 반 친구들의 의견을 듣고 가장 많은 친구들이 원하는 방법으로 하기로 했어.
> 혜윤: 합창 대회에서 부를 노래를 정할 때, 노래를 가장 잘 부르는 친구에게 노래를 정하게 했어. 노래를 좋아하지 않는 친구들보다 노래에 대해 훨씬 잘 알고 있으니까 말이야.

(   )

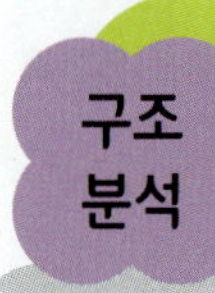

구조 분석

문단 요약

5 다음 빈칸에 들어갈 알맞은 말을 쓰며 이 글의 내용을 정리하세요.

문단	중심 내용
1	(　　　　　)이 주인인 대한민국
2	민주주의 개념과 (　　　　　)의 원칙
3	(　　　　　)의 뜻과 선거의 4대 원칙
4	(　　　　　)의 발전을 위한 우리의 자세

핵심 내용

6 빈칸에 들어갈 알맞은 말을 이 글에서 찾아 쓰세요.

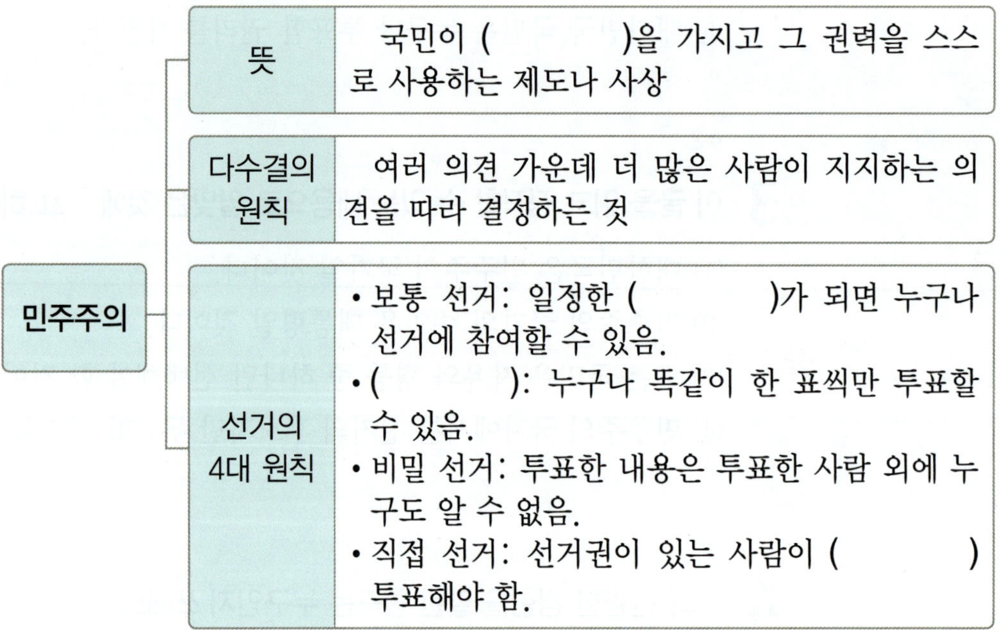

어휘

적용

7 다음 문장에 들어갈 알맞은 낱말에 ○표 하세요.

(1) 사람은 누구나 행복할 (권리, 관리)가 있다.

(2) 소외된 사람들을 위한 (제외, 제도)를 만들었다.

(3) 선희는 바다로 여행을 가자는 (의사, 감사)를 밝혔다.

(4) 민수는 회장이 되더니 (권력, 경력)을 마음대로 사용했다.

(5) 부모님께서는 나의 꿈을 적극적으로 (처지, 지지)해 주셨다.

민주주의

민주주의란 모든 국민이 국가의 주인으로서 권리를 가지고, 그 권리를 자유롭고 평등하게 행사할 수 있는 제도를 말해요. 또한, 모든 사람이 자유롭고 평등한 입장에서 일상생활의 문제를 **민주적으**로 해결하는 방식을 뜻하기도 해요.

민주적으로 문제를 해결하기 위해서는 모든 사람의 의견을 하나로 모아야 해요. 하지만 서로 다른 의견을 하나로 모으는 것은 어려운 일이에요. 따라서 우리는 더 많은 사람들이 지지하는 의견에 따르는 **다수결의 원칙**에 따라 의견을 결정할 수 있어요. 다수결의 원칙으로 해결이 가능한 경우는 가정에서 여행 장소를 결정할 때, 학급에서 대표를 **선출할** 때, 국회에서 **법안**을 **의결할** 때 등이 있어요.

다수결의 원칙에 따라 결정하면 문제를 빠르고 쉽게 해결할 수 있어요. 그렇지만 다수의 의견이라고 해서 항상 옳은 것은 아니므로 **소수**의 의견도 존중해야 한답니다.

핵심 용어 다음 빈칸에 들어갈 알맞은 용어를 쓰세요.

(1) ☐ ☐ ☐ ☐

민(백성 民) **주**(주인 主) **주**(주인 主) **의**(옳을 義): 백성이 주인임.

- 뜻: 모든 구성원이 서로의 생각을 존중하면서 의견을 모아 공동의 문제를 해결하는 방식.

(2) ☐ ☐ ☐ **의 원칙**

다(많을 多) **수**(셀 數) **결**(결정할 決): 수가 많은 것으로 결정함.

- 뜻: 더 많은 사람들의 의견에 따라 결정하는 방법.

- **학급 대표 선출**

- **민주적** 민주주의의 정신이나 방법에 알맞은 것.
- **선출할** 여럿 가운데 골라낼.
- **법안** 법률의 안건이나 초안.
- **의결할** 의논하여 결정할.
- **소수** 적은 수효.

학급 회의로 자리를 정해요

지문 분석

글자 수 927
800 900 1000

1 **사회자:** 안녕하세요. 지금부터 4월 학급 회의를 시작하겠습니다. 이번 학급 회의의 주제는 '교실에서 자리를 어떻게 정할까?'입니다. 회의 주제에 대해서 의견이 있는 사람은 손을 들고 발표해 주시기 바랍니다.

2 **수민:** 저는 자리를 정하는 방식을 바꾸는 것보다 지금처럼 번호 순서대로 앉으면 좋겠습니다.

혜진: 지금 앉은 자리가 마음에 들지 않는 사람도 있을 것입니다. **본인**이 **희망하는** 자리에 앉으면 좋겠습니다.

찬규: 하지만 모든 학급 친구들이 앉고 싶은 자리에 앉을 수는 없을 것입니다. **제비뽑기**와 같은 **추첨**으로 자리를 정하면 좋을 것 같습니다.

3 **사회자:** 이제부터는 지금까지 나온 의견에 대해 **토의**해 보겠습니다.

민지: 번호 순서대로 자리에 앉으면 항상 같은 자리에 앉아야 하는 문제가 있습니다.

희재: 그럼 한 달에 한 번씩 제비뽑기로 자리를 정하면 어떨까요? 한 달에 한 번씩 제비뽑기로 자리를 바꾸어 앉으면 여러 친구들과 짝이 될 수 있어서 다양한 친구를 사귈 수 있습니다.

경서: 저도 희재의 의견에 찬성합니다. 서로 앉고 싶은 자리가 겹칠 수 있습니다. 그러니 추첨 방식이 모두에게 **공평할** 것 같습니다.

사회자: 그럼 어떤 방식으로 자리를 정할지 투표하겠습니다. 참석자의 반이 넘는 수가 찬성하면 채택하겠습니다. 먼저 번호 순서대로 앉자는 의견에 찬성하시는 분은 손을 들어 주십시오. 희망하는 자리에 앉자는 의견에 찬성하시는 분은 손을 들어 주십시오. 마지막으로 추첨으로 정하자는 의견에 찬성하시는 분은 손을 들어 주십시오.

4 **사회자:** ㉠앞으로 우리 학급의 자리는 한 달에 한 번씩 제비뽑기로 정하는 방식으로 결정하겠습니다. 이상으로 4월 학급 회의를 마치겠습니다. 감사합니다.

선생님: 학급에서 일어난 공동의 문제에 대해 서로 의견을 모으는 모습이 보기 좋았습니다. 학급 회의를 통해 **타협하여** 결정된 내용을 잘 지키도록 모두 노력합시다.

- **본인**(本 근본 본, 人 사람 인) 어떤 일에 직접 관계가 있거나 해당되는 사람.
- **희망하는** 어떤 일을 이루거나 하기를 바라는.
- **제비뽑기** 제비를 만들어 승부나 차례를 정하는 일.
- **추첨** 제비를 뽑음.
- **토의** 어떤 문제에 대하여 검토하고 협의함.
- **공평**(公 공변될 공, 平 평평할 평)할 어느 쪽으로도 치우치지 않고 고를.
- **타협하여** 어떤 일을 서로 양보하여 협의하여.

내용 독해

목적

1 학급 회의를 한 까닭은 무엇인가요? (   )

① 희망하는 자리를 조사하기 위해서
② 제비뽑기를 하는 방법을 결정하기 위해서
③ 다양한 친구를 사귀는 방법을 찾기 위해서
④ 같은 자리에 앉는 문제를 해결하기 위해서
⑤ 교실에서 자리를 정하는 방식을 결정하기 위해서

내용 이해

2 학급 친구의 이름과 그 친구의 의견을 알맞게 선으로 이으세요.

(1) 찬규 •　　　• ㉮ 번호 순서대로 앉자.

(2) 혜진 •　　　• ㉯ 본인이 희망하는 자리에 앉자.

(3) 수민 •　　　• ㉰ 제비뽑기와 같은 추첨으로 자리를 정하자.

추론

3 친구들이 ㉠의 의견에 찬성한 까닭으로 알맞은 것 두 가지를 고르세요.

(,   )

① 모두에게 공평해서
② 원하는 자리에 앉을 수 있어서
③ 항상 같은 자리에 앉기 위해서
④ 다양한 친구를 사귈 수 있어서
⑤ 친한 친구와 가까이 앉아야 해서

적용

4 이 글을 읽고 알 수 있는 학급 회의 사회자와 회의 참여자의 역할로 알맞지 <u>않은</u> 것은 무엇인가요? (   )

① 사회자 – 회의를 시작한다.
② 사회자 – 회의를 마무리한다.
③ 회의 참여자 – 자신의 의견을 발표한다.
④ 회의 참여자 – 다른 사람의 의견을 듣는다.
⑤ 회의 참여자 – 회의에서 결정된 내용을 발표한다.

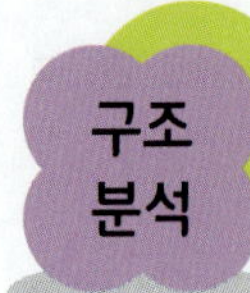

구조 분석

문단 요약

5 다음은 이 글에 나타난 각 문단의 중심 내용입니다. 글의 내용에 맞게 순서대로 기호를 쓰세요.

> ㉮ 학급 회의를 시작함.
> ㉯ 토의와 투표를 통해 의견을 채택함.
> ㉰ 학급 친구들이 회의 주제에 대한 의견을 발표함.
> ㉱ 학급 회의에서 결정된 내용을 발표하고 회의를 마침.

(　　　) → (　　　) → (　　　) → (　　　)

핵심 내용

6 빈칸에 들어갈 알맞은 말을 이 글에서 찾아 쓰세요.

학급 회의 주제	교실에서 (　　　　　)를 어떻게 정할까?
학급 친구들의 의견	• (　　　　　) 순서대로 앉기 • 본인이 희망하는 자리에 앉기 • 제비뽑기와 같은 추첨으로 자리를 정하기

↓

결정된 내용	한 달에 한 번씩 (　　　　　)로 자리를 정하기로 결정함.

어휘

적용

7 다음 문장의 빈칸에 들어갈 알맞은 낱말을 보기 에서 찾아 쓰세요.

보기

공평　　타협　　본인　　희망　　추첨

⑴ 나는 앞으로 잘될 것이라는 (　　　　)이 있다.
⑵ 모두에게 (　　　　)하게 시합에 참여할 기회를 주었다.
⑶ 언니와 나는 컴퓨터를 서로 번갈아 쓰기로 (　　　　)했다.
⑷ 축제가 끝나고 (　　　　)을 통해 여러 사람들에게 선물을 주었다.
⑸ 투표를 하기 전에 신분증을 제시하여 (　　　　)이 맞는지 확인한다.

학교에서의 민주주의

학교는 여러 사람이 함께 생활하는 공간이기 때문에 함께 해결해야 하는 **공동의 문제**가 발생하기도 해요. 이러한 공동의 문제를 민주적으로 해결하기 위해서는 **토론**이나 대화를 통해 모든 사람이 공동의 문제에 대한 의견을 서로 나누고 그 문제를 해결할 방법을 찾아야 해요.

이때 서로의 의견이 다를 수도 있어요. 하지만 자신의 의견만 내세우기보다는 서로에게 좋도록 조금씩 **양보하는** 타협의 태도가 필요해요. 자신과 다른 의견도 존중하고 양보해야 공동의 이익을 지키는 방향으로 문제를 해결할 방법을 찾을 수 있답니다.

또한, **학생 자치 활동**을 통해 학교에서 민주주의를 실천할 수 있어요. 예를 들어, 학급에서 일어난 공동의 문제에 대해 학급 회의를 열어 문제를 해결할 수 있어요. 또 선거에 참여하여 학교나 학급의 대표를 직접 뽑을 수도 있답니다.

핵심 용어 다음 빈칸에 들어갈 알맞은 용어를 쓰세요.

(1) ⬚⬚ **의 문제**

공(함께 共) 동(같을 同): 같이 함께함.
· 뜻: 함께 해결해야 하는 문제.

(2) **학생** ⬚⬚ **활동**

자(스스로 自) 치(다스릴 治): 스스로 다스림.
· 뜻: 학생들이 학교에서 일어나는 공동의 문제를 스스로 찾고 함께 해결해 나가는 활동.

· **학생 자치 활동**

학급 회의에서는 타협의 태도로 공동의 문제를 해결할 방법을 찾아야 함.

● **토론** 어떤 문제에 대하여 여러 사람이 각각 의견을 말하며 논의함.
● **양보하는** 남을 위하여 자신의 이익을 희생하는.

지문 분석

글자 수 | 999
800　900　1000

주민 참여

（ㄱ）

1 지방 자치제는 일정한 지역의 주민이 자치 단체를 구성하여 그 지역에서 발생하는 일을 스스로 결정하고 처리하는 제도이다. 지방 자치 제도에서 지역 주민들이 의사 결정에 참여할 수 있게 하는 것이 주민 참여 제도이다. 주민 참여 제도에는 중요한 의사 결정을 주민이 직접 결정하는 주민 투표 제도, 일상생활과 밀접하게 관련된 **조례**를 주민이 직접 만드는 주민 **발의** 제도 등이 있다.

2 주민 참여 제도 중 하나인 주민 참여 예산 제도는 주민의 의견을 듣고 지방 자치 단체의 **예산**을 정하는 제도이다. 이 제도는 1989년 브라질의 한 지역에서 최초로 실시되었다. 이 지역에서 주민이 직접 참여한 예산이 수립되면서, 1996년 국제연합에서 세계 40대 훌륭한 시민 제도로 선정되었다. 이후 브라질 전체 지역뿐 아니라 다른 나라로 퍼져 나갔다. 우리나라는 2000년대 초반 광주광역시에서 최초로 실시하였고, 2011년에 의무적으로 운영하도록 법으로 **규정하였다.**

3 주민 소환 제도는 지역의 대표의 임기가 끝나기 전에 지역 주민이 투표를 통해 대표를 해임하는 것을 말한다. 이 제도의 목적은 지역의 대표들의 **독단적**인 행동이나 비리 등을 막기 위한 것으로 2007년부터 시행되었다. 해임을 결정하기 위해서는 투표를 할 수 있는 지역 주민의 3분의 1 이상이 투표에 참여하여 그중 **과반수**가 찬성해야 한다. 2009년 경기도 하남시에서 주민 소환 투표가 실시되었으나 투표에 참여한 주민이 3분의 1이 되지 않아 **무산되었다.** 또 제주에서도 지사 해임에 대한 주민 투표가 실시되었으나 역시 투표율이 11퍼센트에 그쳐 무산되었다.

4 주민 참여 제도가 **정착하려면** 주민 스스로 적극적으로 정치에 참여하는 태도가 필요하다. 브라질의 주민 참여 예산 제도가 성공한 것은 주민들이 적극적으로 예산을 정하는 데 참여했기 때문이다. 반대로 경기도 하남시나 제주의 사례를 볼 때 주민들이 투표조차 참여하지 않아 의사 결정을 하지 못하였다. 따라서 지역에서 발생하는 일에 관심을 갖고 지역의 주인의식을 가져야 할 것이다.

- **조례** 지방 자치 단체가 그 지방의 사무와 관련하여 지방 의회의 회의를 거쳐 정한 법.
- **발의** 회의에서, 심의하고 의논해야 할 안건을 내놓음. 또는 그 안건.
- **예산** 필요한 비용을 미리 계산해서 정함. 또는 그런 비용.
- **규정하였다** 규칙으로 정하였다.
- **독단적** 남과 상의하지 않고 혼자서 판단하거나 결정하는 것.
- **과반수** 전체의 수에서 절반이 넘는 수.
- **무산되었다** 일이나 계획이 이루어지지 못하고 없던 것처럼 되었다.
- **정착하려면** 일정한 곳에 자리를 잡아 머물러 살려면.

내용 독해

1 ㉠에 들어갈 이 글의 제목으로 알맞은 것은 무엇인가요? (   )

① 주민 소환 제도
② 주민 참여 제도
③ 공직자를 선출하는 방법
④ 지방 자치 제도의 문제점
⑤ 지방 자치 단체에서 하는 일

내용 이해

2 이 글의 내용과 일치하지 <u>않는</u> 것은 무엇인가요? (   )

① 주민 소환 제도는 지역 대표들의 비리를 막기 위한 것이다.
② 우리나라는 2011년에 주민 참여 예산 제도를 법으로 규정했다.
③ 2009년 경기도 하남에서 주민 소환 제도가 성공적으로 시행되었다.
④ 주민 참여 예산 제도는 1989년 브라질의 한 지역에서 최초로 실시되었다.
⑤ 주민 소환 제도는 투표를 할 수 있는 지역 주민의 3분의 1 이상이 투표에 참여해야 한다.

추론

3 이 글을 읽고 <u>잘못</u> 짐작한 친구는 누구인지 쓰세요.

> 영현: 우리 지역 대표가 큰 잘못을 저지르면 주민 소환 제도를 통해 해임할 수 있겠군.
> 재훈: 초등학교 주변에 가로등을 늘리고 싶었는데, 주민 참여 예산 제도를 통해 예산을 요청할 수 있겠군.
> 예리: 우리 지역 지방 자치 단체에서 하는 일을 칭찬하고 싶었는데, 주민 투표 제도를 통해 표현할 수 있겠군.

(   )

적용

4 주민 참여 제도의 정착을 위해 우리가 할 수 있는 일로 알맞은 것의 기호를 쓰세요.

> ㉮ 주민 스스로 예산을 정하고 적극적으로 시행한다.
> ㉯ 지역에서 발생하는 일에 관심을 갖고 주인의식을 갖는다.
> ㉰ 독단적인 행동을 한 지역의 대표를 해임하기 위해 주민 참여 예산 제도의 시행을 요청한다.

(   )

구조 분석

문단 요약

5 다음 빈칸에 들어갈 알맞은 말을 쓰며 이 글의 내용을 정리하세요.

문단	중심 내용
1	지방 자치 제도의 뜻과 ( ) 제도의 종류
2	주민 ( ) 예산 제도의 뜻과 우리나라 시행 과정
3	주민 ( ) 제도의 뜻과 시행 무산 사례
4	( ) 참여 제도의 정착을 위해 필요한 것

핵심 내용

6 빈칸에 들어갈 알맞은 말을 이 글에서 찾아 쓰세요.

주민 참여 제도

주민 참여 예산 제도	주민 소환 제도
주민의 의견을 듣고 지방 자치 단체의 ( )을 편성하는 제도	지역 대표들의 임기가 끝나기 전에 지역 주민 투표로 ( )을 결정하는 제도

어휘

이해

7 다음 낱말의 뜻을 찾아 선으로 알맞게 이으세요.

(1) 규정 •

(2) 예산 •

(3) 정착 •

(4) 과반수 •

(5) 독단적 •

㉮ 규칙으로 정함.

㉯ 전체의 수에서 절반이 넘는 수.

㉰ 일정한 곳에 자리를 잡아 머물러 삶.

㉱ 필요한 비용을 미리 계산해서 정함. 또는 그런 비용.

㉲ 남과 상의하지 않고 혼자서 판단하거나 결정하는 것.

주민 참여

지역 주민들의 생활을 불편하게 하거나 지역 주민들 사이에 **갈등**을 일으키는 문제를 지역 문제라고 해요. 지역 문제는 지역의 상황이나 환경에 따라서 다양한 모습으로 나타나기 때문에 그 지역에 사는 주민들이 가장 잘 알고 있어요.

따라서 지역 문제를 해결하기 위해서는 지역 주민들의 **적극적인** 관심과 주민 참여가 필요해요. 주민 참여란 지역 문제를 해결하기 위해서 그 지역 주민이 직접 참여하여 자신들의 요구를 **반영하는** 활동이에요.

예를 들어, 공청회나 주민 회의에 참여하기, 서명 운동 하기, 캠페인 활동하기, 공공 기관 누리집에 의견 올리기 등 다양한 방법으로 참여할 수 있어요.

• **주민 참여**

지역 문제에 대해 서명 운동을 할 수 있음.

우리 지역 공공 기관 누리집에 의견을 올릴 수 있음.

지역 문제에 대해 캠페인 활동을 할 수 있음.

- ● **갈등** 서로 대립되는 입장, 견해, 이해 때문에 생기는 충돌.
- ● **적극적** 대상에 대한 태도가 긍정적이고 능동적.
- ● **반영하는** 다른 것에 영향을 받아 어떤 현상을 나타내는.

 다음 빈칸에 들어갈 알맞은 용어를 쓰세요.

(1) ☐☐ **문제**

지(땅 地) 역(지경 域): 땅의 경계.

- • 뜻: 지역 주민들의 생활을 불편하게 하거나 지역 주민들 사이에 갈등을 일으키는 문제.

(2) ☐☐ **참여**

주(살 主) 민(백성 民): 사는 사람.

- • 뜻: 지역 문제를 해결하는 과정에서 지역 주민이 직접 참여하여 주민들의 요구를 반영하는 활동.

13

폐기물 매립장 설치 반대

지문 분석

글자 수 **997**
800 900 1000

1 지난 금요일 ○○시민 회관에서 ○○시에 **폐기물 매립장**을 설치하는 것과 관련한 회의가 열렸다. 이번 회의는 ○○시 주민들의 요구에 의해 열린 것으로, 폐기물 매립장 설치가 예정된 ○○시 지역의 주민들과 환경 전문가들의 의견을 듣기 위한 자리였다.

2 회의에서는 폐기물 매립장 설치를 반대하는 ○○시 주민들의 의견이 이어졌다. ○○시의 주민 대표는 "우리 지역에 폐기물 매립장이 들어온다면 폐기물을 묻는 땅뿐만 아니라 식수로 쓰이는 하천이 오염될 가능성이 높아진다. 이는 결국 우리 지역 주민의 건강을 해치는 원인이 될 것이다. 또, 우리 지역 주민들은 대부분 농사를 지어 먹고 살기 때문에 지역 주민들의 **생계**에도 심각한 **위협**이 된다. 폐기물 매립장 근처에서 키운 농산물이라는 것을 알면 누가 사 먹겠는가?"라고 말하며 폐기물 매립장 설치 계획을 **백지화**를 주장했다.

3 ○○시의 요청에 따라 회의에 참석한 □□대학교의 한 교수도 "폐기물이 매립될 경우 ○○시 주민들의 걱정이 현실로 이루어질 가능성도 있다. 폐기물을 안전하게 처리하기 위해서는 현재 정부가 계획한 것보다 더 오랜 시간을 들여 정밀한 설비를 갖추어 처리 방법을 **개선해야** 한다."라는 **견해**를 밝혀 주민들의 주장에 힘을 실었다.

4 ○○시 주민들은 지난달부터 도심지에 직접 나가 폐기물 매립장 설치 반대 서명 운동을 펼치고 있다. 이와 함께 지역 누리집 게시판에도 폐기물 매립장 설치에 반대하는 의견을 올리고 있다. 또한, 관련 기관에 폐기물 매립장 설치에 대한 주민 투표를 열어 달라고 요구하고 있어서 폐기물 매립장 설치가 쉽지 않을 것으로 보인다.

5 정부는 현재 폐기물 매립장이 더 이상 폐기물을 받아들일 수 없는 상태이며, 추가 매립장 설치가 반드시 필요하다는 입장이다. 다만 주민들의 불안한 마음이 사라질 수 있도록 ○○시에 폐기물을 안전하게 처리하기 위한 체계적인 시스템을 마련하겠다는 입장이다. 폐기물 매립장 문제를 해결하기 위해서는 정부와 지역 주민이 충분한 소통을 하고 협력을 하여 지혜를 모아야 한다.

- **폐기물** 못 쓰게 되어 버리는 물건.
- **매립장** 돌이나 흙, 쓰레기 따위로 메워 올리는 우묵한 땅.
- **생계** 살림을 살아 나갈 방도. 또는 현재 살림을 살아가고 있는 형편.
- **위협** 무서운 말이나 행동으로 상대방이 두려움을 느끼도록 함.
- **백지화**(白 흰 백, 紙 종이 지, 化 될 화) 어떠한 일을 하기 이전의 상태가 됨. 또는 그런 상태로 돌림.
- **개선해야** 잘못된 것이나 부족한 것, 나쁜 것 따위를 고쳐 더 좋게 만들어야.
- **견해** 어떤 사물이나 현상에 대한 자기의 의견이나 생각.

주제

1 이 글은 무엇에 대해 쓴 글인가요? (   )

① 환경 오염의 심각성
② 지역 주민을 설득하는 방법
③ 폐기물 매립장을 설치하기 좋은 장소
④ 폐기물 매립장 설치에 반대하는 ○○시 주민들
⑤ 폐기물 매립장 설치를 통한 ○○시의 발전 가능성

내용 이해

2 이 글의 내용과 일치하지 <u>않는</u> 것은 무엇인가요? (   )

① 정부는 ○○시에 폐기물 매립장을 설치할 예정이다.
② ○○시 주민 대표는 폐기물 매립장 설치 계획의 백지화를 주장했다.
③ ○○시 주민들은 폐기물 매립장 설치 반대 서명 운동을 펼치고 있다.
④ ○○시 주민들은 폐기물 매립장 설치에 대한 주민 투표를 요구하였다.
⑤ □□대학교의 한 교수는 안전하게 폐기물을 매립하는 방법을 제시하였다.

추론

3 이 글을 읽고 짐작한 내용으로 알맞은 것은 무엇인가요? (   )

① 폐기물은 하천보다 땅에 해로운 영향을 끼칠 것이다.
② 폐기물 매립장 근처에서 키운 농산물은 값이 비쌀 것이다.
③ ○○시 지역의 대부분은 농사를 지을 수 없는 땅일 것이다.
④ 회의에 참석한 □□대학교의 교수는 환경 전문가일 것이다.
⑤ 정부는 투표를 통해 폐기물 매립장 설치 장소를 다시 정할 것이다.

적용

4 이 글의 이해를 돕기 위해 활용하면 좋은 자료로 알맞은 것은 무엇인가요?

(   )

① ○○ 시민 회관의 위치와 건물 구조
② 여러 나라의 폐기물의 양을 비교한 막대그래프
③ 폐기물 매립장 설치 반대 서명 운동을 펼치고 있는 사진
④ ○○시에서 배출한 쓰레기의 종류와 양을 나타낸 그림그래프
⑤ 10년 동안 ○○시에서 생산한 농산물 가격 변화를 나타낸 표

구조 분석

문단 요약

5 각 문단의 중심 내용으로 알맞은 것에 ○표, 틀린 것에 ×표를 하세요.

1 문단	○○시에 폐기물 매립장을 설치하는 이유	( )
2 문단	폐기물 매립장 설치에 대한 ○○시 주민들의 입장	( )
3 문단	폐기물 매립장 설치에 대한 환경 전문가의 견해	( )
4 문단	폐기물 매립장 설치를 막기 위한 ○○시 주민들의 노력	( )
5 문단	폐기물 매립장 설치에 대한 최종 결정	( )

핵심 내용

6 빈칸에 들어갈 알맞은 말을 이 글에서 찾아 쓰세요.

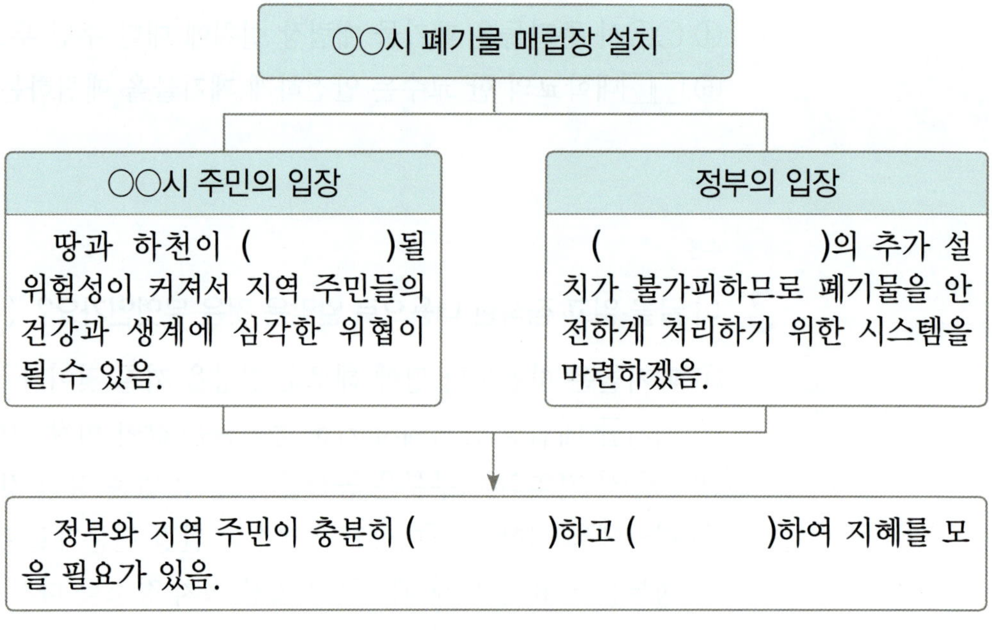

어휘

적용

7 다음 문장의 빈칸에 들어갈 알맞은 낱말을 보기 에서 찾아 쓰세요.

보기

| 개선 | 견해 | 생계 | 위협 | 백지화 |

⑴ 산에서 곰을 만나 생명의 (   )을 느꼈다.
⑵ 흥부네는 가족이 많아 (   )이/가 어려웠다.
⑶ 그 계획은 많은 사람의 반대로 (   )이/가 되었다.
⑷ 우리 반은 잘못된 문제를 (   )하기 위해 노력했다.
⑸ 환경 보호에 대한 나의 (   )이/가 잘 드러나도록 글을 썼다.

지역 이기주의 문제

정답과 해설 **30** 쪽

자신이 사는 지역에 쓰레기 매립지나 하수 처리장과 같은 **혐오** 시설이 들어오는 것을 반대하는 경우가 많아요. 이러한 현상을 "우리 집 뒷마당에는 안 된다.(Not In My Back Yard.)"라는 영어 문장의 **머리글자**를 따서 **님비 현상**이라고 해요.

이와 반대로 공원이나 지하철과 같이 지역 사회에 이익이 되는 편의 시설은 자신의 지역에 들이려고 하는 경우가 많아요. 이러한 현상은 "우리 집 앞마당에 부탁해.(Please In My Front Yard.)"라는 영어 문장의 머리글자를 따서 **핌피 현상**이라고 해요.

님비 현상과 핌피 현상은 지역 **이기주의**의 결과라는 공통점이 있어요. 하지만 모든 상황을 이기주의로만 생각하는 것은 옳지 않을 수 있어요. 상황에 따라 사람들의 목소리에 귀를 기울이고 지혜로운 해결책을 찾는 일이 중요해요.

핵심 용어 다음 빈칸에 들어갈 알맞은 용어를 쓰세요.

(1) ☐☐ **현상**
- 뜻: 공공의 이익은 되지만 자신의 지역에는 이익이 되지 않는 일을 반대하는 행동.

(2) ☐☐ **현상**
- 뜻: 지역 사회에 이익이 되는 시설을 자신의 지역에 들이려 하는 행동.

• 지역 이기주의 모습

- **혐오** 싫어하고 미워함.
- **머리글자** 주로 알파벳의 표기에서, 낱말이나 문장 혹은 고유 명사의 첫머리에 쓰는 대문자.
- **이기주의** 다른 사람을 생각하지 않고 자신의 이익만을 추구하는 생활 방식이나 태도.

동아출판 초등 무료 스마트러닝

동아출판 초등 **무료 스마트러닝**으로 쉽고 재미있게!

과목별·영역별 특화 강의

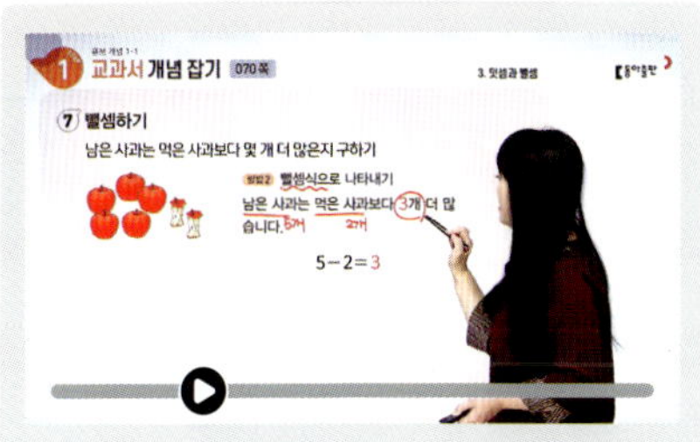

수학 개념 강의

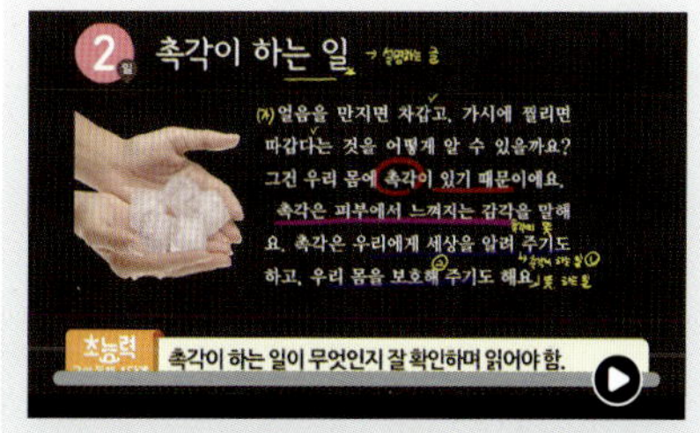

국어 독해 지문 분석 강의

구구단 송

그림으로 이해하는 비주얼씽킹 강의

과학 실험 동영상 강의

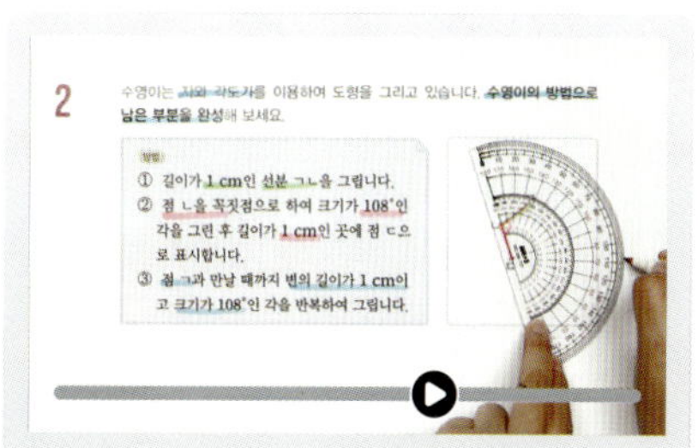

과목별 문제 풀이 강의

서비스 제공 교재 큐브 | 백점 과학 | 빠작 초등 국어 | 초능력 | 초고필 | 하이탑 초등 과학

사회 교과 연계 비문학 독해 특화 훈련서

빠작

초등 비문학 독해

통합사회

4학년

정답과 해설

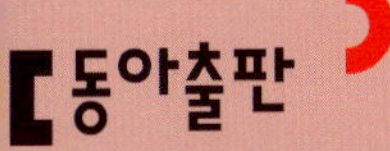
동아출판

- **글의 종류** 설명하는 글
- **글의 특징** 하늘, 나침반을 이용하여 방향을 알 수 있는 방법과 지도에서 방향을 알 수 있는 방법을 설명하는 글입니다.
- **주제** 하늘, 나침반, 방위표를 이용하여 방향을 알 수 있는 방법

017~018 쪽

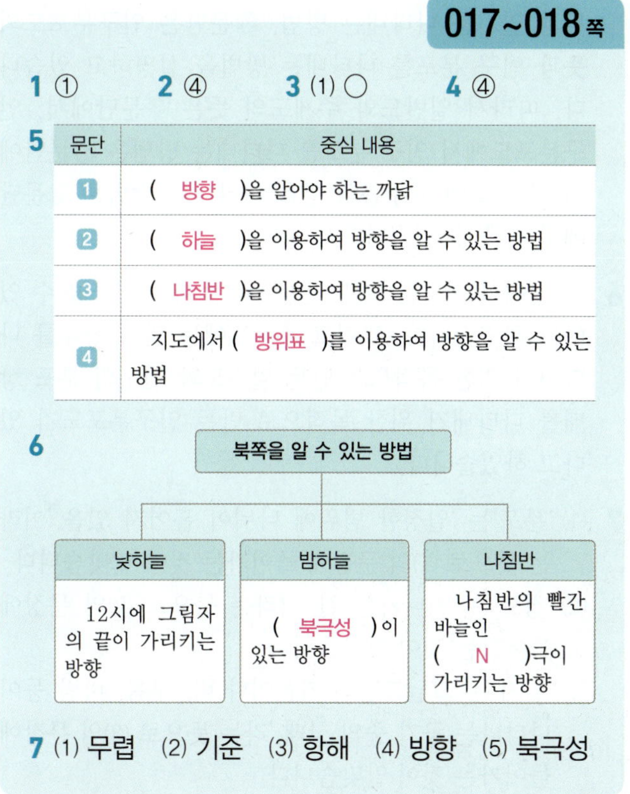

1 ①　　**2** ④　　**3** (1) ○　　**4** ④

5

문단	중심 내용
1	(방향)을 알아야 하는 까닭
2	(하늘)을 이용하여 방향을 알 수 있는 방법
3	(나침반)을 이용하여 방향을 알 수 있는 방법
4	지도에서 (방위표)를 이용하여 방향을 알 수 있는 방법

6

북쪽을 알 수 있는 방법

낮하늘	밤하늘	나침반
12시에 그림자의 끝이 가리키는 방향	(북극성)이 있는 방향	나침반의 빨간 바늘인 (N)극이 가리키는 방향

7 (1) 무렵　(2) 기준　(3) 항해　(4) 방향　(5) 북극성

1 이 글은 하늘, 나침반, 방위표를 이용해 방향을 알 수 있는 방법에 대해 설명하고 있습니다.

2 **4**문단을 보면 지도에 방위표가 없다면 아래쪽은 남쪽이라고 하였습니다.

오답 풀이

① **4**문단을 보면 4방위표의 모양은 숫자 '4'와 비슷하다고 하였습니다.
② **1**문단을 보면 방향에는 동쪽, 서쪽, 남쪽, 북쪽이 있다고 하였습니다.
③ **3**문단을 보면 나침반을 이용하여 방향을 알 수 있다고 하였습니다.
⑤ **2**문단을 보면 남쪽은 낮 12시 무렵에 해가 가장 높이 떠 있는 쪽이라고 하였습니다.

3 **2**문단을 보면 동쪽이 해가 뜨는 방향이라고 하였으므로 동쪽에 있는 바다인 동해로 가야 합니다.

오답 풀이

(2) 서해는 서쪽에 있는 바다이므로 해가 지는 것을 보고 싶을 때 가야 합니다.
(3) 남해는 남쪽에 있는 바다이므로 해가 뜨는 것과 관련이 없습니다.

4 **2**문단에서 하늘에서 해가 뜨는 쪽은 동쪽이고, 해가 지는 쪽은 서쪽이라고 하였습니다. 따라서 남쪽을 바라보았을 때 왼쪽은 동쪽, 오른쪽은 서쪽이므로 '왼쪽'과 '오른쪽'의 차례로 들어가는 것이 알맞습니다.

5 **1**문단에서 방향을 알아야 하는 까닭을 이야기한 후에, **2**문단은 하늘을 이용하여 방향을 알 수 있는 방법을, **3**문단은 나침반을 이용하여 방향을 알 수 있는 방법을, **4**문단은 지도에서 방위표를 이용하여 방향을 알 수 있는 방법을 설명하고 있습니다.

6 이 글을 읽고 밤하늘에서 북극성이 있는 방향, 나침반을 평평한 곳에 올려 두었을 때 빨간 바늘인 N극이 가리키는 방향 등이 북쪽임을 알 수 있습니다.

7 (1) '무렵'은 '대략 어떤 시기와 일치하는 즈음.'이라는 뜻입니다.
(2) '기준'은 '종류를 나누거나 비교를 하거나 정도를 구별하기 위하여 따르는 일정한 원칙.'이라는 뜻입니다.
(3) '항해'는 '배를 타고 바다 위를 다님.'이라는 뜻입니다.
(4) '방향'은 '무엇이 나아가거나 향하는 쪽.'이라는 뜻입니다.
(5) '북극성'은 '지구의 북극에 가장 가까이에서 빛나는, 작은곰자리에서 가장 밝은 별.'이라는 뜻입니다.

오답 어휘 설명

(1) '만큼'은 '앞에 말한 것과 같은 정도.'라는 뜻입니다.
(2) '조준'은 '총이나 포 따위를 쏘거나 할 때 목표물을 향해 방향과 거리를 잡음.'이라는 뜻입니다.
(3) '항공'은 '비행기로 공중을 날아다님.'이라는 뜻입니다.
(4) '취향'은 '하고 싶은 마음이 생기는 방향. 또는 그런 경향.'이라는 뜻입니다.
(5) '방위표'는 '지도에서 동서남북 방향을 알려 주는 표시.'라는 뜻입니다.

비주얼 사회 교과서 개념　　**019 쪽**

(1) 지도　　(2) 방위표

(1) '위에서 내려다본 땅의 모습을 일정한 비율로 줄여 나타낸 그림.'을 '지도'라고 합니다.
(2) '지도에서 동서남북의 방향을 알려 주는 표시.'를 '방위표'라고 합니다.

- **글의 종류** 설명하는 글
- **글의 특징** 특정한 주제를 나타내는 것을 목적으로 만든 주제도의 뜻과 그 예를 들어 설명하는 글입니다.
- **주제** 특정한 주제를 나타내는 것을 목적으로 만든 주제도

021~022쪽

1 ④ **2** ① **3** (3) ○ **4** 기호

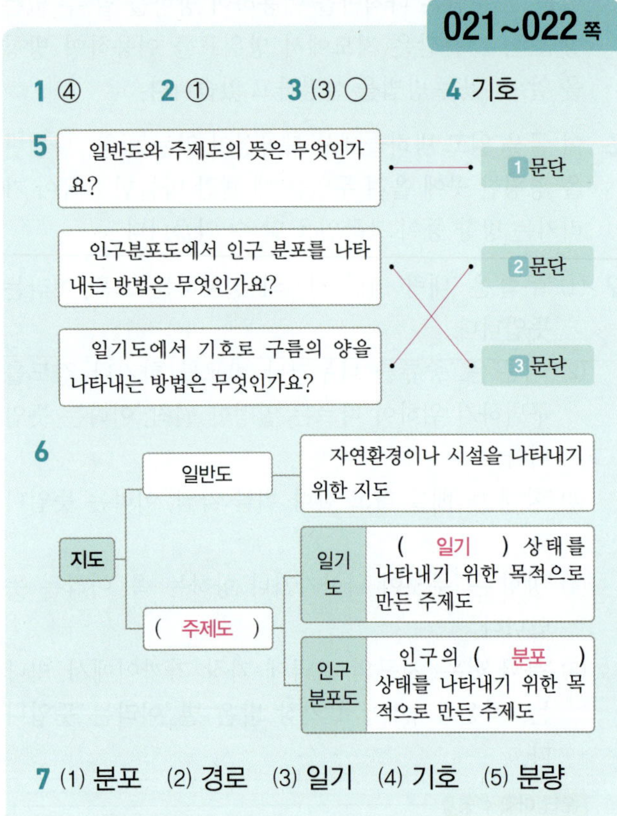

1 이 글은 특정한 주제를 나타내는 것을 목적으로 만든 주제도에 대해 설명하는 글입니다. 따라서 이 글에서 가장 중심이 되는 낱말은 '주제도'입니다.

2 일기도와 인구분포도 모두 주제도입니다. 따라서 이 글을 통해 알 수 있는 내용이 아닌 것은 ①입니다.

> **오답 풀이**
> ② 3문단에서 점으로 인구 분포를 나타내는 방법이 있다고 하였습니다.
> ③ 1문단에서 일반도는 우리 주변의 자연환경이나 시설 등을 나타낸 지도라고 하였습니다.
> ④ 2문단에서 일기도는 일정한 지역의 날씨를 약속한 숫자와 기호로 나타낸다고 하였습니다.
> ⑤ 1문단에서 주제도는 특정한 주제에 대해 일반도보다 더 자세하고 효과적으로 보여줄 수 있다고 하였습니다.

3 인구분포도는 인구 분포를 그림으로 나타내기 때문에 표보다 한눈에 알 수 있을 것입니다.

> **오답 풀이**
> (1), (2) 인구 분포는 인구 분포를 그림으로 나타낸 것이지 글이나 사진으로 나타낸 것이 아닙니다.

> (4) 인구 분포도는 색의 진하기를 다르게 하여 인구 분포를 나타내는 방법이 있는 것이지 한 가지 색으로만 나타낸 것은 아닙니다.

4 대동여지도는 중요한 지형이나 길들을 표시했다는 내용으로 보아, 오늘날의 지도처럼 기호를 이용한 것임을 알 수 있습니다.

5 1문단은 일반도와 주제도의 뜻, 2문단은 일기도의 뜻과 일기를 나타내는 방법, 3문단은 인구분포도의 뜻과 인구 분포를 나타내는 방법을 설명하고 있습니다. 따라서 일반도와 주제도의 뜻은 1문단에서, 인구분포도에서 인구 분포를 나타내는 방법은 3문단에서, 일기도에서 구름의 양을 나타내는 방법은 2문단에서 찾을 수 있습니다.

6 이 글에서 지도는 크게 일반도와 주제도로 나눌 수 있다고 하였습니다. 그리고 주제도에는 일기 상태를 나타내기 위한 목적으로 만든 일기도와 인구의 분포 상태를 나타내기 위한 목적으로 만든 인구분포도가 있다고 하였습니다.

7 (1) '분포'는 '일정한 범위에 나뉘어 흩어져 있음.'이라는 뜻으로 (1)의 문장에 들어가는 것이 알맞습니다.
(2) '경로'는 '지나가는 길.'이라는 뜻으로 (2)의 문장에 들어가는 것이 알맞습니다.
(3) '일기'는 '그날그날의 기온이나 비, 구름, 바람 등이 나타나는 공기 중의 상태.'라는 뜻으로 (3)의 문장에 들어가는 것이 알맞습니다.
(4) '기호'는 '어떤 뜻을 나타내기 위해 쓰는 여러 가지 표시.'라는 뜻으로 (4)의 문장에 들어가는 것이 알맞습니다.
(5) '분량'은 '수나 양의 정도.'라는 뜻으로 (5)의 문장에 들어가는 것이 알맞습니다.

비주얼 사회 교과서 개념 **023쪽**

(1) 기호   (2) 축척

(1) '지도에 지형지물을 간단하게 나타내는 표시.'를 '기호'라고 합니다.
(2) '지도에서 실제 거리를 줄인 정도.'를 '축척'이라고 합니다.

- **글의 종류** 설명하는 글
- **글의 특징** 조선 시대에 제작한 지도책인 '여지도'와 여지도에 수록된 '도성도'를 설명하는 글입니다.
- **주제** 조선 시대 지도책 '여지도'와 여지도에 수록된 '도성도'

025~026 쪽

1 ⑤　　**2** ④　　**3** 민지　　**4** ③

5

문단	중심 내용
1	우리나라 (보물)로 지정된 여지도
2	(여지도)에 수록된 지도들
3	(한양)을 산수화처럼 그린 지도인 도성도
4	(도성도)의 여러 가지 특징과 오늘날 지도와의 차이점

6

도성도	오늘날의 지도
・자연환경을 (산수화)처럼 그림. ・한양 안의 인문환경은 (평면적)으로 그림. ・길과 하천의 색을 다르게 나타냄.	・거리를 정확하게 나타냄. ・(등고선)으로 땅의 높낮이와 경사를 정확하게 알 수 있음.

7 (1) ㉤　(2) ㉣　(3) ㉢　(4) ㉡　(5) ㉮

1 이 글은 조선 시대에 제작한 지도책인 '여지도'에 수록된 '도성도'를 설명하는 글입니다. 따라서 이 글에 대한 설명으로 알맞은 것은 ⑤입니다.

2 **4**문단에서 도성도는 오늘날의 지도와 달리 등고선이 없기 때문에 산의 높이를 정확하게 알 수 없다고 하였습니다.

> **오답 풀이**
> ① **1**문단에서 조선 시대에도 여러 종류의 지도가 있었다고 하였습니다.
> ② **2**문단에서 여지도는 총 세 개의 책으로 이루어져 있다고 하였습니다.
> ③ **3**문단에서 도성도는 산수화처럼 그렸다는 특징이 있다고 하였습니다.
> ⑤ **4**문단에서 도성도는 오늘날의 지도와 달리 등고선이 없다고 하였습니다.

3 **4**문단에서 도성도는 등고선이 없기 때문에 지도에서 높이를 정확하게 알 수 없다고 하였습니다.

4 '평평한 표면으로 되어 있는 것.'이라는 뜻을 가진 '평면적'과 반대되는 뜻을 가진 낱말은 '삼차원의 공간에서 부피를 가진 물체를 보는 것과 같은 느낌을 주는 것.'이라는 뜻을 가진 '입체적'입니다.

> **오답 풀이**
> ① 그러하거나 옳다고 인정하는 것.
> ② 대상에 대한 태도가 긍정적이고 능동적인 것.
> ④ 일부에 한정되지 아니하고 전체에 걸치는 것.
> ⑤ 다른 것과 견주어서 판단하는 것.

5 **1**문단에서는 우리나라의 보물로 지정된 여지도를, **2**문단에서는 여지도에 수록된 지도들을, **3**문단에서는 여지도에 수록된 지도 중 한양을 산수화처럼 그린 지도인 도성도를 설명하였습니다. 마지막으로 **4**문단에서는 산을 입체적으로 그린 도성도와 오늘날 지도의 차이점을 알아보았습니다.

6 도성도는 자연환경을 산수화처럼 그렸고, 한양 안의 궁궐이나 관아, 성문 등은 평면적으로, 한양 주위를 둘러싼 산은 입체적으로 표현하였습니다. 하지만 도성도는 산의 높이나 경사를 정확하게 알 수 없는데, 오늘날의 지도는 등고선으로 땅의 높낮이와 경사를 정확하게 알 수 있습니다.

7 (1) '경사'는 '바닥이 평평하지 않고 기울어진 부분, 또는 그런 상태나 정도.'라는 뜻입니다.
(2) '사신'은 '임금이나 나라의 명령을 받고 다른 나라에 파견되는 신하.'라는 뜻입니다.
(3) '기법'은 '기교와 방법을 아울러 이르는 말.'이라는 뜻입니다.
(4) '평면적'은 '평평한 표면으로 되어 있는 것.'이라는 뜻입니다.
(5) '통행로'는 '통하여 다니는 길.'이라는 뜻입니다.

비주얼 사회 교과서 개념　　**027 쪽**

(1) 등고선　(2) 고도

(1) '지도에서 땅의 높이가 같은 곳을 연결한 선.'을 '등고선'이라고 합니다.
(2) '평균 해수면을 기준으로 하여 잰 어떤 지점의 높이.'를 '해발 고도'라고 합니다.

- **글의 종류** 생활문
- **글의 특징** 지하철을 타고 어머니께서 그려 주신 약도를 활용하여 할머니 댁을 찾아간 글쓴이의 경험을 적은 생활문입니다.
- **주제** 지하철과 약도를 활용하여 할머니 댁을 찾아간 글쓴이의 경험

029~030 쪽

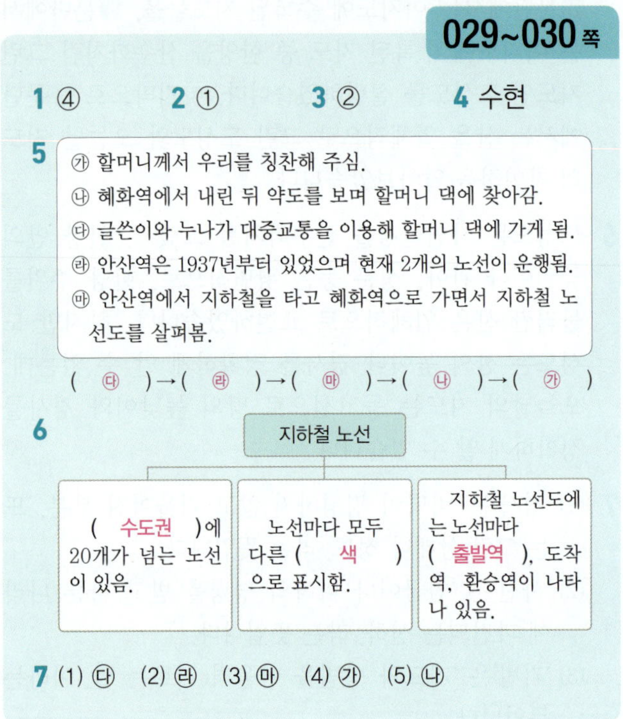

1 ④　　2 ①　　3 ②　　4 수현

5
㉮ 할머니께서 우리를 칭찬해 주심.
㉯ 혜화역에서 내린 뒤 약도를 보며 할머니 댁에 찾아감.
㉰ 글쓴이와 누나가 대중교통을 이용해 할머니 댁에 가게 됨.
㉱ 안산역은 1937년부터 있었으며 현재 2개의 노선이 운행됨.
㉲ 안산역에서 지하철을 타고 혜화역으로 가면서 지하철 노선도를 살펴봄.

(㉰) → (㉱) → (㉲) → (㉯) → (㉮)

6　지하철 노선
- (수도권)에 20개가 넘는 노선이 있음.
- 노선마다 모두 다른 (색)으로 표시함.
- 지하철 노선도에는 노선마다 (출발역), 도착역, 환승역이 나타나 있음.

7 (1) ㉯　(2) ㉱　(3) ㉲　(4) ㉮　(5) ㉯

1　이 글은 지하철을 타고 어머니께서 그려 주신 약도를 활용해 할머니 댁을 찾아갔던 글쓴이의 경험을 이야기하고 있습니다.

2　①문단에서 어머니께서 스마트폰으로 지하철 노선도를 보는 방법을 알려주셨다고 하였습니다.

오답 풀이
② ③문단에서 수도권에는 20개가 넘는 노선이 있다고 하였습니다.
③ ②문단에서 1994년부터 지하철 4호선이 운행되었다고 하였습니다.
④ ①문단에서 지하철을 한 번만 타고 이동할 수 있다고 하였습니다.
⑤ 지하철 노선도가 아닌 약도에 표시된 내용입니다.

3　②문단을 보고 현재 안산역에 운행되고 있는 노선은 4호선과 수인분당선임을 알 수 있습니다.

4　수현이는 회전목마로 가는 길을 찾기 위해 놀이공원 안내도를 활용한 경험을 이야기했으므로 글쓴이처럼 생활 속에서 지도를 활용해 길을 찾은 경험을 이야기한 것입니다.

오답 풀이
찬혁이는 지도를 보며 일기를 쓴 경험을 이야기하였지만, 글쓴이처럼 지도를 활용하여 길을 찾은 경험을 이야기하지는 않았습니다.

5　①문단에서는 글쓴이와 누나가 대중교통을 이용해 할머니 댁에 가게 되었고, ②문단에서는 안산역은 1937년부터 있었으며 현재 2개의 노선이 운행되었다고 하였습니다. ③문단에서는 안산역에서 지하철을 타고 혜화역으로 가면서 지하철 노선도를 살펴보았고, ④문단에서는 혜화역에서 내린 뒤 약도를 보며 할머니 댁에 찾아갔고, ⑤문단에서는 할머니께서 잘 찾아온 우리를 칭찬해 주셨습니다.

6　이 글에서 수도권에는 20개가 넘는 노선이 있으며, 노선마다 모두 다른 색으로 표시한다고 하였습니다. 그리고 지하철 노선도에는 노선마다 출발역, 도착역, 환승역이 나타나 있다고 하였습니다.

7　(1) '약도'는 '간략하게 줄여 주요한 것만 대충 그린 도면이나 지도.'라는 뜻으로 ㉯의 문장에 들어가는 것이 알맞습니다.
(2) '탑승'은 '비행기나 배, 차 등에 올라탐.'이라는 뜻으로 ㉱의 문장에 들어가는 것이 알맞습니다.
(3) '운행'은 '정해진 길을 따라 자동차나 열차 등이 다님.'이라는 뜻으로 ㉲의 문장에 들어가는 것이 알맞습니다.
(4) '노선도'는 '버스·지하철 등이 일정하게 다니는 길을 그린 그림.'이라는 뜻으로 ㉮의 문장에 들어가는 것이 알맞습니다.
(5) '대중교통'은 '여러 사람이 이용하는 버스, 지하철 따위의 교통.'이라는 뜻으로 ㉯의 문장에 들어가는 것이 알맞습니다.

비주얼 사회 교과서 개념　**031 쪽**

(1) 약도　　(2) 노선도

(1) '간략하게 줄여 주요한 것만 대충 그린 도면이나 지도.'를 '약도'라고 합니다.
(2) '지하철이 일정하게 다니는 길을 그린 그림.'을 '지하철 노선도'라고 합니다.

- **글의 종류** 설명하는 글
- **글의 특징** 디지털 영상 지도의 기능과 한계를 설명하는 글입니다.
- **주제** 디지털 영상 지도의 기능과 한계

033~034 쪽

1 ⑤　　**2** ④　　**3** ③　　**4** 태준

5

문단	중심 내용
①	(　디지털 영상　) 지도의 뜻
②	디지털 영상 지도의 확대 및 (　축소　) 기능
③	디지털 영상 지도의 위치 검색 및 이동 기능
④	디지털 영상 지도의 자세한 주변 장소 표시 기능
⑤	디지털 영상 지도의 항공 사진, (　거리뷰　), 항공뷰 기능
⑥	디지털 영상 지도의 (　한계　)

6

```
              디지털 영상 지도
        ┌──────────┴──────────┐
       기능                    한계
```

기능	한계
• 지역을 (　확대　)하거나 축소할 수 있음. • 위치를 (　검색　)할 수 있음. • 주변 장소를 자세히 볼 수 있음. • 실제 거리의 모습을 볼 수 있음.	• 디지털 기기가 필요함. • (　인터넷　)에 접속할 수 없는 환경에서는 이용할 수 없음. • 디지털 기기를 사용하는 것에 익숙하지 않은 사람들은 활용하는 데 어려움을 느낌.

7 (1) 제공　　(2) 인공위성　　(3) 한계　　(4) 축소

(5) 지리

1 이 글은 디지털 영상 지도의 기능과 한계를 설명하는 글입니다.

2 ③문단을 보면 디지털 영상 지도는 마우스를 누른 상태에서 화면을 움직여 원하는 위치로 이동할 수 있습니다.

3 ⑥문단에서 디지털 영상 지도의 한계가 나오고 있지만, 어떻게 해결할 수 있을지에 대한 내용은 없습니다.

오답 풀이

① ①문단을 보면 디지털 영상 지도가 무엇인지 알 수 있습니다.
② 이 글에서 디지털 영상 지도에는 확대 및 축소, 위치 검색 및 이동, 자세한 주변 장소 표시, 거리뷰 기능 등이 있다고 하였습니다.
④ ⑤문단을 보면 거리뷰 기능은 증강 현실 기술을 이용하여 만든 것이라고 하였습니다.
⑤ ①문단을 보면 컴퓨터나 스마트폰을 이용해 디지털 영상 지도를 이용할 수 있다고 하였습니다.

4 ⑤문단에서 거리뷰는 사진과 증강 현실 기술을 이용하여 만들어서 실제 거리에서 서서 움직이는 것과 똑같이 이동하는 느낌이라고 하였습니다.

오답 풀이

진아: 지도가 확대되면 한 지역을 더 자세하게 살펴볼 수 있게 되므로 잘못된 내용입니다.
희영: 디지털 영상 지도는 인터넷에 접속할 수 없는 환경에서는 활용할 수 없으므로 잘못된 내용입니다.

5 ①문단에서는 디지털 영상 지도의 뜻을 제시한 후, ②문단에서는 디지털 영상 지도의 확대 및 축소 기능을, ③문단에서는 디지털 영상 지도의 위치 검색 및 이동 기능을, ④문단에서는 디지털 영상 지도의 자세한 주변 장소 표시 기능을 설명하였습니다. ⑤문단에서는 디지털 영상 지도의 항공 사진, 거리뷰, 항공뷰 기능을 설명하고, ⑥문단에서는 디지털 영상 지도의 한계에 대해 설명하였습니다.

6 디지털 영상 지도는 확대 및 축소, 위치 검색, 자세한 주변 장소 표시, 거리뷰 등의 기능이 있습니다. 하지만 디지털 기기가 필요하고 인터넷에 접속할 수 있어야 하며, 디지털 기기를 사용하기 어려운 사람들은 활용하기 어려움 등의 한계도 있습니다.

7 (1) '제공'은 '무엇을 내주거나 갖다 바침.'이라는 뜻입니다.
(2) '인공위성'은 '지구 따위의 행성 둘레를 돌도록 로켓을 이용하여 쏘아 올린 인공의 장치.'라는 뜻입니다.
(3) '한계'는 '사물이나 능력, 책임 따위가 실제 작용할 수 있는 범위.'라는 뜻입니다.
(4) '축소'는 '모양이나 규모 따위를 줄여서 작게 함.'이라는 뜻입니다.
(5) '지리'는 '어떤 지역의 지형이나 길.'이라는 뜻입니다.

비주얼 사회 교과서 개념　　**035 쪽**

(1) 지리　　(2) 디지털

(1) '어떤 공간과 지역에 관련된 모든 정보.'를 '지리 정보'라고 합니다.

(2) '항공 사진이나 인공위성 사진을 이용해서 만든 지도.'를 '디지털 영상 지도'라고 합니다.

- **글의 종류** 설명하는 글
- **글의 특징** 지역의 자연환경, 역사나 문화, 특산물 등을 알리기 위해 열리고 있는 다양한 지역 축제의 모습을 소개하는 글입니다.
- **주제** 지역을 알리기 위해 열리는 다양한 지역 축제의 모습

037~038 쪽

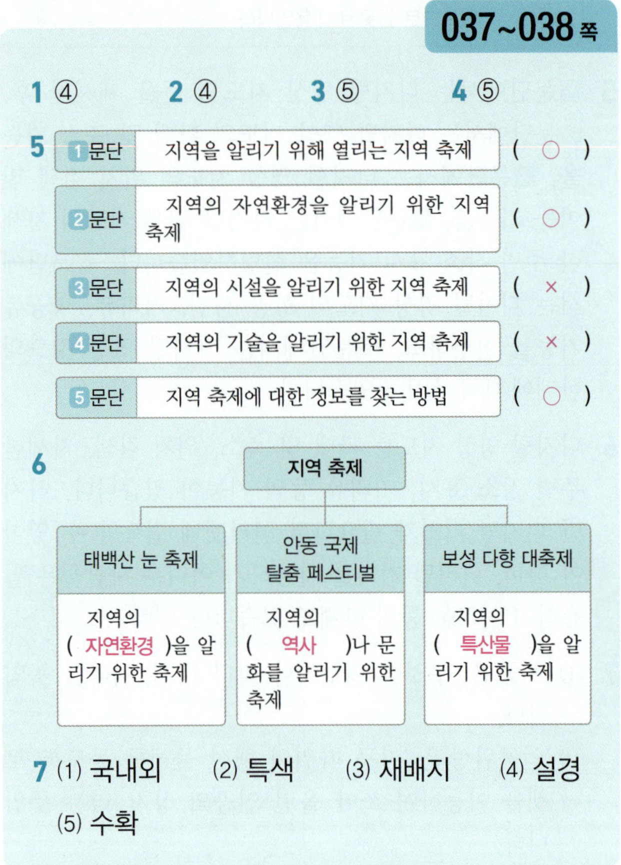

1 이 글은 지역의 자연환경, 역사나 문화, 특산물 등을 알리기 위해 열리는 대표적인 지역 축제의 모습을 소개하고 있습니다.

2 '태백산 눈 축제'는 매년 겨울에 열린다고 했습니다. 하지만 '보성 다향 대축제'는 5월 초에 열린다고 했습니다.

3 4문단의 내용을 볼 때 지역 축제에 가면 그 지역의 특산물을 알 수 있다는 것을 짐작할 수 있습니다.

① 1문단에서 지역 축제는 그 지역의 자연환경, 역사나 문화, 특산물 등을 알리기 위한 것이라고 했으므로 다른 지역의 사람들에게 알리기 위한 것이 목적임을 알 수 있습니다.
② 2문단에서 눈으로 만든 미끄럼틀, 얼음 썰매 타기 등의 체험 프로그램이 있어 가족 단위의 관광객들이 찾는다고 하였으므로 어린이들이 즐길 만한 체험이 있음을 알 수 있습니다.
③ 3문단에서 지역의 역사나 문화를 알린다고 하였으나 만들어 내서 한다는 말은 없습니다.
④ 자연환경을 알리기 위해 지역 축제를 여는 것이라고 하였으나, 자연환경이 훼손된다는 설명은 없습니다.

4 유채꽃밭에서 사진을 찍을 수 있는 '서귀포 유채꽃 축제'는 지역의 자연환경을 알리기 위한 축제입니다.

① 지역의 역사나 문화를 알리기 위한 축제입니다.
②, ③, ④ 지역의 특산물을 알리기 위한 축제입니다.

5 1문단에서는 지역을 알리기 위한 지역 사회의 활동으로 지역 축제를 제시하였습니다. 2문단에서는 지역의 자연환경을 알리기 위한 지역 축제를, 3문단에서는 지역의 역사나 문화를 알리기 위한 지역 축제를, 4문단에서는 지역의 특산물을 알리기 위한 지역 축제를 소개하고 있습니다. 5문단에서는 이러한 지역 축제에 대한 정보를 찾는 방법을 공유하면서 마무리하고 있습니다.

6 이 글은 지역의 자연환경을 알리기 위한 지역 축제로 '태백산 눈 축제'를, 지역의 역사나 문화를 알리기 위한 지역 축제로 '안동 국제 탈춤 페스티벌'을, 지역의 특산물을 알리기 위한 지역 축제로 '보성 다향 대축제'를 소개하고 있습니다.

7 (1) '국내외'는 '나라의 안과 밖을 아울러 이르는 말.'이라는 뜻으로 (1)의 문장에 들어가는 것이 알맞습니다.
(2) '특색'은 '보통의 것과 다른 점.'이라는 뜻으로 (2)의 문장에 들어가는 것이 알맞습니다.
(3) '재배지'는 '농작물을 심어 가꾸는 땅.'이라는 뜻으로 (3)의 문장에 들어가는 것이 알맞습니다.
(4) '설경'은 '눈이 내리거나 눈이 쌓인 경치.'라는 뜻으로 (4)의 문장에 들어가는 것이 알맞습니다.
(5) '수확'은 '익은 농작물을 거두어들임.'이라는 뜻으로 (5)의 문장에 들어가는 것이 알맞습니다.

 039 쪽

(1) 사회　(2) 축제

(1) '일정한 지역을 바탕으로 하여 함께 살아가는 공동체.'를 '지역 사회'라고 합니다.
(2) '각 지역에서 벌이는 큰 규모의 행사.'를 '지역 축제'라고 합니다.

- **글의 종류** 설명하는 글
- **글의 특징** 거제와 부산을 연결하는 거가 대교에 대해 설명하는 글입니다.
- **주제** 거제와 부산을 연결하는 거가 대교

041~042쪽

1 ④　　**2** ③　　**3** ⑤　　**4** ㉮, ㉯, ㉰

5

문단	중심 내용
1	(거제)시의 위치와 특징
2	거제의 (북서쪽) 방면을 연결하는 거제 대교와 신거제 대교
3	(거가 대교)를 만든 까닭과 효과
4	거가 대교를 이루는 사장교와 (침매) 터널, 육상 터널
5	자연환경과 (인문환경)의 조화를 느낄 수 있는 유호 전망대

6

	거가 대교가 개통되기 전	거가 대교가 개통된 후
거제와 부산 사이의 이동 거리	(140)킬로미터	60킬로미터
거제와 부산 사이의 이동 시간	2시간 이상	(50)분 정도

7 (1) ㉮　(2) ㉱　(3) ㉭　(4) ㉯　(5) ㉰

1 이 글은 거제와 부산을 연결하는 거가 대교에 대해 설명하고 있습니다. 따라서 이 글에서 가장 중심이 되는 낱말은 거가 대교입니다.

2 4문단을 보면 거가 대교의 총 길이는 8.2킬로미터임을 알 수 있습니다.

3 1문단을 보면 거제는 해금강, 바람의 언덕과 신선대, 거가 대교 등 아름다운 풍경을 볼 수 있는 곳이 많아 관광객들의 발길이 이어지는 곳임을 알 수 있습니다.

> **오답 풀이**
> ① 거가 대교 근처에 유호 전망대가 있다고 하였지만, 유호 전망대의 입장료가 얼마인지는 알 수 없습니다.
> ② 거제는 제주도 다음으로 큰 섬이라고 하였지만, 우리나라에서 세 번째로 큰 섬이 어디인지는 알 수 없습니다.
> ③ 거제에 대규모의 조선소가 들어섰다고 하였지만, 거제 이외에 조선소가 있는 곳이 어디인지는 알 수 없습니다.
> ④ 거가 대교는 2010년에 개통되었다고 하였지만, 거가 대교를 만드는 데 걸린 시간은 알 수 없습니다.

4 목장, 항구, 과수원은 거가 대교와 같이 사람의 의지와 노력에 의해 이루어진 환경이므로 모두 인문환경에 속합니다.

> **오답 풀이**
> 한라산은 사람이 만든 것이 아니라 자연 그대로의 것이므로 인문환경이 아닌 자연환경입니다.

5 1문단에서는 거제의 위치와 특징을 설명하고 있습니다. 2문단에서는 북서쪽 방면을 연결하는 거제 대교와 신거제 대교를, 3문단에서는 거가 대교를 만든 까닭과 효과를, 4문단에서는 거가 대교를 이루고 있는 사장교와 침매 터널, 육상 터널을 설명하고 있습니다. 5문단에서는 자연환경과 인문환경의 조화를 느낄 수 있는 거가 대교 근처의 유호 전망대를 이야기하며 마무리하고 있습니다.

6 거가 대교가 개통된 덕분에 거제와 부산 사이의 이동 거리는 140킬로미터에서 60킬로미터로 줄었다고 했고, 2시간 넘게 걸리던 이동 시간도 50분 정도로 줄었다고 했습니다.

7 (1) '개통'은 '길, 다리, 철로, 전화, 전신 따위를 완성하거나 이어 통하게 함.'이라는 뜻으로 ㉮의 문장에 들어가는 것이 알맞습니다.
(2) '단축'은 '시간이나 거리 따위가 짧게 줄어듦.'이라는 뜻으로 ㉱의 문장에 들어가는 것이 알맞습니다.
(3) '방면'은 '어떤 장소나 지역이 있는 방향.'이라는 뜻으로 ㉭의 문장에 들어가는 것이 알맞습니다.
(4) '통행'은 '일정한 장소를 지나다님.'이라는 뜻으로 ㉯의 문장에 들어가는 것이 알맞습니다..
(5) '조화'는 '서로 잘 어울림.'이라는 뜻으로 ㉰의 문장에 들어가는 것이 알맞습니다.

비주얼 사회 교과서 개념　043쪽

(1) 자연　　(2) 인문

(1) '자연 그대로의 산, 들, 하천, 바다 등 땅의 생김새와 날씨에 영향을 주는 비, 눈, 바람, 기온 등.'을 '자연환경'이라고 합니다.

(2) '자연 그대로가 아닌 사람들이 만든 논, 과수원, 도로, 공원, 공장 등.'을 '인문환경'이라고 합니다.

- **글의 종류** 생활문
- **글의 특징** 할아버지 댁인 단양 지역에 대한 글쓴이의 경험을 바탕으로 쓴 글입니다.
- **주제** 단양에 대한 글쓴이의 경험과 생각

045~046 쪽

1 ④　　2 ②　　3 승완　　4 ⑤

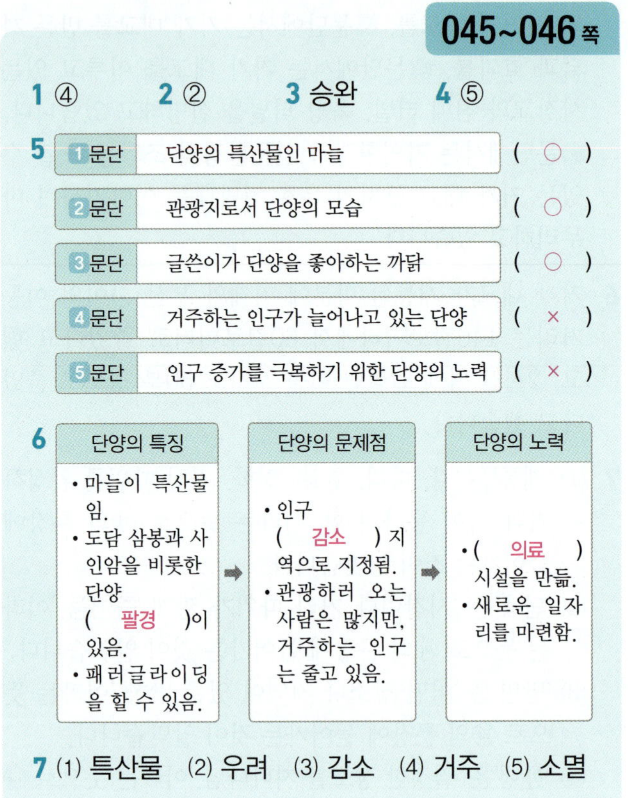

7 (1) 특산물　(2) 우려　(3) 감소　(4) 거주　(5) 소멸

1 이 글은 글쓴이가 단양에 대한 자신의 경험과 생각을 쓴 글입니다. 따라서 이 글의 특징으로 알맞은 것은 ④입니다.

2 ④문단에 따르면 단양의 등록 인구는 체류 인구보다 적음을 알 수 있습니다.

3 ⑤문단에서 글쓴이는 단양이 단양만의 장점을 지키면서 더 많은 사람이 함께 생활할 수 있는 지역이 되었으면 좋겠다고 말했습니다. 따라서 승완이의 생각이 글쓴이의 생각과 가장 비슷합니다.

> **오답 풀이**
>
> 주현: 자연을 지키기 위한 노력은 필요하겠지만, 글쓴이의 생각과 관련이 없는 내용입니다.
> 수영: 단양을 서울처럼 만들어야 한다는 주장은 글쓴이와 같은 생각이라 볼 수 없습니다.

4 '줄어들다'는 '부피나 분량 따위가 본디보다 작아지거나 짧아지거나 적어지다.'라는 뜻이고, '감소하다'는 '양이나 수치가 줄다. 또는 양이나 수치를 줄이다.'라

는 뜻이므로 뜻이 서로 비슷한 말입니다.

> **오답 풀이**
>
> ① '피다'는 '꽃봉오리 따위가 벌어지다.'이고, '지다'는 '꽃이나 잎 따위가 시들어 떨어지다.'라는 뜻입니다.
> ② '고요하다'는 '조용하고 잠잠하다.'이고, '시끄럽다'는 '듣기 싫게 떠들썩하다.'라는 뜻입니다.
> ③ '좋아하다'는 '어떤 일이나 사물 따위에 대하여 좋은 느낌을 가지다.'이고, '싫어하다'는 '싫게 여기다.'라는 뜻입니다.
> ④ '적다'는 '수효나 분량, 정도가 일정한 기준에 미치지 못하다.'이고, '많다'는 '수효나 분량, 정도 따위가 일정한 기준 이상이다.'라는 뜻입니다.

5 ①문단에서는 단양의 특산물인 마늘에 대한 경험을, ②문단에서는 관광지로서 단양의 다양한 모습에 대한 경험을 이야기하였습니다. ③문단에서는 글쓴이가 단양을 좋아하는 까닭을, ④문단에서는 거주하고 있는 인구가 줄어들고 있는 단양의 상황을, ⑤문단에서는 이러한 인구 감소를 극복하기 위한 단양의 노력을 이야기하였습니다.

6 단양에는 도담 삼봉과 사인암을 비롯한 단양 팔경과 같은 관광지가 있어서 관광하러 오는 사람은 많지만, 거주하는 인구는 줄고 있기 때문에 인구 감소 지역으로 지정되었습니다. 이를 극복하기 위해 단양에서는 의료 시설을 만들고 새로운 일자리를 마련하는 등의 노력을 하고 있습니다.

7 (1) '특산물'은 '어떤 지역의 특별한 산물.'이라는 뜻으로 (1)의 문장에 들어가는 것이 알맞습니다.
(2) '우려'는 '근심하거나 걱정함. 또는 그 근심과 걱정.'이라는 뜻으로 (2)의 문장에 들어가는 것이 알맞습니다.
(3) '감소'는 '양이나 수치가 줆. 또는 양이나 수치를 줄임.'이라는 뜻으로 (3)의 문장에 들어가는 것이 알맞습니다.
(4) '거주'는 '일정한 곳에 머물러 삶.'이라는 뜻으로 (4)의 문장에 들어가는 것이 알맞습니다.
(5) '소멸'은 '사라져 없어짐.'이라는 뜻으로 (5)의 문장에 들어가는 것이 알맞습니다.

비주얼 사회 교과서 개념　　**047 쪽**

(1) 촌락　　(2) 도시

(1) '자연환경을 주로 이용하여 살아가는 지역.'을 '촌락'이라고 합니다.
(2) '사회, 정치, 경제 활동의 중심이 되는 곳으로 많은 사람들이 모여 사는 지역.'을 '도시'라고 합니다.

- **글의 종류** 설명하는 글
- **글의 특징** 도시 문제를 해결하기 위한 공공 기관의 해결 방안을 설명하는 글입니다.
- **주제** 도시 문제를 해결하기 위한 공공 기관의 해결 방안

049~050쪽

1 ① **2** (1) ④ (2) ㉮ (3) ㉰

3 ④ **4** ③

5

문단	중심 내용
❶	(도시)에서 발생하는 문제
❷	도시의 (주택) 부족 문제를 해결하기 위한 공공 기관의 해결 방안
❸	도시의 (교통) 혼잡 문제를 해결하기 위한 공공 기관의 해결 방안
❹	도시의 (환경) 오염 문제를 해결하기 위한 공공 기관의 해결 방안

6

도시 문제를 해결하기 위한 공공 기관의 해결 방안

주택 부족	교통 혼잡	환경 오염
• 새로운 (주택)을 공급함. • 지역 재개발 사업을 통해 낡고 오래된 주택이 모여 있는 지역을 정비함.	• 교통량을 줄일 수 있는 제도로 (차량 2부제)를 만듦. • 버스 전용 차로나 자전거 전용 도로를 만듦.	• 쓰레기 처리 시설을 늘리고, 쓰레기를 무단으로 버리는 사람에게 과태료를 부과함. • 태양열, 조력, 풍력과 같은 대체 (에너지)를 사용하는 방법을 연구함.

7 (1) 전용 (2) 주택 (3) 무단 (4) 정비 (5) 혼잡

1 이 글은 화려한 도시의 뒤에서 발생하는 문제에 대한 내용이므로 '도시'가 들어가는 것이 가장 어울립니다.

2 공공 기관에서는 도시의 주택 부족 문제를 해결하기 위해 지역 재개발 사업을 하고, 도시의 교통 혼잡 문제를 해결하기 위해 차량 2부제와 같은 제도를 만들고, 도시의 환경 오염 문제를 해결하기 위해 쓰레기 처리 시설을 늘린다고 하였습니다.

3 ❶문단을 보면 편리한 교통, 풍부한 일자리, 다양한 편의 시설 등의 이유로 도시에 사는 인구는 점점 늘어나고 있다고 하였습니다.

4 ㉠과 가장 잘 어울리는 표현은 농촌에 살던 인구가 산업화와 도시화에 따라 일자리가 풍부한 도시로 이동하는 현상을 뜻하는 '이촌향도'입니다.

오답 풀이

①, ②, ④, ⑤의 표현은 ㉠의 상황과 관련이 없습니다.

5 ❶문단에서는 도시에서 발생하는 문제를 제시하였고, ❷문단에서는 도시의 주택 부족 문제를 해결하기 위한 공공 기관의 해결 방안을, ❸문단에서는 도시의 교통 혼잡 문제를 해결하기 위한 공공 기관의 해결 방안을, ❹문단에서는 도시의 환경 오염 문제를 해결하기 위한 공공 기관의 해결 방안을 설명하였습니다.

6 공공 기관에서는 도시의 주택 부족 문제를 해결하기 위해 새로운 주택을 공급하고, 도시의 교통 혼잡 문제를 해결하기 위해 교통량을 줄일 수 있는 제도를 만들고, 도시의 환경 오염 문제를 해결하기 위해 태양열, 조력, 풍력과 같은 대체 에너지를 사용하는 방법을 연구한다고 하였습니다.

7 (1) '전용'은 '특정한 사람이나 단체만 사용하게 되어 있는 것.'이라는 뜻입니다.
(2) '주택'은 '사람이 들어가 살 수 있게 지은 건물.'이라는 뜻입니다.
(3) '무단'은 '사전에 허락이 없음. 또는 아무 사유가 없음.'이라는 뜻입니다.
(4) '정비'는 '도로나 시설 따위가 제 기능을 하도록 정리함.'이라는 뜻입니다.
(5) '혼잡'은 '여럿이 한데 뒤섞이어 어수선함.'이라는 뜻입니다.

오답 어휘 설명

(1) '적용'은 '알맞게 이용하거나 맞추어 씀.'이라는 뜻입니다.
(2) '주변'은 '어떤 대상의 둘레.'라는 뜻입니다.
(3) '무시'는 '중요하게 여기지 않는 것.'이라는 뜻입니다.
(4) '낭비'는 '시간이나 재물 따위를 헛되이 헤프게 씀.'이라는 뜻입니다.
(5) '혼합'은 '뒤섞어서 한데 합함.'이라는 뜻입니다.

비주얼 사회 교과서 개념　**051쪽**

(1) 도시화 (2) 환경 문제

(1) '도시의 문화가 도시 이외의 지역으로 발전됨.'을 '도시화'라고 합니다.

(2) '공기와 물의 오염, 환경 파괴 따위와 같이 자연환경, 생활 환경에 나쁜 영향을 주는 갖가지 문제.'를 '환경 문제'라고 합니다.

- **글의 종류** 설명하는 글
- **글의 특징** 중심지의 종류에 따라 여러 지역의 대표적인 중심지를 소개하며 중심지의 특징을 설명하는 글입니다.
- **주제** 중심지의 종류와 특징

053~054 쪽

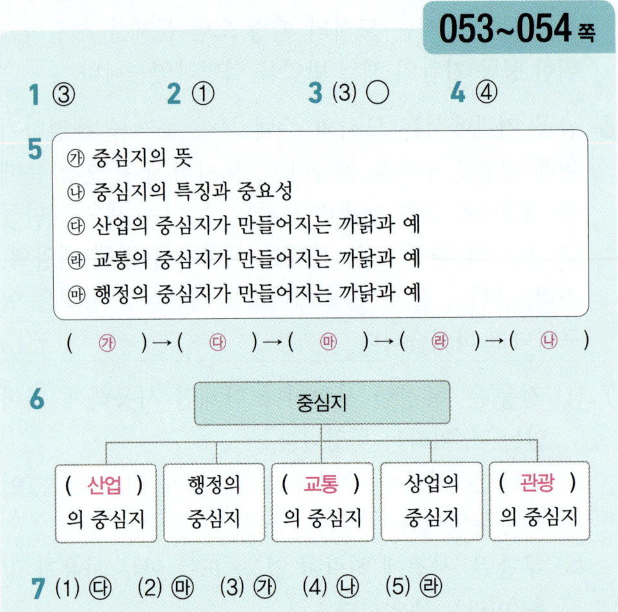

1 이 글은 다양한 중심지의 종류와 대표 지역을 설명하기 위해 쓴 글입니다. 따라서 글쓴이가 이 글을 쓴 까닭으로 알맞은 것은 ③입니다.

2 5문단에서 중심지의 크기는 모두 같은 것이 아니라 다양하다고 하였습니다.

> **오답 풀이**
>
> ② 2문단을 보면 산업의 중심지에는 회사나 공장들이 모여 있다고 하였습니다.
> ③ 5문단을 보면 중심지는 사람들의 생활 방식에도 영향을 끼친다고 하였습니다.
> ④ 1문단을 보면 사람들이 생활하는 데 필요한 기능이 잘 발달된 곳이 중심지가 된다고 하였습니다.
> ⑤ 3문단을 보면 행정의 중심지는 행정적인 일을 처리하기 위한 사람들이 모인다고 하였습니다.

3 (3)은 백화점을 비롯한 다양한 가게를 통해 상업 기능을 하고 여러 공공 기관을 통해 행정 기능을 하는 상업과 행정의 중심지입니다.

> **오답 풀이**
>
> (1) 교통 시설을 이용하기 위한 사람들이 모여드는 곳이므로, 교통의 중심지라고 할 수 있습니다.
> (2) 여가를 즐기기 위한 사람들이 모여드는 곳이므로, 관광의 중심지라고 할 수 있습니다.

4 '역할'의 뜻은 '자기가 마땅히 하여야 할 맡은 바 직책

이나 임무.'로, '기능'과 바꾸어 쓸 수 있는 말로 알맞습니다.

> **오답 풀이**
>
> ① 관찰: 사물이나 현상을 주의하여 자세히 살펴봄.
> ② 관심: 어떤 것에 마음이 끌려 주의를 기울임. 또는 그런 마음이나 주의.
> ③ 역사: 나라나 민족이 과거에 겪은 변화나 발전을 적은 기록. 또는 그에 대한 학문.
> ⑤ 흥미: 흥을 느끼는 재미.

5 1문단에서는 중심지의 뜻을 설명하였습니다. 그리고 2문단에서는 산업의 중심지가 만들어지는 까닭과 예를, 3문단에서는 행정의 중심지가 만들어지는 까닭과 예를, 4문단에서는 교통의 중심지가 만들어지는 까닭과 예를 설명하였습니다. 마지막으로 5문단에서는 중심지의 특징과 중요성을 설명하고 있습니다.

6 이 글에서는 산업의 중심지, 행정의 중심지, 교통의 중심지, 상업의 중심지, 관광의 중심지 등 다양한 모습의 중심지가 있다고 하였습니다.

7 (1) '행정'은 '규정이나 규칙에 의하여 공적인 일들을 처리함.'이라는 뜻입니다.
(2) '산업'은 '인간의 생활을 경제적으로 풍요롭게 하기 위하여 재화나 서비스를 생산하는 사업.'이라는 뜻입니다.
(3) '여가'는 '일이 없어 남는 시간.'이라는 뜻입니다.
(4) '고장'은 '사람들이 사는 일정한 지역.'이라는 뜻입니다.
(5) '제철소'는 '철광석을 용광로에 녹여 철을 뽑아내는 일을 하는 곳.'이라는 뜻입니다.

비주얼 사회 교과서 개념　　**055 쪽**

(1) 고장　　(2) 중심지

(1) '사람들이 사는 일정한 지역.'을 '고장'이라고 합니다.
(2) '어떤 일이나 활동의 중심이 되는 곳.'을 '중심지'라고 합니다.

• **글의 종류** 설명하는 글
• **글의 특징** 조선 시대의 행정 구역인 팔도에 대해 설명하는 글입니다.
• **주제** 조선 시대의 행정 구역

057~058 쪽

1 ④ **2** ③ **3** ⑤ **4** (1) ○ (2) ○

5

문단	중심 내용
1	우리나라 전체를 표현하는 말 '(　팔도　)'
2	우리나라를 여덟 개로 나눈 조선 시대의 (　행정 구역　)
3	각 도의 (　이름　)에 담긴 뜻
4	현재와 (　조선 시대　)의 행정 구역의 공통점과 차이점

6

조선 시대의 행정 구역	우리나라의 현재 행정 구역
우리나라 전체를 (　강원도　), 경기도, 경상도, 전라도, 충청도, 평안도, 함경도, 황해도로 나눔. →	• 조선 시대와 명칭과 경계가 비슷함. • (　제주도　)는 독립된 행정 구역으로 나누어짐. • 중심지가 달라진 곳도 있음.

7 (1) 경계 (2) 요인 (3) 고을 (4) 독립 (5) 명칭

1 이 글은 조선 시대의 행정 구역인 팔도에 대해 설명하는 글입니다.

2 **4**문단에서 행정 구역은 인구의 변화와 같은 요인에 따라 달라진 점이 있다고 하였으므로, 행정 구역의 명칭과 경계는 달라질 수 있습니다.

오답 풀이

① **3**문단에서 경기도는 서울 주위의 땅이라는 뜻으로 이름을 지었다고 하였습니다.
② **1**문단에서 팔도는 우리나라 전체를 표현하는 말이라고 하였습니다.
④ **4**문단에서 제주도는 조선 시대에는 전라도에 속해 있었지만 현재는 독립된 행정 구역으로 나누어졌다고 하였습니다.
⑤ **2**문단에서 수령의 업무를 감독하기 위해 관찰사를 파견하였다고 하였습니다.

3 **3**문단을 통해 경상도는 경상도에서 중요한 역할을 하는 고을인 '경주'와 '상주'의 앞 글자를 가져와서 이름을 지은 것이고, 전라도는 전라도에서 중요한 역할을 하는 고을인 '전주'와 '나주'의 앞 글자를 가져와서 이름을 지은 것임을 알 수 있습니다.

4 조선 시대 팔도의 위치와 역사를 적어 놓은 책이나 조

선 시대의 행정 구역을 표시한 지도는 조선 시대의 행정 구역인 팔도에 대한 이해를 돕지만, 관찰사의 옷차림은 이 글의 내용과 관계없습니다.

5 **1**문단은 우리나라 전체를 표현하는 팔도를, **2**문단은 우리나라를 여덟 개로 나눈 조선 시대의 행정 구역을, **3**문단은 각 도의 이름에 담긴 뜻을, **4**문단은 우리나라의 현재 행정 구역과 조선 시대 행정 구역의 공통점과 차이점을 설명하고 있습니다.

6 조선 시대에는 우리나라 전체를 강원도, 경기도, 경상도, 전라도, 충청도, 평안도, 함경도, 황해도로 행정 구역을 나누었습니다. 우리나라의 현재 행정 구역은 조선 시대와 명칭과 경계가 비슷하지만, 조선 시대에 전라도에 속해 있던 제주도가 독립된 행정 구역으로 나누어졌습니다.

7 (1) '경계'는 '지역이 구분되는 한계.'라는 뜻입니다.
(2) '요인'은 '사물이나 사건이 성립되는 까닭. 또는 조건이 되는 요소.'라는 뜻입니다.
(3) '고을'은 '조선 시대에, 주·부·군·현 등을 두루 이르던 말.'이라는 뜻입니다.
(4) '독립'은 '다른 것에 속하거나 의존하지 아니하는 상태.'라는 뜻입니다.
(5) '명칭'은 '사람이나 사물 따위의 이름.'이라는 뜻입니다.

오답 어휘 설명

(1) '후계'는 '어떤 일이나 사람의 뒤를 이음.'이라는 뜻입니다.
(2) '요령'은 '적당히 해 넘기는 잔꾀.'라는 뜻입니다.
(3) '고전'은 '오랫동안 많은 사람에게 널리 읽히고 모범이 될 만한 문학이나 예술 작품.'이라는 뜻입니다.
(4) '설립'은 '기관이나 조직체 따위를 만들어 일으킴.'이라는 뜻입니다.
(5) '명령'은 '윗사람이나 상위 조직이 아랫사람이나 하위 조직에 무엇을 하게 함. 또는 그런 내용.'이라는 뜻입니다.

비주얼 사회 교과서 개념　**059 쪽**

(1) **구역**　(2) **시청**　(3) **도청**

(1) '나라를 효율적으로 관리하려고.'을 '행정 구역'이라고 합니다.
(2) '시의 행정 사무를 맡아보는 기관.'을 '시청'이라고 합니다.
(3) '한 도의 행정 업무를 담당하는 기관.'을 '도청'이라고 합니다.

- **글의 종류** 설명하는 글
- **글의 특징** 수도권으로 인구가 몰리는 현상으로 생긴 지역 불균형 문제를 제시하고, 이를 해결하기 위한 노력을 설명하는 글입니다.
- **주제** 지역 불균형 문제가 나타나는 원인과 이를 해결하기 위한 노력

061~062 쪽

1 ④   **2** ②   **3** ③   **4** (3) ○

5
㉮ 인구가 수도권으로 몰리는 여러 가지 원인들이 있음.
㉯ 수도권으로 인구가 몰리면서 지역 간 불균형 문제가 생김.
㉰ 지역 간 불균형 문제를 해결하기 위한 다양한 노력이 필요함.
㉱ 우리나라는 수도권으로 인구가 몰리는 현상이 심화되고 있음.

(㉱) → (㉮) → (㉯) → (㉰)

6

수도권	(수도권)이 아닌 지역
• 학교와 일자리가 많고, 대중교통이 발달되어 있음. • (의료 시설)과 편의 시설이 많아서 인구가 몰림.	• 일자리 감소, 교통 이용의 불편함, 각종 시설 부족 문제가 있음. • 인구가 줄어들어 지역이 소멸될 수도 있음.

지역 간의 (불균형) 문제가 심해짐.

7 (1) ㉱ (2) ㉮ (3) ㉰ (4) ㉯ (5) ㉲

1 이 글은 지역 간의 불균형 문제와 이를 해결하기 위한 노력을 설명하고 있습니다.

2 ■문단을 보면 우리나라의 전체 인구는 줄어들고 있습니다.

3 ■문단에서 평균 수명이 늘어나면서 대형 병원이나 전문 병원과 같은 의료 시설에 대한 요구가 늘어나고 있다고 했지만, 대형 병원보다 전문 병원이 필요하다고 한 것은 아닙니다.

오답 풀이
① ■문단을 보면 사람들은 생활하기 편리한 곳으로 모여든다는 것을 알 수 있습니다.
② ■문단을 보면 일자리를 찾기 쉬운 곳으로 사람들이 모여든다는 것을 알 수 있습니다.
④ ■문단에서 개인도 관심을 갖고 지역 간 불균형 문제를 해결하기 위해 노력해야 한다는 것을 알 수 있습니다.
⑤ ■문단을 보면 우리나라의 수도권 인구는 전체 인구의 절반을 넘어섰다고 하였으므로 수도권이 아닌 지역의 인구는 전체 인구의 절반보다 적다는 것을 알 수 있습니다.

4 이 글은 수도권이 아닌 지역도 지원하여 우리나라 전체가 균형 있게 발전해야 한다고 생각합니다. △△ 시민 단체도 여러 지역이 고르게 발전해야 한다고 생각합니다.

오답 풀이
(1) 인기 있는 특정 지역을 더욱 발전시켜야 한다고 생각하므로, 글쓴이와 생각이 다릅니다.
(2) 수도권 주변의 숲을 보호해야 한다고 생각하므로, 글쓴이의 생각과 관계없습니다.

5 ■문단에서는 수도권으로 인구가 몰리는 현상이 심화되고 있는 우리나라에 대해 다루었고, ■문단에서는 인구가 수도권으로 몰리는 원인을 설명하고, ■문단에서는 수도권으로 인구가 몰리면서 생긴 지역 간 불균형 문제를 제시하였으며, ■문단에서는 지역 간 불균형 문제 해결을 위한 정부와 기업의 노력을 설명하며 개인의 노력도 필요하다고 이야기하고 있습니다.

6 수도권은 학교와 일자리가 많고, 대중교통이 발달되어 있고, 의료 시설과 편의 시설이 많아서 인구가 몰리고, 수도권이 아닌 지역은 일자리 감소, 교통 이용의 불편함, 각종 시설 부족 문제로 인구가 줄어들어 지역이 소멸될 수도 있습니다. 이로 인해 지역 간의 불균형 문제가 심해지고 있습니다.

7 (1) '심화'는 '정도나 경지가 점점 깊어짐.'이라는 뜻입니다.
(2) '시행'은 '실제로 시행함.'이라는 뜻입니다.
(3) '원격'은 '멀리 떨어져 있음.'이라는 뜻입니다.
(4) '소멸'은 '사라져 없어짐.'이라는 뜻입니다.
(5) '불균형'은 '어느 편으로 치우쳐 고르지 아니함.'이라는 뜻입니다.

비주얼 사회 교과서 개념   **063 쪽**

(1) **수도권**   (2) **집중**

(1) '수도를 중심으로 이루어진 대도시권.'을 '수도권'이라고 합니다.
(2) '인구와 산업, 교육, 의료, 문화 시설 등이 수도권에 몰려 있는 현상.'을 '수도권 집중'이라고 합니다.

- **글의 종류** 설명하는 글
- **글의 특징** 유네스코가 지정하는 세계 유산 목록에 대해 설명하고, 세계 유산 목록에 등재된 유산들을 알려 주는 글입니다.
- **주제** 세계 유산 목록의 지정 조건과 등재하는 순서

067~068 쪽

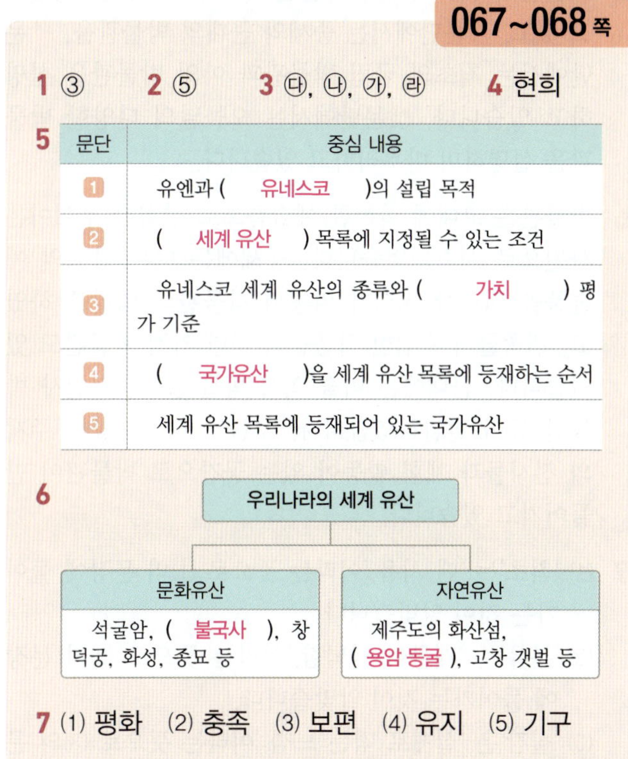

1 ③   **2** ⑤   **3** ㉰, ㉯, ㉮, ㉱   **4** 현희

5

문단	중심 내용
❶	유엔과 (유네스코)의 설립 목적
❷	(세계 유산) 목록에 지정될 수 있는 조건
❸	유네스코 세계 유산의 종류와 (가치) 평가 기준
❹	(국가유산)을 세계 유산 목록에 등재하는 순서
❺	세계 유산 목록에 등재되어 있는 국가유산

6

우리나라의 세계 유산

문화유산	자연유산
석굴암, (불국사), 창덕궁, 화성, 종묘 등	제주도의 화산섬, (용암 동굴), 고창 갯벌 등

7 (1) 평화   (2) 충족   (3) 보편   (4) 유지   (5) 기구

1 이 글은 세계 유산 목록에 등재된 유산들의 예로 그리스의 아크로폴리스, 인도의 타지마할 등과 우리나라에 있는 석굴암, 불국사 등을 들어 설명하고 있습니다.

2 ❶문단에서 유네스코는 군사력이 아닌 교육과 문화, 과학 등 다양한 분야에서 세계의 이해와 협력을 높여 세계 평화를 이룬다고 하였습니다. 따라서 유네스코가 군사 훈련을 실시한다고 볼 수 없습니다.

오답 풀이
① ❶문단에서 유엔이 1946년에 유네스코를 설립하였다고 하였습니다.
② ❶문단에서 유네스코는 교육과 문화, 과학 등 다양한 분야에서 활동한다고 하였습니다.
③ ❶문단에서 유네스코는 세계 평화를 이루기 위한 전문 기구라고 하였습니다.
④ ❷문단에서 유네스코는 세계적으로 보호해야 할 문화유산을 정한다고 하였습니다.

3 ❹문단을 보면 먼저 세계 유산 목록에 올릴 수 있는 조건을 충족시키는 국가유산에 대한 자료와 앞으로의 보호 및 관리 계획을 세워 유네스코에 신청서를 보내면 유네스코는 각 유산의 종류와 관련된 전문가 단체

에 평가를 맡긴다고 하였습니다. 그리고 전문가들이 직접 유산을 보고 조사한 뒤 작성한 보고서를 바탕으로 유네스코에서 그 국가유산을 세계 유산 목록에 올릴지를 정한다고 하였습니다.

4 ❺문단을 통해 그리스의 아크로폴리스가 석굴암보다 먼저 세계 유산 목록에 올랐음을 알 수 있습니다.

오답 풀이
지영: 세계 유산 목록에 오른 석굴암은 유네스코에서 불교와 관련된 유산 중에서 대표적이라고 인정받은 유산입니다.
정은: 세계 유산 목록에 오른 석굴암은 민족과 국가 간의 경계를 넘어 인류 모두에게 소중한 가치가 있는 유산입니다.

5 ❶문단에서는 유엔과 유네스코의 설립 목적을 설명하였고, ❷문단에서는 세계 유산 목록의 지정 조건을, ❸문단에서는 유네스코 세계 유산의 종류와 가치 평가 기준을, ❹문단에서는 국가유산을 세계 유산 목록에 등재하는 순서를 설명하였습니다. ❺문단에서는 세계 유산 목록에 등재되어 있는 국가유산을 설명하였습니다.

6 우리나라의 석굴암, 불국사, 창덕궁 등은 문화유산으로, 제주도의 화산섬과 용암 동굴, 고창 갯벌 등은 자연유산으로 세계 유산 목록에 올라 있다고 하였습니다.

7 (1) '평화'는 '전쟁, 분쟁 또는 일체의 갈등 없이 평온함.'이라는 뜻입니다.
(2) '충족'은 '일정한 분량을 채워 모자람이 없음.'이라는 뜻입니다.
(3) '보편'은 '모든 것에 두루 미치거나 통함.'이라는 뜻입니다.
(4) '유지'는 '어떤 상태나 상황을 그대로 보존하거나 변함없이 계속하여 버팀.'이라는 뜻입니다.
(5) '기구'는 '많은 사람이 모여 어떤 목적을 위하여 구성한 조직이나 기관의 구성 체계.'라는 뜻입니다.

비주얼 사회 교과서 개념   **069 쪽**

(1) 문화   (2) 무형   (3) 자연

(1) '다음 세대에 물려줄 만한 가치가 있는 국가유산 가운데 형태가 있는 것.'을 '문화유산'이라고 합니다.
(2) '다음 세대에 물려줄 만한 가치가 있는 국가유산 가운데 형태가 없는 것.'을 '무형유산'이라고 합니다.
(3) '동물, 식물, 지형 등 보존할 만한 가치가 있는 자연물이나 자연환경.'을 '자연유산'이라고 합니다.

- **글의 종류** 설명하는 글
- **글의 특징** 박물관의 기원과 중세와 근대를 거쳐 오늘날까지 박물관이 발전한 과정을 설명하는 글입니다.
- **주제** 박물관의 기원과 발전 과정

071~072쪽

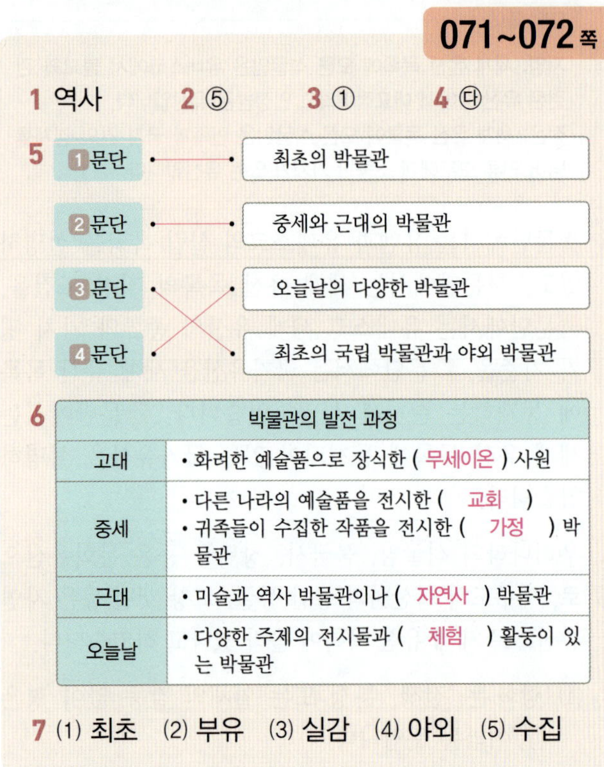

1 역사　　**2** ⑤　　**3** ①　　**4** ㉰

5
1문단	•	•	최초의 박물관
2문단	•	•	중세와 근대의 박물관
3문단	•	•	오늘날의 다양한 박물관
4문단	•	•	최초의 국립 박물관과 야외 박물관

6

박물관의 발전 과정	
고대	• 화려한 예술품으로 장식한 (무세이온) 사원
중세	• 다른 나라의 예술품을 전시한 (교회) • 귀족들이 수집한 작품을 전시한 (가정) 박물관
근대	• 미술과 역사 박물관이나 (자연사) 박물관
오늘날	• 다양한 주제의 전시물과 (체험) 활동이 있는 박물관

7 (1) **최초**　(2) **부유**　(3) **실감**　(4) **야외**　(5) **수집**

1 이 글은 최초의 박물관부터 오늘날까지의 발전 과정을 설명하고 있으므로, 제목으로 '박물관의 역사'가 알맞습니다.

2 2문단에서 메디치 가문은 각종 귀한 예술 작품이나 보석, 과학 도구 등을 수집하였다고 하였습니다.

3 세계에서 가장 큰 박물관이 어디인지는 이 글을 통해 알 수 없습니다.

4 살아 있는 역사 박물관은 전통적인 건물과 농장, 동물원 등을 야외에 전시한 박물관입니다. ㉰ 역시 건물이 아닌 야외의 마을을 박물관으로 만들었습니다.

5 1문단에서는 최초의 박물관으로 무세이온을 설명하고 있고, 2문단에서는 중세와 근대의 박물관을, 3문단에서는 최초의 국립 박물관과 야외 박물관을 설명하고 있습니다. 4문단에서는 오늘날의 다양한 박물관을 설명하며 마무리하고 있습니다.

6 박물관은 고대에 화려한 예술품으로 장식한 무세이온 사원으로 시작되었습니다. 중세에는 다른 나라의 예술품을 전시한 교회가 일종의 박물관의 역할을 하였고, 귀족들이 수집한 작품을 전시한 가정 박물관도 있었습니다. 근대에는 미술 역사 박물관이나 자연사 박물관 등이 발달하였습니다. 오늘날에는 다양한 주제의 전시물과 체험 활동이 있는 공간으로 박물관이 만들어지고 있습니다.

7 (1) '최초'는 '맨 처음.'이라는 뜻으로 (1)의 문장에 들어가는 것이 알맞습니다.
(2) '부유'는 '재물이 넉넉함.'이라는 뜻으로 (2)의 문장에 들어가는 것이 알맞습니다.
(3) '실감'은 '실제로 겪는 느낌.'이라는 뜻으로 (3)의 문장에 들어가는 것이 알맞습니다.
(4) '야외'는 '집 밖.'이라는 뜻으로 (4)의 문장에 들어가는 것이 알맞습니다.
(5) '수집'은 '취미나 연구를 위하여 여러 가지 물건이나 재료를 찾아 모음.'이라는 뜻으로 (5)의 문장에 들어가는 것이 알맞습니다.

비주얼 사회 교과서 개념　　**073**쪽

(1) **박물관**　(2) **유물**

(1) '옛날 사람들이 남긴 흔적을 모으고 보존하며 연구하는 곳.'을 '박물관'이라고 합니다.
(2) '옛날 사람들이 남긴 형체가 있는 물건 중 크기가 작고 옮길 수 있는 것.'을 '유물'이라고 합니다.

- **글의 종류** 설명하는 글
- **글의 특징** 도산 안창호 선생의 업적과 그의 정신을 기념하고자 만든 도산 공원에 대해 설명하고 있습니다.
- **주제** 도산 안창호 선생의 업적과 그를 기념하고자 만든 도산 공원

075~076쪽

1 안창호　　**2** ④　　**3** ⑤　　**4** (1) ✕

5

문단	중심 내용
1	(독립운동) 지도자 도산 안창호 선생
2	도산 (안창호) 선생의 업적
3	안창호 선생을 기념하는 (도산 공원)
4	도산 안창호 (기념관)에서 하는 일

6

도산 안창호 선생	도산 공원
• (일제) 강점기의 독립운동가임. • 점진 학교와 대성 학교를 세우고, 신문을 펴냄. • 흥사단과 신민회를 만듦.	• 도산 안창호 선생의 유해를 묻은 묘소가 있음. • 도산 안창호 선생 동상, 비석 등의 기념물이 있음. • 도산 안창호 (기념관)이 있음.

도산 안창호 선생의 (애국정신)과 교육 정신을 기념하기 위해서 만듦.

7 (1) 주권　　(2) 학술　　(3) 후유증　　(4) 유해

　　(5) 지도자

1 이 글은 도산 안창호 선생에 대해 설명하고 있는 글입니다.

2 도산 공원은 돌아가신 안창호 선생을 기념하기 위해 우리 정부가 만들었습니다.

> **오답 풀이**
> ① 2문단에서 안창호 선생은 점진 학교와 대성 학교를 세워 우리 민족을 교육하였다고 하였습니다.
> ② 2문단에서 안창호 선생은 민족 운동 단체인 흥사단을 만들었다고 하였습니다.
> ③ 2문단에서 안창호 선생은 비밀 단체인 신민회를 만들어 일제에 맞서 싸웠다고 하였습니다.
> ⑤ 2문단에서 안창호 선생은 서양에서 들어온 신학문을 받아들이고 신문을 펴냈다고 하였습니다.

3 3문단에서 도산 공원은 우리 정부가 안창호 선생의 애국정신과 교육 정신을 기념하기 위해 만들었다고 하였습니다.

4 이 글은 일제 강점기 시대에 독립운동을 한 안창호 선

생에 대해 설명하고 있습니다. 또한 보기에 담긴 안창호 선생의 말씀을 통해 위대한 애국정신을 느낄 수 있습니다. 하지만 이 글과 보기에서 안창호 선생의 가족에 대한 마음은 알 수 없습니다.

> **오답 풀이**
> (2) 2문단에서 안창호 선생이 우리나라의 빼앗긴 주권을 되찾기 위해 여러 방면으로 독립운동을 했음을 알 수 있습니다.
> (3) 3문단에서 안창호 선생은 일제로부터 받은 모진 고문의 후유증으로 독립을 보지 못한 채 목숨을 잃었다고 하였습니다.

5 1문단에서는 독립운동 지도자 도산 안창호 선생을, 2문단에서는 도산 안창호 선생의 업적을 설명하고 있습니다. 3문단에서는 도산 안창호 선생을 기념하기 위해 만들어진 도산 공원에 대해서, 4문단에서는 도산 안창호 기념관에서 하는 일을 설명하고 있습니다.

6 도산 안창호 선생은 일제 강점기 때의 독립운동가로 점진 학교와 대성 학교를 세우고, 신문을 펴내어 우리 민족을 교육하고, 흥사단과 신민회를 만들어 일제에 맞서 싸웠습니다. 이러한 도산 안창호 선생의 애국정신과 교육 정신을 기념하기 위해 도산 공원이 만들어졌고, 도산 공원에는 도산 안창호 선생의 묘소, 동상, 비석, 도산 안창호 기념관 등이 있습니다.

7 (1) '주권'은 '국가의 의사를 최종적으로 결정하는 권력.'이라는 뜻입니다.
(2) '학술'은 '학문과 기술을 아울러 이르는 말.'이라는 뜻입니다.
(3) '후유증'은 '어떤 병을 앓고 난 뒤에도 남아 있는 병적인 증상.'이라는 뜻입니다.
(4) '유해'는 '주검을 태우고 남은 뼈. 또는 무덤 속에서 나온 뼈.'라는 뜻입니다.
(5) '지도자'는 '남을 가르쳐 이끄는 사람.'이라는 뜻입니다.

비주얼 사회 교과서 개념　　**077쪽**

(1) 기념관　(2) 기념비

(1) '뜻깊은 일이나 훌륭한 인물 등을 오래도록 잊지 아니하고 마음에 간직하기 위하여 세운 건물.'을 '기념관'이라고 합니다.

(2) '뜻깊은 일이나 훌륭한 인물 등을 오래도록 잊지 아니하고 마음에 간직하기 위하여 세운 비석.'을 '기념비'라고 합니다.

- **글의 종류** 설명하는 글
- **글의 특징** 고구려의 영토를 확장한 광개토 대왕의 업적과 고구려의 흔적이 남아 있는 유적지를 소개하는 글입니다.
- **주제** 고구려의 영토 확장과 그 흔적

079~080 쪽

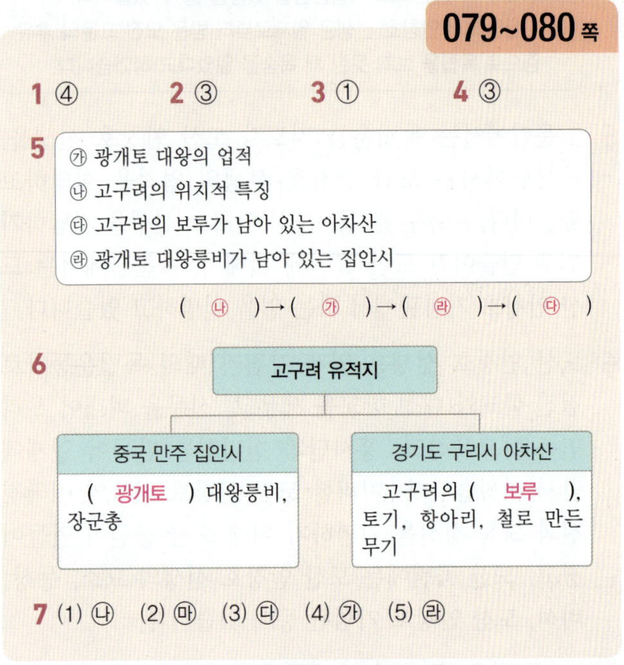

1 이 글은 고구려의 역사와 흔적이 남아 있는 유적지를 설명하고 있습니다. 따라서 이 글을 쓴 목적으로 알맞은 것은 ④입니다.

2 ■문단에서 고구려는 북쪽 압록강 근처에서 시작한 나라로, 높은 산이 많고 농사를 지을 만한 평야는 적었다고 하였습니다. 그래서 고구려는 농사를 짓기 좋은 평야 지역을 차지하기 위해 주변 나라들을 정복해 나갔다고 하였습니다.

> **오답 풀이**
> ① ■문단을 통해 고구려가 평양으로 수도를 옮기기 전까지 고구려의 수도는 국내성이었음을 알 수 있습니다.
> ② ■문단을 통해 광개토 대왕이 신라에 쳐들어온 일본을 물리치기 위해 군사를 보냈음을 알 수 있습니다.
> ④ ■문단을 통해 고구려가 한강 주변을 차지했던 시기에 쌓았던 보루가 아차산에 남아 있음을 알 수 있습니다.
> ⑤ ■문단을 통해 고구려의 전성기에는 우리나라 중부 지역부터 중국 만주 지역까지 이르는 영토를 차지했음을 알 수 있습니다.

3 ■문단에서 중국 집안시에는 광개토 대왕릉비뿐 아니라 장군총 등 고구려의 유물과 유적이 남아 있다고 하였습니다. 그러나 광개토 대왕릉비가 언제 발견되었는지에 대한 내용은 없습니다.

4 '그래서'는 앞에서 말한 일이 뒤에서 말할 일의 원인이나 이유가 됨을 나타내는 말입니다. ㉠의 앞에 나온 고구려에 좋은 밭이 없어서 늘 곡식이 부족한 점이 ㉠의 뒤에 나온 농사를 짓기 좋은 평야 지역을 차지하기 위해 주변 나라들을 정복해 나간 것의 이유가 되므로, '그래서'가 들어가는 것이 알맞습니다.

> **오답 풀이**
> ① 그러나: 그와는 다르게. 그 반대로.
> ② 하지만: 그것이 사실이지만. 그렇다고 해도.
> ④ 왜냐하면: 그 이유는.
> ⑤ 그렇지만: 그것이 사실이지만.

5 ■문단에서는 고구려의 위치적 특징을, ■문단에서는 광개토 대왕의 업적을 설명하였습니다. ■문단에서는 광개토 대왕릉비가 남아 있는 집안시를, ■문단에서는 고구려의 보루가 남아 있는 아차산을 소개하고 있습니다.

6 중국 만주 집안시의 고구려 유적지에는 광개토 대왕릉비와 장군총이 남아 있습니다. 그리고 우리나라 경기도 구리시 아차산의 고구려 유적지에는 고구려의 보루, 토기, 항아리, 철로 만든 무기 등이 남아 있다고 하였습니다.

7 (1) '영토'는 '한 국가의 땅.'이라는 뜻입니다.
(2) '업적'은 '어떤 사업이나 연구 등에서 수고를 들여 이룩해 놓은 결과.'라는 뜻입니다.
(3) '추정'은 '미루어 생각하여 판정함.'이라는 뜻입니다.
(4) '평야'는 '아주 넓은 들.'이라는 뜻입니다.
(5) '전성기'는 '힘이나 세력 따위가 한창 왕성한 시기.'라는 뜻입니다.

비주얼 사회 교과서 개념　　**081** 쪽

(1) 유적　　(2) 발굴

(1) '옛날 사람들의 흔적이 남아 있는 곳 중에서 크기가 크고 옮길 수 없는 것.'을 '유적'이라고 합니다.

(2) '땅속이나 큰 덩치의 흙, 돌 더미 따위에 묻혀 있는 것을 찾아서 파냄.'을 '발굴'이라고 합니다.

- **글의 종류** 생활문
- **글의 특징** 강진의 고려청자 요지와 고려청자 박물관, 영랑 생가를 답사한 일에 대해 쓴 글입니다.
- **주제** 자연과 역사, 문화가 살아 있는 강진 답사

083~084 쪽

1 ①, ②　　　2 ⑤　　　3 ⑤　　　4 찬희

5
문단	중심 내용
1	강진을 (답사)하는 목적
2	강진의 여러 가지 (볼거리)
3	강진의 고려청자 요지와 고려청자 (박물관) 답사
4	강진의 (영랑) 생가 답사
5	(강진)을 답사한 뒤 깨달은 점

6
답사 목적	강진이 유명한 (관광지)가 될 수 있었던 까닭을 조사하기 위해서
답사 장소	• (고려청자) 요지와 고려청자 박물관 • 영랑 생가
깨달은 점	(강진)은 역사와 문화, 자연이 어우러져 볼거리가 많은 지역이라 찾는 사람이 많다는 것을 깨달음.

7 (1) 원료　(2) 진가　(3) 일번지　(4) 고려청자

　(5) 생가

1 이 글은 강진을 답사한 일에 대해서 쓴 글입니다. 따라서 이 글에서 가장 중심이 되는 낱말은 '강진'과 '답사'입니다.

2 3문단을 통해 고려청자 요지는 천연기념물로 보호되고 있는 자연물이 있는 곳이 아니라 고려청자와 도기를 구웠던 가마터가 있는 곳임을 알 수 있습니다.

① 1문단에서 강진은 전라남도에서도 남쪽의 맨 끝에 자리하고 있는 곳이라고 하였습니다.
② 3문단에서 강진에는 도자기의 원료인 흙이 풍부하다고 하였습니다.
③ 4문단에서 영랑 생가는 안채와 사랑채, 문간채가 있다고 하였습니다.
④ 4문단에서 김영랑은 「모란이 피기까지는」 등 아름다운 시를 썼다고 하였습니다.

3 1문단에서 글쓴이는 원래 강진은 주목받는 관광지가 아니었지만, 유명한 관광지가 될 수 있었던 까닭을 조사하기 위해서 강진을 답사하기로 하였습니다.

4 1문단에서 원래 강진은 주목받는 관광지가 아니었다고 하였습니다.

영현: 이 글에 나온 강진의 볼거리 외에도 강진의 먹을거리나 특산물에 대해서 더 알고 싶다고 하였습니다.
진영: 글쓴이가 답사하지 않은 정약용의 유배지와 정약용에 대해 더 알고 싶다고 하였습니다.

5 1문단에서는 강진이 유명한 관광지가 될 수 있었던 까닭을 조사하기 위해 강진을 답사하기로 했고, 2문단에서는 강진의 여러 가지 볼거리를 조사한 후 답사 계획을 세웠습니다. 3문단에서는 강진의 고려청자 요지와 고려청자 박물관을 답사하였고, 4문단에서는 영랑 생가를 답사하였습니다. 5문단에서는 강진을 답사한 뒤 답사 보고서를 작성하며 깨달은 점을 밝혔습니다.

6 글쓴이는 강진이 유명한 관광지가 될 수 있었던 까닭을 조사하기 위해 강진을 답사하였고, 그곳에서 고려청자 요지와 고려청자 박물관, 영랑 생가를 답사했습니다. 그리고 강진은 역사와 문화, 자연이 어우러져 볼거리가 많은 지역이라 찾는 사람이 많다는 것을 깨달았습니다.

7 (1) '원료'는 '어떤 물건을 만드는 데 들어가는 재료.'라는 뜻입니다.
(2) '진가'는 '참된 값어치.'라는 뜻입니다.
(3) '일번지'는 '어떤 분야에서 가장 뛰어난 곳을 비유적으로 이르는 말.'이라는 뜻입니다.
(4) '고려청자'는 '고려 시대에 만들어진 푸른빛의 자기를 통틀어 이르는 말.'이라는 뜻입니다.
(5) '생가'는 '어떤 사람이 태어난 집.'이라는 뜻입니다.

비주얼 사회 교과서 개념　**085 쪽**

(1) 답사　　(2) 보고서

(1) '어떤 곳에 가서 직접 보고 조사함.'을 '답사'라고 합니다.

(2) '답사하면서 수집한 자료, 면담 및 설문지, 사진 등을 활용하여 답사한 일을 보고하는 글이나 문서.'를 '답사 보고서'라고 합니다.

- **글의 종류** 설명하는 글
- **글의 특징** 사회화되지 않은 빅터의 사례를 제시한 뒤 개인에게 영향을 끼치는 사회화 기관에 대해 설명하는 글입니다.
- **주제** 사회화의 필요성과 개인에게 영향을 끼치는 사회화 기관

089~090 쪽

1 ③　　**2** (1) ㉰　(2) ㉮　(3) ㉯

3 예서　　**4** ①

5
㉮ 사화화 학습에 실패한 빅터
㉯ 유년기 사회화 기관의 중요성
㉰ 사회화의 특징과 시기에 따른 사회화 기관
㉱ 사회화의 뜻과 빅터가 사회 구성원이 되지 못한 까닭

(㉮) → (㉱) → (㉰) → (㉯)

6
(사회화)　개인이 사회 구성원으로 살아가면서 사회에서 살아가는 데 필요한 것들을 배워 가는 과정

사회화 기관

(가정)　　또래 집단　　학교

7 (1) 시기　(2) 체계적　(3) 영향　(4) 구성원
(5) 격리

1 이 글은 사회 구성원으로 살아가기 위한 사회화의 필요성과 사회화 기관에 대해 설명하는 글입니다.

2 가정은 가장 먼저 사회화가 이루어지는 곳으로, 기초적인 생활 습관 등을 배우는 곳입니다. 학교는 사회를 살아가는 데 필요한 지식이나 가치 등을 체계적으로 배우는 곳입니다. 또래 집단은 청소년기에 많은 영향을 끼치며, 놀이를 통해 규칙과 질서 등을 배울 수 있습니다.

3 ❶문단에서 빅터는 사회화에 실패하여 격리되었다고 하였습니다. 빅터가 사회화에 성공했다면 청소년기에는 사회화 기관의 영향을 받으며 살아갈 수 있었을 것입니다.

오답 풀이

현종: 18세기에도 학교는 있었으며 빅터가 사회화가 이루어지지 않은 것과 학교와는 관련이 없습니다.
태성: 빅터는 가정과 또래 집단을 통한 사회화가 모두 이루어지지 않았음을 알 수 있습니다.

4 ㉠과 바꾸어 쓸 수 있는 말은 '노력이나 기술 따위를 들여 목적하는 사물을 이룬다.'는 뜻을 가진 ①이 알맞습니다.

오답 풀이

② 어질고 슬기로워 사리에 밝다.
③ 귀중하고 요긴하다.
④ 자신의 말과 행동에 대하여 잘못이나 부족함이 없는지 돌이켜 본다.
⑤ 어떤 행동이나 견해, 제안 따위가 옳거나 좋다고 판단하여 수긍한다.

5 ❶문단에서는 사회화 학습에 실패한 빅터의 이야기를 소개하고, ❷문단에서는 빅터가 사회화되지 못한 까닭을 설명하였습니다. ❸문단에서는 사회화의 특징과 시기에 따른 사회화 기관을 설명하였고 ❺문단에서는 유년기 사회화 기관의 중요성을 설명하며 마무리하였습니다.

6 개인이 사회 구성원으로 살아가면서 사회에서 살아가는 데 필요한 것들을 배워 가는 과정이 사회화라고 설명하였습니다. 그리고 사회화 기관으로 가정, 또래 집단, 학교에 대해 설명하였습니다.

7 (1) '시기'는 '어떤 일이나 현상이 진행되는 시점.'이라는 뜻입니다.
(2) '체계적'은 '일정한 원리에 따라서 낱낱의 부분이 짜임새 있게 조직되어 통일된 전체를 이루는 것.'이라는 뜻입니다.
(3) '영향'은 '어떤 사물의 효과나 작용이 다른 것에 미치는 일.'이라는 뜻입니다.
(4) '구성원'은 '어떤 조직이나 단체를 이루고 있는 사람.'이라는 뜻입니다.
(5) '격리'는 '다른 것과 서로 통하지 못하게 사이가 막히거나 분리됨.'이라는 뜻입니다.

비주얼 사회 교과서 개념　　**091** 쪽

(1) 개인　　(2) 구성원

(1) '국가나 사회, 단체 등을 구성하는 낱낱의 사람.'을 '개인'이라고 합니다.
(2) '어떤 사회를 이루고 있는 사람.'을 '사회 구성원'이라고 합니다.

- **글의 종류** 주장하는 글
- **글의 특징** 다른 사람과 조화롭게 살아가기 위한 삶의 태도에 대해 주장하는 글입니다.
- **주제** 다른 사람과 조화롭게 살아가기 위한 삶의 태도

093~094 쪽

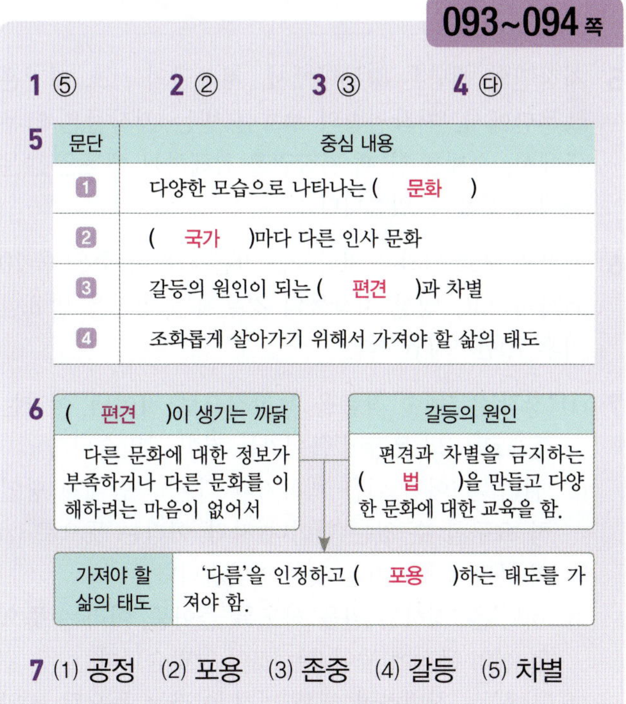

1 이 글에서는 다른 사람과 조화롭게 살아가기 위해 나와 다른 사람의 '다름'을 인정하고 포용하자고 이야기하고 있습니다. 따라서 글쓴이가 이 글을 쓴 목적으로 알맞은 것은 ⑤입니다.

2 4 문단을 보면 문화는 옳음과 그름을 판단할 수 없다고 하였습니다.

3 우리나라와 다른 인사 문화를 가진 국가는 설명하고 있지만, 종교가 다른 국가에 대한 내용은 없습니다.

> **오답 풀이**
> ① 3 문단에서 다른 문화에 대한 정보가 부족하거나 다른 문화를 이해하는 마음이 없다면 편견이 생김을 알 수 있습니다.
> ② 1 문단에서 말레이시아의 인사 문화를 알 수 있습니다.
> ④ 3 문단에서 물건을 건넬 때 우리나라와 미국의 차이를 알 수 있습니다.
> ⑤ 1 문단에서 오늘날에 다른 문화를 만날 기회가 많아진 까닭을 알 수 있습니다.

4 ㉯는 직업에 대한 편견에 해당하는 사례입니다.

> **오답 풀이**
> ㉮ 남자도 간호사나 유치원 선생님을 할 수 있다는 것은 편견이 아니라 편견 없이 공정한 생각을 한 것입니다.
> ㉰ 편견 없이 다른 나라의 식사 문화를 포용하는 태도입니다.

5 1 문단에서는 다양한 모습으로 나타나는 문화를, 2 문단에서는 국가마다 다른 인사 문화를 설명하였습니다. 3 문단에서는 갈등의 원인이 되는 편견과 차별을 이야기하고, 4 문단에서는 조화롭게 살아가기 위해서 우리가 가져야 할 삶의 태도를 전달하며 마무리하였습니다.

6 이 글에서는 다른 문화에 대한 정보가 부족하거나 다른 문화를 이해하려는 마음이 없으면 편견이 생긴다고 하였습니다. 따라서 갈등 없이 조화롭게 살아가기 위해서 차별을 금지하는 법을 만들기도 하고, 개인은 '다름'을 인정하고 포용하는 태도를 가져야 한다고 하였습니다.

7 (1) '공정'은 '공평하고 올바름.'이라는 뜻입니다.
(2) '포용'은 '남을 너그럽게 감싸 주거나 받아들임.'이라는 뜻입니다.
(3) '존중'은 '높이어져 귀중하게 대함.'이라는 뜻입니다.
(4) '갈등'은 '서로 대립되는 입장·견해·이해 때문에 생기는 충돌.'이라는 뜻입니다.
(5) '차별'은 '사회에서 옳지 않게 남보다 낮은 대우를 하는 것.'이라는 뜻입니다.

> **오답 어휘 설명**
> (1) '공감'은 '남의 감정, 의견, 주장 따위에 대하여 자기도 그렇다고 느낌.'이라는 뜻입니다.
> (2) '포기'는 '하려던 일을 도중에 그만두어 버림.'이라는 뜻입니다.
> (3) '존대'는 '존경하여 받들어 대접하거나 대함.'이라는 뜻입니다.
> (4) '갈증'은 '목이 말라 물을 마시고 싶은 느낌.'이라는 뜻입니다.
> (5) '차이'는 '서로 같지 아니하고 다름.'이라는 뜻입니다.

비주얼 사회 교과서 개념   **095 쪽**

(1) 고정관념   (2) 편견

(1) '머릿속에서 이미 굳게 자리 잡고 있어서 쉽게 바뀌지 않는 생각.'을 '고정관념'이라고 합니다.

(2) '공정하지 못하고 한쪽으로 치우친 생각.'을 '편견'이라고 합니다.

보호해야 하는 저작권

- **글의 종류** 설명하는 글
- **글의 특징** 저작물을 만든 사람의 권리를 보호하는 저작권에 대해 설명하는 글입니다.
- **주제** 저작권의 인정 범위와 보호 기간

097~098 쪽

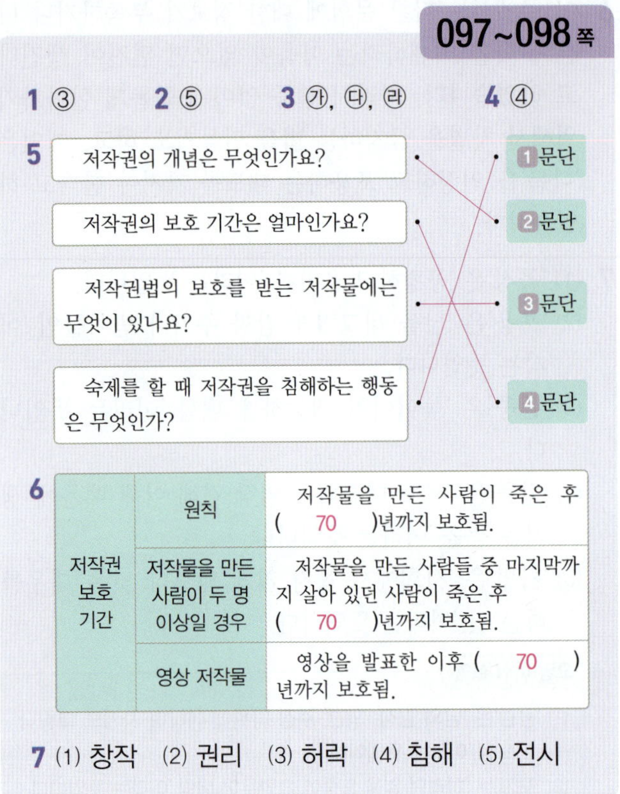

1 ③　　**2** ⑤　　**3** ㉮, ㉯, ㉰　　**4** ④

5
- 저작권의 개념은 무엇인가요? — **2** 문단
- 저작권의 보호 기간은 얼마인가요? — **4** 문단
- 저작권법의 보호를 받는 저작물에는 무엇이 있나요? — **3** 문단
- 숙제를 할 때 저작권을 침해하는 행동은 무엇인가? — **1** 문단

6

저작권 보호 기간	원칙	저작물을 만든 사람이 죽은 후 (70)년까지 보호됨.
	저작물을 만든 사람이 두 명 이상일 경우	저작물을 만든 사람들 중 마지막까지 살아 있던 사람이 죽은 후 (70)년까지 보호됨.
	영상 저작물	영상을 발표한 이후 (70)년까지 보호됨.

7 (1) 창작　(2) 권리　(3) 허락　(4) 침해　(5) 전시

1 이 글은 저작물을 만든 사람의 권리를 보호하는 저작권에 대해 설명하는 글이므로 '저작권'이 들어가는 것이 가장 알맞습니다.

2 **1** 문단을 보면 출처를 밝힌다고 해도 자료를 만든 사람의 허락을 받지 않는다면 저작권을 침해한 것이라고 했습니다.

오답 풀이

① **4** 문단을 보면 저작권은 영원하지 않고 정해진 기간 동안에만 보호됩니다.
② **3** 문단을 보면 모든 저작물에 대해서 저작권이 인정되는 것은 아닙니다.
③ **4** 문단을 보면 저작권은 저작물을 만든 사람이 살아 있는 동안뿐만 아니라 그 사람이 죽은 후 70년까지 보호됩니다.
④ **4** 문단을 보면 영상 저작물은 영상을 발표한 이후 70년까지 저작권이 보호됩니다.

3 친구의 시는 어문 저작물, 작년에 상영한 영화는 영상 저작물, 두 명의 작곡가가 함께 만든 가요는 음악 저작물로 저작권이 인정되어 저작권법으로 보호됩니다. 하지만 일기 예보는 공공의 정보이기 때문에 저작권법으로 보호되지 않습니다.

4 '구속이나 속박 따위가 없이 제 마음대로 할 수 있게.'라는 뜻을 가진 말은 '자유롭게'입니다.

오답 풀이

① '새롭게'의 뜻은 '지금까지 있은 적이 없게.'입니다.
② '어렵게'의 뜻은 '하기가 까다로워 힘에 겹게.'입니다.
③ '비싸게'의 뜻은 '드는 비용이 보통보다 높게.'입니다.
⑤ '번거롭게'의 뜻은 '일의 갈피가 어수선하고 복잡한 데가 있게.'입니다.

5 저작권의 개념은 **2** 문단에서, 저작권의 보호 기간은 **4** 문단에서, 저작권법의 보호를 받는 저작물은 **3** 문단에서, 숙제를 할 때 저작권을 침해하는 행동은 **1** 문단에서 찾을 수 있습니다.

6 저작권 보호 기간은 저작물을 만든 사람이 죽은 후 70년까지이고, 영상 저작물의 경우에는 영상을 발표한 이후 70년까지입니다.

7 (1) '창작'은 '예술 작품을 독창적으로 지어냄.'이라는 뜻으로 (1)의 문장에 들어가는 것이 알맞습니다.
(2) '권리'는 '어떤 일을 행하거나 다른 사람에게 당연히 요구할 수 있는 힘이나 자격.'이라는 뜻으로 (2)의 문장에 들어가는 것이 알맞습니다.
(3) '허락'은 '청하는 일을 하도록 들어줌.'이라는 뜻으로 (3)의 문장에 들어가는 것이 알맞습니다.
(4) '침해'는 '침범하여 해를 끼침.'이라는 뜻으로 (4)의 문장에 들어가는 것이 알맞습니다.
(5) '전시'는 '찾아온 사람들에게 보여 주도록 여러 가지 물품을 한곳에 차려 놓음.'이라는 뜻으로 (5)의 문장에 들어가는 것이 알맞습니다.

비주얼 사회 교과서 개념　　**099 쪽**

(1) 재산권　(2) 창작물

(1) '지적 활동으로 만들어 낸 창작물에 대한 권리.'를 '지식 재산권'이라고 합니다.

(2) '예전에 있던 작품을 따라 하거나 흉내 내지 않고 새롭게 만든 예술 작품.'을 '창작물'이라고 합니다.

- **글의 종류** 설명하는 글
- **글의 특징** 일상생활에서 하는 경제 활동을 생산 활동과 소비 활동으로 나누어 설명하는 글입니다.
- **주제** 경제 활동의 뜻과 종류

101~102 쪽

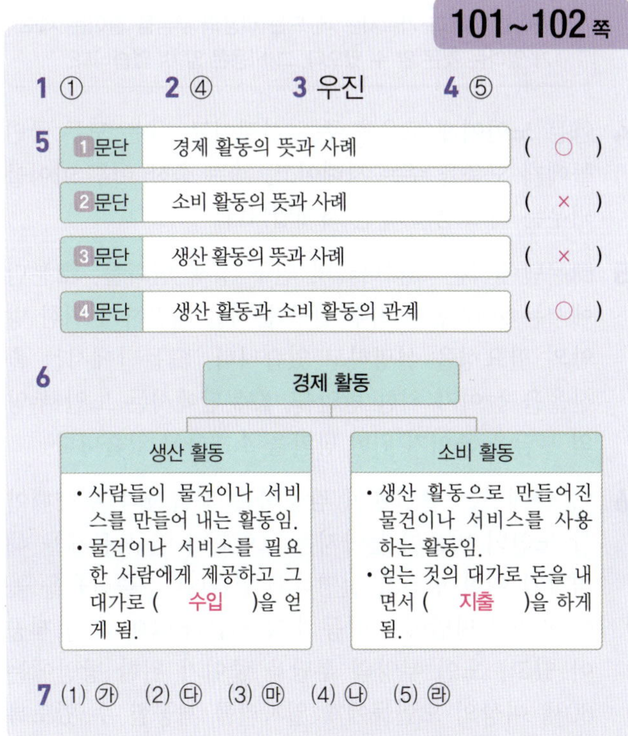

1 이 글은 경제 활동의 뜻과 종류에 대해 설명하고 있습니다. 따라서 이 글에서 알려 주는 것으로 알맞은 것은 ①입니다.

2 2문단을 보면 농부가 과일을 재배하는 것은 생산 활동이라고 했습니다. 따라서 경제 활동에 대한 설명으로 알맞지 않은 것은 ④입니다.

> **오답 풀이**
> ① 수입을 얻게 되는 것은 소비 활동이 아니라 생산 활동을 통해서입니다. 소비 활동을 하면 대가를 지불하면서 지출을 하게 됩니다.
> ② 2문단을 보면 경제 활동에는 생산 활동과 소비 활동이 있다고 했습니다.
> ③ 2문단을 보면 사람들은 생산 활동을 통해 물건이나 서비스를 만들어 낸다고 했습니다.
> ⑤ 1문단에서 경제 활동이란 생활에 필요한 여러 가지 것들을 만들고 사용하는 것과 관련 있는 모든 활동을 말한다고 했습니다.

3 우진이의 할아버지께서 감귤 농사를 지으신다는 것은 소비 활동에 대한 경험이 아니라 생산 활동에 해당하는 내용입니다. 따라서 우진이는 소비 활동에 대한 경험을 말하지 않았습니다.

> **오답 풀이**
> 시현이가 감귤을 샀다거나, 효진이가 감귤주스를 사 먹었다거나, 상욱이가 감귤 캐릭터가 그려진 학용품을 많이 샀다는 것은 모두 소비 활동에 해당합니다.

4 '고장난명(孤掌難鳴)'은 '외손뼉만으로는 소리가 울리지 아니한다는 뜻으로, 혼자의 힘만으로 어떤 일을 이루기 어려움을 이르는 말.'이므로 생산 활동과 소비 활동이 서로 밀접한 관계라는 내용과 어울립니다.

5 1문단에서는 경제 활동의 뜻과 사례를, 2문단에서는 생산 활동의 뜻과 사례를, 3문단에서는 소비 활동의 뜻과 사례를 이야기하고 있습니다. 마지막으로 4문단에서는 경제 활동이 필요한 까닭을 이야기하면서 마무리하고 있습니다.

6 이 글을 통해 경제 활동에는 물건이나 서비스를 만들어 내는 생산 활동과 물건이나 서비스를 사용하는 소비 활동이 있으며, 생산 활동을 통해서는 수입을 얻게 되고, 소비 활동을 통해서는 지출을 하게 된다는 사실을 알 수 있습니다.

7 (1) '재배'는 '식물을 심어 가꿈.'이라는 뜻입니다.
(2) '진료'는 '의사가 환자를 진료하고 치료하는 일.'이라는 뜻입니다.
(3) '수입'은 '돈이나 물품 따위를 거두어들임. 또는 그 돈이나 물품.'이라는 뜻입니다.
(4) '참여'는 '어떤 일에 끼어들어 관계함.'이라는 뜻입니다.
(5) '지출'은 '어떤 목적을 위하여 돈을 지급하는 일.'이라는 뜻입니다.

비주얼 사회 교과서 개념   **103 쪽**

(1) 생산   (2) 소비

(1) '생활에 필요한 물건을 만들거나 생활을 편리하고 즐겁게 하는 활동을 제공하는 것.'을 '생산'이라고 합니다.

(2) '생활에 필요한 물건이나 생활을 편리하고 즐겁게 해 주는 활동을 이용하는 것.'을 '소비'라고 합니다.

- **글의 종류** 설명하는 글
- **글의 특징** 저출산과 고령화 현상의 인구 문제를 해결하기 위한 방안을 소개하는 글입니다.
- **주제** 저출산과 고령화 현상의 인구 문제와 이를 해결하기 위한 방안

105~106 쪽

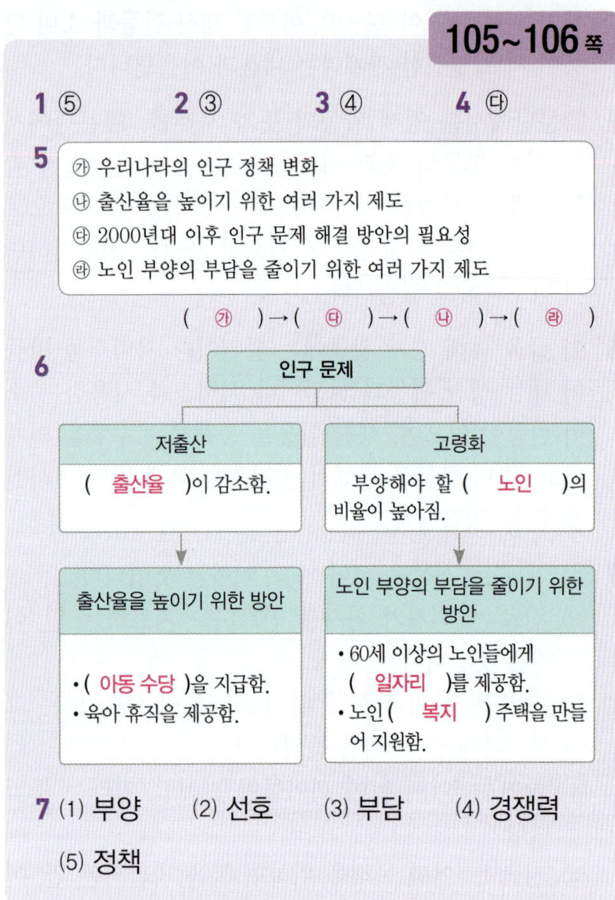

1 이 글은 우리나라의 인구 문제를 해결하기 위한 방안을 설명하는 글입니다.

2 4문단에서 우리나라를 포함하여 프랑스, 일본 등의 국가에는 아동 수당을 지급하는 제도가 있다고 하였습니다.

① 2문단에서 우리나라는 저출산과 고령화 현상으로 인해 인구 문제를 겪고 있다고 하였습니다.
② 5문단에서 우리나라는 노인들을 위한 주택인 '노인복지주택'이 있다고 하였습니다.
④ 3문단에서 생산 활동을 할 수 있는 인구가 줄어들면 국가의 경쟁력도 떨어진다고 하였습니다.
⑤ 1문단에서 1960년대에 우리나라는 아이를 너무 많이 낳는 것이 문제여서 출산율을 낮추려는 정책을 펼쳤다고 하였습니다.

3 2문단을 통해 2000년대 이후부터 저출산 현상이 나타났음을 알 수 있습니다.

① 우리나라에 아동 수당을 지급하는 제도가 있다는 것은 알 수 있지만 얼마인지는 알 수 없습니다.
② 노인 인구가 많아지고 있음은 알 수 있지만, 몇 명인지는 알 수 없습니다.
③ 생산 활동이 가능한 인구가 늘어야 경쟁력이 올라가는 것은 알 수 있으나, 국가의 경쟁력이 가장 높은 나라는 알 수 없습니다.
⑤ 아이를 기르고 가르치는 데 드는 비용의 부담을 줄이는 제도가 있다는 것은 알 수 있으나, 그 비용은 알 수 없습니다.

4 ㉮는 노인에게 도움을 주는 사례이고, ㉯는 모든 국민들에게 도움을 주는 사례이고, ㉰는 출산 이후 아이를 키우는 데 도움을 주는 사례입니다.

5 1문단에서는 우리나라의 인구 정책 변화를, 2문단에서는 2000년대 이후 인구 문제를 해결하기 위한 방안의 필요성을 설명하고 있습니다. 3문단에서는 출산율을 높이기 위한 방안을, 4문단에서는 노인 부양의 부담을 줄이기 위한 방안을 소개하고 있습니다.

6 이 글에서는 출산율이 감소하는 저출산과 부양해야 할 노인의 비율이 높아지는 고령화의 인구 문제를 해결하기 위한 방안을 설명하고 있습니다. 출산율을 높이기 위한 방안에는 아동 수당 지급과 육아 휴직 제공이 있고, 노인 부양의 부담을 줄이기 위한 방안에는 60세 이상의 노인들에게 일자리를 제공할 수 있도록 지원하며, 노인들을 위한 주택인 '노인 복지 주택'을 만들어 지원한다고 하였습니다.

7 (1) '부양'은 '생활 능력이 없는 사람의 생활을 돌봄.'이라는 뜻입니다.
(2) '선호'는 '여럿 가운데서 어떤 것을 특별히 더 좋아하는.'이라는 뜻입니다.
(3) '부담'은 '어떠한 의무나 책임을 짐.'이라는 뜻입니다.
(4) '경쟁력'은 '경쟁할 만한 힘. 또는 그런 능력.'이라는 뜻입니다.
(5) '정책'은 '정치적인 목적을 이루기 위한 방법.'이라는 뜻입니다.

비주얼 사회 교과서 개념   **107 쪽**

(1) 잠재   (2) 생산

(1) '한 나라의 자본과 노동력을 최대한 활용했을 때 성장할 수 있는 정도.'를 '잠재 성장률'이라고 합니다.
(2) '생산 활동을 할 수 있는 15세부터 64세까지의 인구.'를 '생산 가능 인구'라고 합니다.

- **글의 종류** 생활문
- **글의 특징** 한정된 세뱃돈으로 어떤 물건을 살지 고민하면서 기회비용에 대해 알게 된 경험을 쓴 글입니다.
- **주제** 기회비용을 고려한 선택의 필요성

109~110 쪽

1 기회비용 **2** ② **3** 미주 **4** ②

5

문단	중심 내용
1	'나'는 설날에 받은 (세뱃돈)으로 사고 싶은 것들을 떠올림.
2	'나'는 기회비용을 고려한 (선택)의 필요성을 배움.
3	'나'는 앞으로 (기회비용)을 고려해서 현명한 선택을 하겠다고 다짐함.

6

경험한 일	설날에 받은 세뱃돈으로 장갑과 (학용품) 세트를 구매하고 책은 포기함.
↓	
깨달은 것	어떤 (선택)을 하게 되면 그 대가로 다른 어떤 것은 포기해야 함.
↓	
다짐한 것	선택을 할 때 (기회비용)을 고려해 현명한 결정을 해야겠음.

7 (1) 포기 (2) 후회 (3) 고려 (4) 선택 (5) 현명

1 이 글은 설날에 받은 세뱃돈으로 어떤 물건을 선택할지 고민하면서 기회비용을 고려한 선택의 필요성을 깨닫게 된 경험을 쓴 글이므로 ㉠에 들어갈 말은 '기회비용'입니다.

2 **2**문단에서 '나'는 지난달에 산 책을 아직 읽지 못하였다고 하였습니다.

오답 풀이
① **1**문단에서 설날에는 '내'가 좋아하는 떡국을 먹을 수 있다고 하였습니다.
③ **1**문단에서 어머니께서 저축을 하고 남은 돈으로 원하는 것을 사라고 말씀하셨습니다.
④ **2**문단에서 '나'는 장갑과 학용품 세트를 계산하였다고 하였습니다.
⑤ **2**문단에서 '나'는 장바구니에 담았던 책을 제자리에 갖다 놓았습니다.

3 '나'는 장갑, 학용품 세트, 책을 사고 싶어 하였지만, 기회비용을 고려해서 책은 사지 않고 장갑과 학용품 세트만 산 것입니다. 물건을 산 장소와는 관련이 없습니다.

오답 풀이
서하: '나'는 장바구니에 담은 물건들을 계산하려고 하니 돈이 부족하여 한 가지를 포기해야 했습니다. 돈이 부족하지 않았다면 장바구니에 담긴 물건들을 모두 샀을 수도 있습니다.
가람: '나'는 집에 아직 읽지 못한 책들이 많다는 것을 떠올리고 책을 사지 않았으므로, 집에 있는 책들을 모두 읽었다면 책이 아닌 다른 것을 포기했을 수도 있습니다.

4 '어떤 일에 들인 노력이나 그 결과.'의 뜻의 가진 말은 '대가'입니다.

5 **1**문단은 '내'가 설날에 받은 세뱃돈으로 사고 싶은 것들을 떠올린 경험을, **2**문단은 마트에서 기회비용을 고려한 선택의 필요성을 배운 경험을 이야기하고 있습니다. 마지막으로 **3**문단은 앞으로 기회비용을 고려해 현명한 선택을 하겠다는 다짐을 이야기하고 있습니다.

6 '나'는 세뱃돈으로 장갑과 학용품 세트를 구매하였고 책을 포기하였습니다. 이를 통해 어떤 선택을 하게 되면 그 대가로 다른 어떤 것은 포기해야 하는 경우가 있다는 것을 알게 되었고, 앞으로 기회비용을 고려해 현명한 결정을 해야겠다고 다짐하였습니다.

7 (1) '포기'는 '하려던 일을 도중에 그만둠.'이라는 뜻입니다.
(2) '후회'는 '이전의 잘못을 깨치고 뉘우침.'이라는 뜻입니다.
(3) '고려'는 '생각하고 헤아려 봄.'이라는 뜻입니다.
(4) '선택'은 '여럿 가운데서 필요한 것을 골라 뽑음.'이라는 뜻입니다.
(5) '현명'은 '어질고 슬기로워 사리에 밝음.'이라는 뜻입니다.

비주얼 사회 교과서 개념 **111 쪽**

(1) 희소성 (2) 기회비용

(1) '사람이 쓸 수 있는 자원이나 시간이 한정되어 있기 때문에 원하는 것을 모두 가질 수 없는 상태.'를 '자원의 희소성'이라고 합니다.
(2) '선택의 상황에서 어떤 선택을 했을 때 포기하게 된 기회의 가치.'를 '기회비용'이라고 합니다.

- **글의 종류** 설명하는 글
- **글의 특징** 합리적인 선택을 방해하는 묶음 판매의 문제점을 설명하는 글입니다.
- **주제** 합리적인 선택을 방해하는 묶음 판매의 문제점

113~114쪽

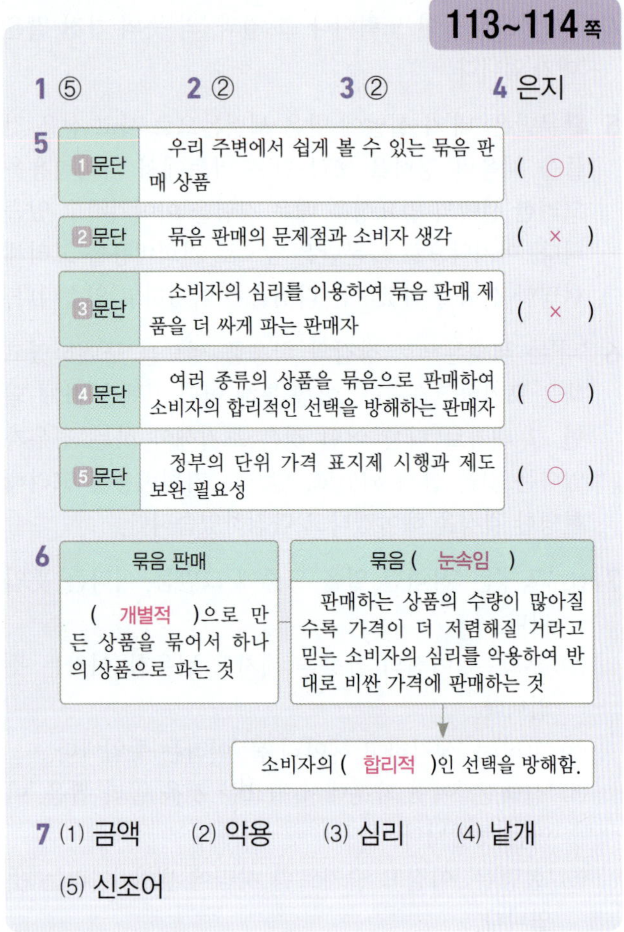

1 ⑤　　2 ②　　3 ②　　4 은지

5

1문단	우리 주변에서 쉽게 볼 수 있는 묶음 판매 상품	(○)
2문단	묶음 판매의 문제점과 소비자 생각	(×)
3문단	소비자의 심리를 이용하여 묶음 판매 제품을 더 싸게 파는 판매자	(×)
4문단	여러 종류의 상품을 묶음으로 판매하여 소비자의 합리적인 선택을 방해하는 판매자	(○)
5문단	정부의 단위 가격 표지제 시행과 제도 보완 필요성	(○)

6

묶음 판매	묶음 (눈속임)
(개별적)으로 만든 상품을 묶어서 하나의 상품으로 파는 것	판매하는 상품의 수량이 많아질수록 가격이 더 저렴해질 거라고 믿는 소비자의 심리를 악용하여 반대로 비싼 가격에 판매하는 것

소비자의 (합리적)인 선택을 방해함.

7 (1) 금액　　(2) 악용　　(3) 심리　　(4) 낱개

(5) 신조어

1 이 글은 합리적인 선택을 방해하는 묶음 판매의 문제점을 설명하는 글입니다.

2 5문단을 보면 단위 가격 표시제는 모든 상품에 적용되는 것이 아니라 적용하는 범위가 정해져 있음을 알 수 있습니다.

> **오답 풀이**
>
> ① 1문단에서 묶음으로 판매하는 제품의 종류가 다양하다고 하였습니다.
> ③ 4문단에서 묶음 눈속임은 소비자의 합리적인 선택을 방해한다고 하였습니다.
> ④ 2문단에서 묶음 판매는 개별적으로 만든 상품을 하나의 상품으로 파는 것이라고 하였습니다.
> ⑤ 4문단에서 여러 종류의 상품을 묶어서 팔면 소비자는 낱개의 가격을 비교하기 더 어렵게 만든다고 하였습니다.

3 묶음 판매가 언제부터 시작되었는지는 이 글을 통해서 알 수 없습니다.

4 은지는 좋아하는 아이스크림이 할인을 해서 한 개 산 것이지, 여러 개의 물건을 묶어서 판 제품을 구매한 것은 아니므로 묶음 판매와는 관계가 없습니다.

> **오답 풀이**
>
> 유진: 떡볶이, 튀김을 세트로 싸게 파는 것도 묶음 판매라 할 수 있습니다.
> 주미: 묶어서 판매하는 상품 수량이 많을수록 싸게 팔 것이라고 생각한 소비자의 심리를 이용한 경우로 묶음 눈속임이라고 할 수 있습니다.

5 1문단에서는 우리 주변에서 쉽게 볼 수 있는 묶음 판매 상품을, 2문단에서는 묶음 판매의 뜻과 묶음 판매 구매를 할수록 생기는 소비자의 생각을, 3문단에서는 소비자의 심리를 이용하여 묶음 판매 제품을 더 비싸게 파는 판매자를, 4문단에서는 여러 종류의 상품을 묶음으로 판매하여 소비자의 합리적인 선택을 방해하는 판매자를, 5문단에서는 정부의 단위 가격 표시제 시행과 제도 보완의 필요성을 이야기하고 있습니다.

6 묶음 판매는 개별적으로 만든 상품을 묶어서 하나의 상품으로 파는 것입니다. 그리고 묶음 눈속임은 판매하는 상품의 수량이 많아질수록 가격이 더 저렴해질 거라고 믿는 소비자의 심리를 이용하여 반대로 비싼 가격에 판매하는 것입니다. 이러한 묶음 눈속임은 소비자의 합리적인 선택을 방해합니다.

7 (1) '금액'은 '돈의 액수.'라는 뜻입니다.
(2) '악용'은 '알맞지 않은 일에 쓰거나 나쁜 일에 씀.'이라는 뜻입니다.
(3) '심리'는 '마음의 움직임이나 의식의 상태.'라는 뜻입니다.
(4) '낱개'는 '여럿 가운데 따로따로인 한 개 한 개.'라는 뜻입니다.
(5) '신조어'는 '새로 생긴 말.'이라는 뜻입니다.

비주얼 사회 교과서 개념　　**115쪽**

(1) 합리적　　　　(2) 낭비

(1) '자신이 가진 돈이나 자원 안에서 적은 비용으로 큰 만족감을 얻을 수 있도록 선택하는 것.'을 '합리적 선택'이라고 합니다.

(2) '시간이나 돈, 물건 등을 헛되이 헤프게 씀.'을 '낭비'라고 합니다.

- **글의 종류** 설명하는 글
- **글의 특징** 생산되는 상품이나 서비스의 종류에 따라 달라지는 1~3차 산업을 분류하여 그 예를 들어 설명하고 우리나라의 산업 발전 과정을 설명하는 글입니다.
- **주제** 생산되는 상품이나 서비스의 종류에 따른 산업의 분류와 우리나라의 산업 발전 과정

117~118쪽

1 ①   **2** ④   **3** ③   **4** ㉯, ㉮, ㉰

5

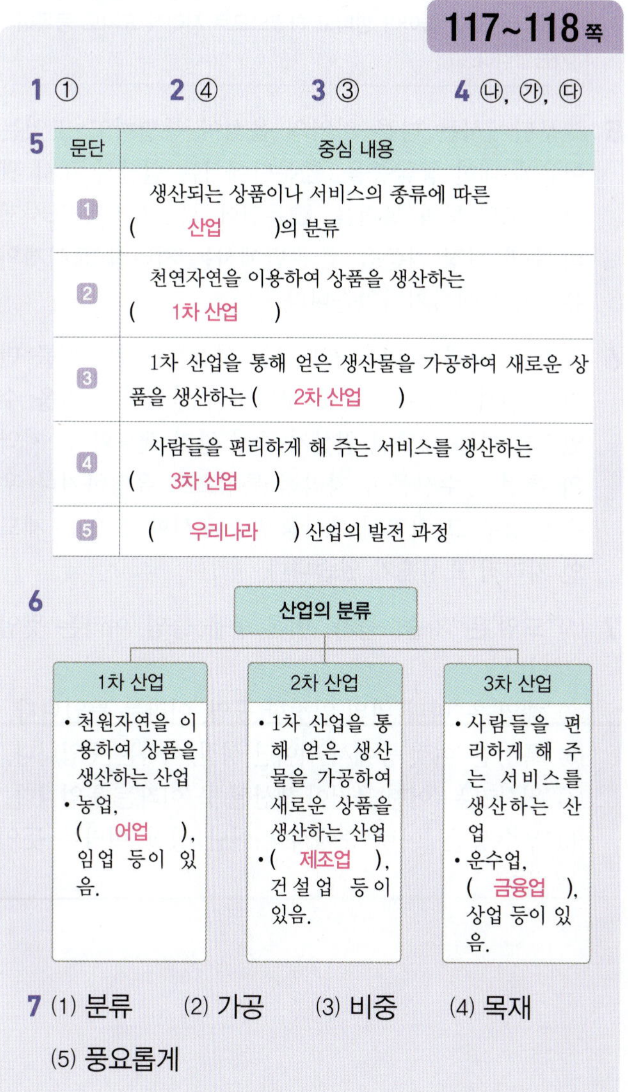

문단	중심 내용
1	생산되는 상품이나 서비스의 종류에 따른 (산업)의 분류
2	천연자연을 이용하여 상품을 생산하는 (1차 산업)
3	1차 산업을 통해 얻은 생산물을 가공하여 새로운 상품을 생산하는 (2차 산업)
4	사람들을 편리하게 해 주는 서비스를 생산하는 (3차 산업)
5	(우리나라) 산업의 발전 과정

6

산업의 분류

1차 산업	2차 산업	3차 산업
• 천원자연을 이용하여 상품을 생산하는 산업 • 농업, (어업), 임업 등이 있음.	• 1차 산업을 통해 얻은 생산물을 가공하여 새로운 상품을 생산하는 산업 • (제조업), 건설업 등이 있음.	• 사람들을 편리하게 해 주는 서비스를 생산하는 산업 • 운수업, (금융업), 상업 등이 있음.

7 (1) 분류   (2) 가공   (3) 비중   (4) 목재

(5) 풍요롭게

1 이 글은 생산되는 상품이나 서비스의 종류에 따라 산업을 분류하여 설명하고 있습니다.

2 **4** 문단을 보면 3차 산업은 사람들을 편리하게 해 주는 서비스를 생산하는 산업입니다.

오답 풀이

①, ③ 1차 산업에 대한 설명입니다.
② 2차 산업은 1차 산업보다 자연환경의 영향을 적게 받는다고 하였지만 3차 산업이 1차 산업보다 자연환경의 영향을 크게 받는지는 이 글에서 알 수 없습니다.
⑤ 2차 산업에 대한 설명입니다.

3 1차 산업이 자연환경의 영향을 받은 사례에 대한 내용은 이 글을 통해 확인할 수 없습니다.

오답 풀이

① **3** 문단을 보면 제조업과 건설업은 모두 2차 산업이라는 공통점이 있음을 알 수 있습니다.
② **2** 문단을 보면, 과일을 재배하는 농업은 1차 산업이라는 것을 알 수 있습니다.
④ **1** 문단을 보면, 산업은 생산되는 상품이나 서비스의 종류에 따라 1차, 2차, 3차 산업으로 나눈다는 것을 알 수 있습니다.
⑤ **5** 문단을 보면, 2차 산업의 종류를 알 수 있습니다.

4 ㉮는 1차 산업을 통해 얻은 생산물을 가공하여 새로운 상품을 생산한 것이므로 2차 산업에 해당하고, ㉯는 자연을 이용해 상품을 생산했으므로 1차 산업에 해당하고, ㉰는 만들어진 물건을 판매하는 상업이므로 3차 산업에 해당합니다.

5 **1** 문단에서는 생산되는 상품이나 서비스의 종류에 따른 산업의 분류를 이야기하고, **2** 문단에서는 천연자연을 이용하여 상품을 생산하는 1차 산업을, **3** 문단에서는 1차 산업을 통해 얻은 생산물을 가공하여 새로운 상품을 생산하는 2차 산업을, **4** 문단에서는 사람들을 편리하게 해 주는 서비스를 생산하는 3차 산업을 예를 들어 설명하였습니다. 마지막으로 **5** 문단에서는 우리나라 산업의 발전 과정을 이야기하며 마무리하였습니다.

6 이 글을 통해 1차 산업에는 농업, 어업, 임업 등이, 2차 산업에는 제조업, 건설업 등이, 3차 산업에는 운수업, 금융업, 상업 등이 있음을 알 수 있습니다.

7 (1) '분류'는 '종류에 따라서 가름.'이라는 뜻입니다.
(2) '가공'은 '원료나 재료에 기술과 힘을 들여 새로운 물건으로 만드는 것.'이라는 뜻입니다.
(3) '비중'은 '다른 것과 비교할 때 차지하는 중요도.'라는 뜻입니다.
(4) '목재'는 '건축이나 가구 따위에 쓰는, 나무로 된 재료.'라는 뜻입니다.
(5) '풍요롭게'는 '흠뻑 많아서 넉넉함이 있게.'라는 뜻입니다.

비주얼 사회 교과서 개념   **119쪽**

(1) 상품   (2) 서비스

(1) '사고파는 물품.'을 '상품'이라고 합니다.

(2) '생활에 직접 도움이 되는 여러 가지를 제공하는 일.'을 '서비스'라고 합니다.

- **글의 종류** 생활문
- **글의 특징** 사람들이 안심하고 농수산물을 살 수 있도록 도입한 지리적 표시제에 대한 글입니다.
- **주제** 사람들이 안심하고 농수산물을 살 수 있도록 도입한 지리적 표시제

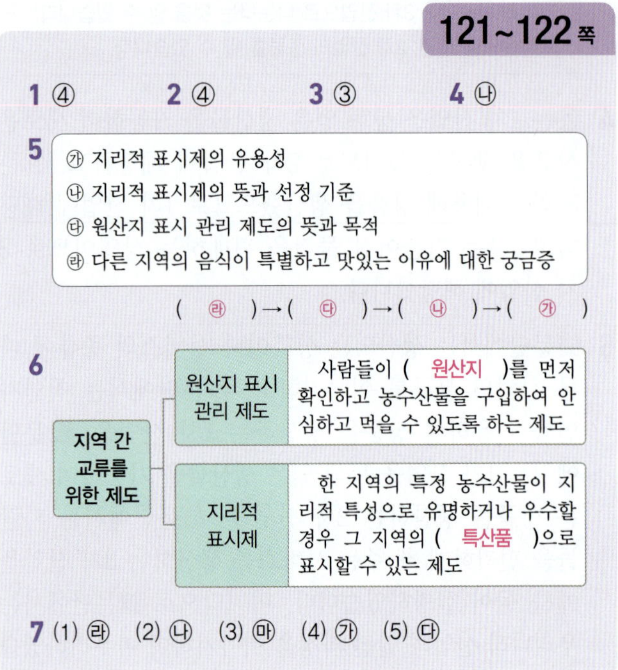

1 이 글은 사람들이 안심하고 농수산물을 살 수 있도록 도입한 지리적 표시제에 대해 설명하는 글입니다.

2 국내에서 생산된 농산물은 겉으로 보기에는 모양이 거의 비슷하여 어느 지역의 것이 더 우수한지 쉽게 구별하기 어렵다고 하였습니다. 그러한 한계를 해결하기 위해 지리적 표시제를 도입하였습니다.

> **오답 풀이**
>
> ① ❷문단에서 값싼 수입 농산물은 국산 제품과 비교하면 한눈에 우수성을 구별할 수 있다고 하였습니다.
> ② ❸문단에서 지리적 표지는 국립농산물품질관리원에서 심의를 거쳐 선정한다고 하였습니다.
> ③ ❹문단에서 지리적 표시제를 통해 100여 개의 농수산물이 지리적 표시로 등록되어 있다고 하였습니다.
> ⑤ ❸문단에서 농수산물에 지리적 표시 등록을 하기 위해서는 그 지역의 농수산물이 다른 지역보다 품질이 좋아야 한다고 하였습니다.

3 원산지 표시 관리 제도는 우리나라에서 판매하는 농수산물에 생산한 지역, 국가, 해역을 모두 표시하도록 하는 제도입니다. 값이 싼 수입 농산물도 어느 국가에서 수입한 것인지 원산지를 표시하게 되어 있어 구매하는 사람들이 원산지를 보고 판단하여 구입할 수 있습니다.

4 지리적 표시를 하기 위해서는 오래전부터 그 농수산물을 생산했는지도 중요하다고 하였습니다. 최근에 개발한 씨 없는 수박은 지리적 표시로 등록하기 어렵습니다.

> **오답 풀이**
>
> ㉮ 지리적 표시를 하기 위해서는 오래전부터 그 농수산물을 생산했는지가 중요하다고 하였으므로 지리적 표지로 등록이 가능합니다.
> ㉰ 지리적 표시를 하기 위해서는 그 지역의 농수산물이 다른 지역보다 품질이 좋아야 한다고 하였으므로 지리적 표지로 등록이 가능합니다.

5 ❶문단에서는 다른 지역의 음식이 특별하고 맛있는 이유에 대한 궁금증을, ❷문단에서는 원산지 표시 관리 제도의 뜻과 목적을, ❸문단에서는 지리적 표시제의 뜻과 선정 기준을, ❹문단에서는 지리적 표시제의 유용성을 이야기하였습니다.

6 지역 간 교류를 위한 제도로는 사람들이 원산지를 먼저 확인하고 농수산물을 구입하여 안심하고 먹을 수 있도록 하는 제도인 원산지 표시 관리 제도와 한 지역의 특정 농수산물이 지리적 특성으로 유명하거나 우수할 경우 그 지역의 특산품으로 표시할 수 있는 제도인 지리적 표시제가 있습니다.

7 (1) '도입'은 '기술, 물자, 이론 등을 들임.'이라는 뜻입니다.
(2) '해역'은 '바다 위의 일정한 구역.'이라는 뜻입니다.
(3) '특정'은 '여럿 중에서 뛰어난 성질.'이라는 뜻입니다.
(4) '원산지'는 '어떤 물건이 생산된 곳.'이라는 뜻입니다.
(5) '우수성'은 '여럿 중에서 뛰어난 성질.'이라는 뜻입니다.

비주얼 사회 교과서 개념   **123**쪽

(1) 교류   (2) 상호

(1) '개인이나 지역이 경제적 이익을 얻기 위해 물건이나 기술, 문화 등을 주고받는 것.'을 '교류'라고 합니다.
(2) '서로 도움을 주고받고 의지하며 살아가는 것.'을 '상호 의존'이라고 합니다.

- **글의 종류** 설명하는 글
- **글의 특징** 대한민국의 주인이 누구인지와 민주주의 국가에서 의사 결정을 하는 방법은 설명하는 글입니다.
- **주제** 민주주의 국가에서 의사 결정을 하는 방법

125~126쪽

1 ⑤   2 ⑤   3 (1) ○   4 우석

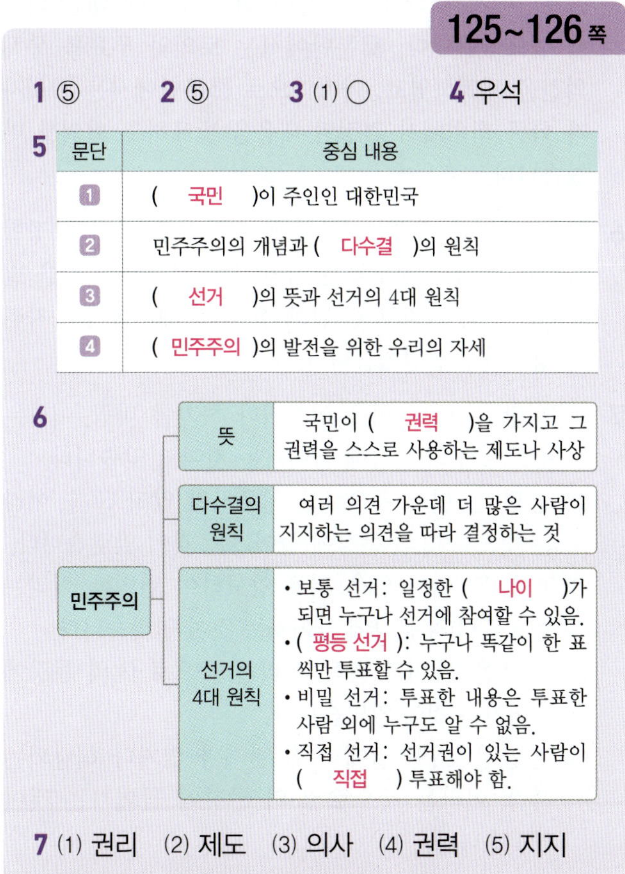

5
문단	중심 내용
1	(국민)이 주인인 대한민국
2	민주주의의 개념과 (다수결)의 원칙
3	(선거)의 뜻과 선거의 4대 원칙
4	(민주주의)의 발전을 위한 우리의 자세

6
민주주의	뜻	국민이 (권력)을 가지고 그 권력을 스스로 사용하는 제도나 사상
	다수결의 원칙	여러 의견 가운데 더 많은 사람이 지지하는 의견을 따라 결정하는 것
	선거의 4대 원칙	• 보통 선거: 일정한 (나이)가 되면 누구나 선거에 참여할 수 있음. • (평등 선거): 누구나 똑같이 한 표씩만 투표할 수 있음. • 비밀 선거: 투표한 내용은 투표한 사람 외에 누구도 알 수 없음. • 직접 선거: 선거권이 있는 사람이 (직접) 투표해야 함.

7 (1) 권리   (2) 제도   (3) 의사   (4) 권력   (5) 지지

1 이 글은 민주주의의 뜻을 밝히며 민주주의 국가에서 의사 결정을 하는 방법에 대해 설명하는 글입니다.

2 ③문단에서 보통 선거의 원칙에 따라 일정한 나이가 되면 선거에 참여할 수 있다고 했습니다.

오답 풀이
① ①문단에서 대한민국의 주권은 국민에게 있다고 하였습니다.
② ①문단에서 주권이란 주인으로서 갖는 권리를 뜻한다고 하였습니다.
③ ②문단에서 국민은 자신의 뜻을 전달할 대표를 투표로 뽑는 선거를 통해 간접적으로 정치에 참여한다고 하였습니다.
④ ②문단에서 다수결의 원칙에 따라 대통령을 뽑으며 더 많은 사람이 지지하는 의견에 따라 결정하는 것이 다수결이라고 하였습니다.

3 대한민국의 주권은 국민에게 있으며 선거로 대표를 뽑는다고 하였으므로 대한민국은 민주주의 국가입니다.

4 우석이는 가장 많은 친구들이 원하는 방법으로 청소 당번을 정한 경험을 말했으므로 다수결의 원칙에 해당합니다.

오답 풀이
희진: 어머니께서 원하시는 음식을 먹은 경험을 말한 것이므로 다수결의 원칙에 해당하지 않습니다.
혜윤: 노래를 가장 잘 부르는 친구의 의견을 따른 것이므로 다수결의 원칙에 해당하지 않습니다.

5 ①문단에서는 대한민국의 주인은 주권을 가진 국민임을 밝혔고, ②문단에서는 민주주의의 개념과 다수결의 원칙을, ③문단에서는 선거의 뜻과 선거의 4대 원칙을 설명했습니다. ④문단에서는 민주주의 발전을 위한 우리의 자세를 이야기하고 있습니다.

6 민주주의란 국민이 권력을 가지고 그 권력을 스스로 사용하는 제도나 사상을 말합니다. 민주주의 국가에서는 다수결의 원칙에 따라 의사를 결정하며, 선거의 4대 원칙에 따라 선거합니다.

7 (1) '권리'는 '어떤 일을 자기 마음대로 할 수 있는 올바른 자격.'이라는 뜻입니다.
(2) '제도'는 '관습이나 도덕, 법률 따위의 규범이나 사회 구조의 체계.'라는 뜻입니다.
(3) '의사'는 '무엇을 하고자 하는 생각.'이라는 뜻입니다.
(4) '권력'은 '남을 복종시키거나 지배할 수 있는 권리와 힘.'이라는 뜻입니다.
(5) '지지'는 '남의 생각을 옳다고 여겨서 그 편을 들거나 도와주는 것.'이라는 뜻입니다.

오답 어휘 설명
(1) '관리'는 '어떤 일이나 물건을 정상적인 상태를 유지하도록 책임지고 보살피며 다루는 것.'이라는 뜻입니다.
(2) '제외'는 '따로 떼어 내어 한데 헤아리지 않음.'이라는 뜻입니다.
(3) '감사'는 '고마움을 나타내는 인사.'라는 뜻입니다.
(4) '경력'은 '겪어 지내 온 여러 가지 일.'이라는 뜻입니다.
(5) '처지'는 '처하여 있는 시점이나 형편.'이라는 뜻입니다.

비주얼 사회 교과서 개념   **127쪽**

(1) 민주주의   (2) 다수결

(1) '모든 구성원이 서로의 생각을 존중하면서 의견을 모아 공동의 문제를 해결하는 방식.'을 '민주주의'라고 합니다.
(2) '더 많은 사람들의 의견에 따라 결정하는 방법.'을 '다수결의 원칙'이라고 합니다.

- **글의 종류** 대화문
- **글의 특징** 이 글은 '교실에서 자리를 어떻게 정할까?'라는 주제로 학급 회의를 진행하는 대화문입니다.
- **주제** 교실에서 자리를 정하는 방식에 대한 학급 회의

129~130 쪽

1 ⑤　　**2** (1) ㉰　(2) ㉯　(3) ㉮

3 ①, ④　　**4** ⑤

5
㉮ 학급 회의를 시작함.
㉯ 토의와 투표를 통해 의견을 채택함.
㉰ 학급 친구들이 회의 주제에 대한 의견을 발표함.
㉱ 학급 회의에서 결정된 내용을 발표하고 회의를 마침.

(㉮) → (㉰) → (㉯) → (㉱)

6

학급 회의 주제	교실에서 (자리)를 어떻게 정할까?
학급 친구들의 의견	• (번호) 순서대로 앉기 • 본인이 희망하는 자리에 앉기 • 제비뽑기와 같은 추첨으로 자리를 정하기

↓

결정된 내용	한 달에 한 번씩 (제비뽑기)로 자리를 정하기로 결정함.

7 (1) 희망　(2) 공평　(3) 타협　(4) 추첨　(5) 본인

---

1 이 글은 교실에서 자리를 정하는 방식을 결정하기 위해 학급 회의를 한 대화문입니다.

2 ❷문단을 보면 찬규는 제비뽑기와 같은 추첨으로 자리를 정하자는 의견을 발표했고, 혜진이는 본인이 희망하는 자리에 앉자는 의견을 발표했습니다. 그리고 수민이는 자리를 정하는 방식을 바꾸는 것보다 지금처럼 번호 순서대로 앉자는 의견을 발표했습니다.

3 제비뽑기로 자리를 결정하자는 의견에 찬성한 까닭은 추첨 방식이 모두에게 공평하고, 여러 친구들과 짝이 되어 다양한 친구를 사귈 수 있어서입니다.

> **오답 풀이**
> ② 원하는 자리에 앉기 위해서는 본인이 희망하는 자리에 앉는 방법이어야 합니다.
> ③ 항상 같은 자리에 앉기 위해서는 번호 순서대로 앉는 방법이어야 합니다.
> ⑤ 제비뽑기 방법은 친한 친구와 가까이 앉는 것과 관련이 없습니다.

4 회의에서 결정된 내용을 발표하는 것은 사회자의 역할입니다. 따라서 ⑤는 회의 참여자의 역할로 알맞지 않습니다.

> **오답 풀이**
> ①, ② 사회자는 회의를 시작하고 마무리하는 등 회의 절차를 안내하는 역할을 합니다.
> ③, ④ 회의 참여자는 자신의 의견을 발표하기도 하고, 다른 사람의 의견을 듣기도 합니다.

5 ❶문단에서는 학급 회의를 시작하였습니다. 그리고 ❷문단에서는 학급 친구들이 회의 주제에 대한 의견을 발표했습니다. ❸문단에서는 토의와 투표를 통해 의견을 채택하였고, 마지막으로 ❹문단에서는 사회자가 학급 회의에서 결정된 내용을 발표하고 회의를 마쳤습니다.

6 학급 회의의 주제는 '교실에서 자리를 어떻게 정할까?'이고, 학급 친구들은 이에 대해 각자의 의견을 발표했습니다. 그리고 한 달에 한 번씩 제비뽑기로 자리를 정하기로 결정했습니다.

7 (1) '희망'은 '어떤 일을 이루거나 하기를 바람.'이라는 뜻으로 (1)의 문장에 들어가는 것이 알맞습니다.
(2) '공평'은 '어느 쪽으로도 치우치지 않고 고름.'이라는 뜻으로 (2)의 문장에 들어가는 것이 알맞습니다.
(3) '타협'은 '어떤 일을 서로 양보하여 협의함.'이라는 뜻으로 (3)의 문장에 들어가는 것이 알맞습니다.
(4) '추첨'은 '제비를 뽑음.'이라는 뜻으로 (4)의 문장에 들어가는 것이 알맞습니다.
(5) '본인'은 '어떤 일에 직접 관계가 있거나 해당되는 사람.'이라는 뜻으로 (5)의 문장에 들어가는 것이 알맞습니다.

비주얼 사회 교과서 개념　**131 쪽**

> (1) 공동　　(2) 자치

(1) '함께 해결해야 하는 문제.'를 '공동의 문제'라고 합니다.

(2) '학생들이 학교에서 일어나는 공동의 문제를 스스로 찾고 함께 해결해 나가는 활동.'을 '학생 자치 활동'이라고 합니다.

- **글의 종류** 설명하는 글
- **글의 특징** 이 글은 지방 자치 제도 안에서 주민들의 정치 참여를 가능하게 하는 주민 참여 제도에 대해 설명하는 글입니다.
- **주제** 지방 자치 제도와 주민 참여 제도의 종류

133~134쪽

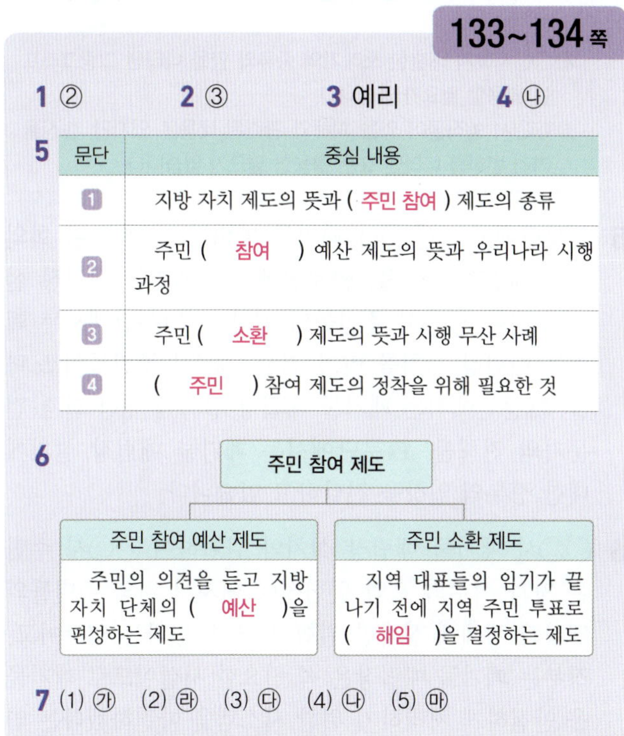

1 이 글은 주민들의 정치 참여를 가능하게 하는 주민 참여 제도에 대해 설명하는 글입니다.

2 ❸문단에서 2009년 경기도 하남시에서 주민 소환 투표가 실시되었으나 투표에 참여한 주민이 3분의 1이 되지 않아 무산되었다고 하였습니다.

3 주민 투표 제도는 지역 사회의 문제에 대해 주민이 직접 투표로 결정하는 제도로, 지방 의회의 일을 칭찬할 때 실시하는 제도가 아닙니다.

영현: ❸문단에서 주민 소환 제도는 지역의 대표들의 독단적인 행동이나 비리 등을 막기 위한 제도라고 하였습니다.
재훈: ❷문단에서 주민 참여 예산 제도는 주민의 의견을 듣고 지방 자치 단체의 예산을 정하는 제도입니다.

4 ❹문단에서 주민 참여 제도가 정착하려면 주민 스스로 적극적으로 정치에 참여하는 태도가 필요하며, 지역에서 발생하는 일에 관심을 갖고 지역의 주인의식을 가져야 한다고 하였습니다.

㉮ 주민 참여 예산 제도는 주민의 의견을 듣고 지방 자치 단체의 예산을 정하는 제도입니다. 주민이 스스로 예산을 정하고 시행할 수는 없습니다.
㉱ 지역의 대표들의 임기가 끝나기 전에 지역 주민이 투표를 통해 해임하는 것은 주민 소환 제도입니다.

5 ❶문단에서는 지방 자치 제도의 뜻과 주민 참여 제도의 종류를, ❷문단에서는 주민 참여 예산 제도의 뜻과 우리나라 시행 과정을 이야기하였습니다. ❸문단에서는 주민 소환 제도의 뜻과 시행 무산 사례를, ❹문단에서는 주민 참여 제도 정착을 위해 필요한 것을 설명하고 있습니다.

6 주민 참여 예산 제도는 주민의 의견을 듣고 지방 자치 단체의 예산을 편성하는 제도이고, 주민 소환 제도는 선출된 공직자가 잘못했을 때 주민 투표로 해임을 결정하는 제도입니다.

7 (1) '규정'은 '규칙으로 정함.'이라는 뜻입니다.
(2) '예산'은 '필요한 비용을 미리 계산해서 정함. 또는 그런 비용.'이라는 뜻입니다.
(3) '정착'은 '일정한 곳에 자리를 잡아 머물러 삶.'이라는 뜻입니다.
(4) '과반수'는 '전체의 수에서 절반이 넘는 수.'라는 뜻입니다.
(5) '독단적'은 '남과 상의하지 않고 혼자서 판단하거나 결정하는 것.'이라는 뜻입니다.

비주얼 사회 교과서 개념   **135쪽**

(1) 지역   (2) 주민

(1) '지역 주민들의 생활을 불편하게 하거나 지역 주민들 사이에 갈등을 일으키는 문제.'를 '지역 문제'라고 합니다.
(2) '지역 문제를 해결하는 과정에서 지역 주민이 직접 참여하여 주민들의 요구를 반영하는 활동.'을 '주민 참여'라고 합니다.

- **글의 종류** 신문 기사
- **글의 특징** 폐기물 매립장 설치에 반대하는 ○○시 주민들의 입장과 그에 따른 정부의 입장을 밝힌 신문 기사입니다.
- **주제** 폐기물 매립장 설치를 반대하는 ○○시 주민들

137~138쪽

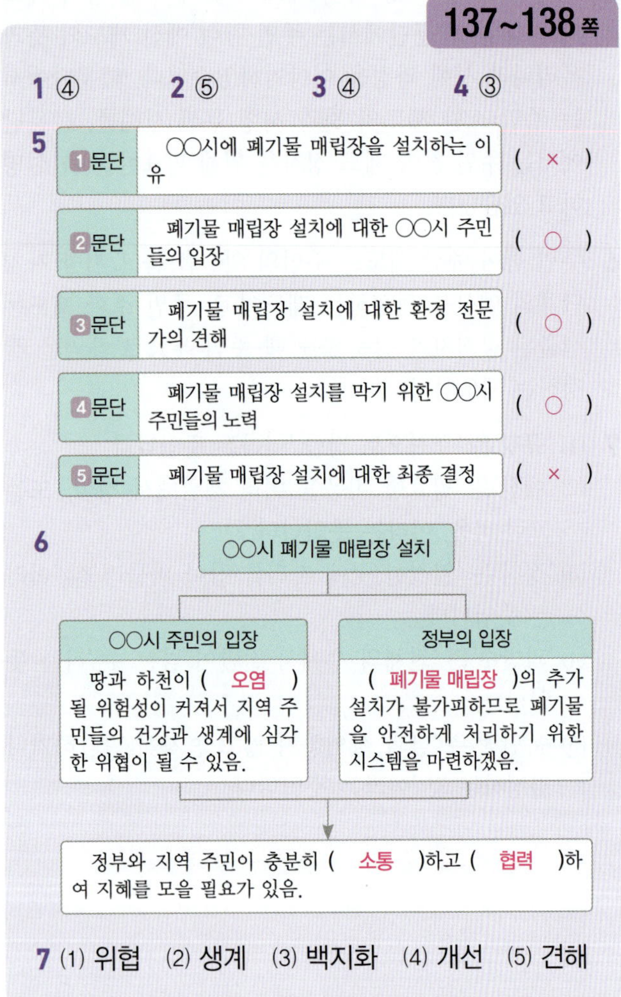

1 이 글은 폐기물 매립장 설치에 반대하는 ○○시 주민들에 대해 쓴 신문 기사입니다.

2 □□대학교의 한 교수는 안전하게 폐기물을 매립하는 방법을 제시하지는 않았습니다.

3 의견을 말한 □□대학교의 교수는 환경 전문가일 것입니다.

오답 풀이
① 폐기물은 하천과 땅을 오염시키는 것이지 어느 한쪽에게 더 해로운 영향을 끼치는 것은 아닙니다.
② 폐기물 매립장 근처에서 키운 농산물을 사 먹는 사람이 없을 것이라는 것은 알 수 있지만, 그 농산물의 값이 비싼 것은 아닙니다.
③ ○○시 지역의 대부분은 농사를 짓는 땅입니다.
⑤ 투표를 통해 폐기물 매립장 설치 장소를 결정하는 것은 아닙니다.

4 이 글은 폐기물 매립장 설치에 반대하는 ○○시 주민들에 대해 쓴 기사문이므로, 폐기물 매립장 설치에 반대하고 있는 사진을 활용하는 것이 가장 알맞습니다.

오답 풀이
① ○○ 시민 회관의 위치와 건물 구조는 이 글이 전달하려는 내용과 관련이 없습니다.
② 여러 나라의 폐기물의 양을 비교한 막대그래프는 활용할 필요가 없습니다.
④ ○○시에서 배출한 쓰레기의 종류와 양을 나타낸 그림그래프는 활용할 필요가 없습니다.
⑤ ○○시 농작물이 입은 피해와 관련된 내용은 있지만, 농산물 가격 변화를 나타낸 표는 활용할 필요가 없습니다.

5 1문단에서는 ○○시 폐기물 매립장 설치 관련 회의 개최 배경과 목적을, 2문단에서는 폐기물 매립장 설치에 대한 ○○시 주민들의 입장을, 3문단에서는 폐기물 매립장 설치를 막기 위한 ○○시 주민들의 노력을, 4문단에서는 폐기물 매립장 설치에 대한 환경 전문가의 견해를, 5문단에서는 폐기물 매립장 설치에 대한 정부의 입장을 전달하고 있습니다.

6 ○○시 폐기물 매립장 설치와 관련하여 ○○시 주민은 땅과 식수의 오염 위험성이 커져서 지역 주민들의 건강과 생계에 심각한 위협이 될 수 있다는 입장이고, 정부는 폐기물 매립장은 꼭 필요한 시설이므로 폐기물을 안전하게 처리하기 위한 시스템을 마련하겠다는 입장입니다. 따라서 정부와 지역 주민이 충분한 소통과 협력을 통해 지혜를 모을 필요가 있다고 하였습니다.

7 (1) '위협'은 '무서운 말이나 행동으로 상대방이 두려움을 느끼도록 함.'이라는 뜻입니다.
(2) '생계'는 '살림을 살아 나갈 방도. 또는 현재 살림을 살아가고 있는 형편.'이라는 뜻입니다.
(3) '백지화'는 '어떠한 일을 하기 이전의 상태가 됨. 또는 그런 상태로 돌림.'이라는 뜻입니다.
(4) '개선'은 '잘못된 것이나 부족한 것, 나쁜 것 따위를 고쳐 더 좋게 만듦.'이라는 뜻입니다.
(5) '견해'는 '어떤 사물이나 현상에 대한 자기의 의견이나 생각.'이라는 뜻입니다.

비주얼 사회 교과서 개념   **139쪽**

(1) 님비   (2) 핌피

(1) '공공의 이익은 되지만 자신의 지역에는 이익이 되지 않는 일을 반대하는 행동.'을 '님비 현상'이라고 합니다.
(2) '지역 사회에 이익이 되는 시설을 자신의 지역에 들이려 하는 행동.'을 '핌피 현상'이라고 합니다.

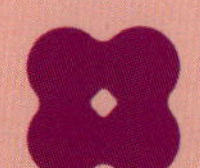

정답과 해설

빠작

초등 비문학 독해 **통합사회**

믿고 보는 동아출판
초등 교재

기초학습서부터 교과서 개념 다지기, 과목별 전문서까지!
초등학교 입학 전부터, 예비 중등까지!
초등학생에게 꼭 필요한 영역을 빠짐없이! 동아출판 초등 교재 라인업

BEST

2022 개정 교육과정

초등 1~2학년 공부 단짝
초능력

맞춤법 +
받아쓰기

쉽고 빠른 맞춤법 학습
받아쓰기 단계별 연습
국어 교과서 어휘 학습

초등 국어
1·2

초능력 비주얼씽킹 과학
초능력 비주얼씽킹 초등한국사
초능력 수학 연산
초능력 급수 한자
초능력 국어 독해

초등 영역별 기초학습서
초능력 국어 / 수학 / 과학 / 한국사 / 한자

초고필
비문학 독해1

5-6학년
예비 중등

초고필 유리수의 사칙연산
초고필 국어 어휘
초고필 국어 문법
초고필 한국사
반편성 배치고사 + 진단평가

예비 중등
초고필 국어 / 수학 / 한국사
적중 반편성 배치고사 + 진단평가